移动互联网创业从 0 到 1

主　编　王洪江　张延平
副主编　张良均　黄江华　冯光烈　黄海燕
编　委（按姓氏拼音排列）
　　　　陈祺环　陈　伟　方　凯　宦依莎
　　　　黎　展　李展铿　刘磊安　刘楠鑫
　　　　陆　艳　莫济焱　谭其州　王浩兵
　　　　王锐旭　伍雅琛　杨　灵

电子工业出版社
Publishing House of Electronics Industry
北京·BEIJING

内 容 简 介

本书结合5G时代移动互联网的新特点，阐述了5G时代背景下创业的基本知识，主要介绍如何敏锐地识别创业商机，如何设计产品、策划营销，如何变现商机与商业模式，如何组建创业团队，如何撰写商业计划书，如何整合资源与融资这6方面的内容，其中穿插了数十个典型案例，系统地诠释了5G时代创业的商业逻辑。本书内容精炼，实操性强，旨在给读者提供一个能深度互动、多元参与、立体操作的桥梁。本书内容适合整体阅读，也适合选章节阅读，不同章节之间尽可能保持独立性，并坚持理论与实践相结合的思想，以理论指导实践，以实践回应理论，帮助读者提高创业格局，拓宽创业思路，破局移动互联网创业的一体化运营实践。

本书是一本简明精炼的"枕边书"，是5G时代初创者创业入门的工具书。本书的读者对象既包括计划创办企业的创业者、对创业感兴趣的大学生，也包括初创企业的创始人。

未经许可，不得以任何方式复制或抄袭本书之部分或全部内容。
版权所有，侵权必究。

图书在版编目（CIP）数据

移动互联网创业从 0 到 1 / 王洪江，张延平主编. —北京：电子工业出版社，2023.3
ISBN 978-7-121-45326-7

Ⅰ. ①移⋯ Ⅱ. ①王⋯ ②张⋯ Ⅲ. ①互联网络—应用—创业 Ⅳ. ①F241.4-39

中国国家版本馆 CIP 数据核字（2023）第 055626 号

责任编辑：刘 瑀
印　　刷：三河市华成印务有限公司
装　　订：三河市华成印务有限公司
出版发行：电子工业出版社
　　　　　北京市海淀区万寿路 173 信箱　邮编：100036
开　　本：787×1092　1/16　印张：12.5　字数：320 千字
版　　次：2023 年 3 月第 1 版
印　　次：2023 年 3 月第 1 次印刷
定　　价：49.00 元

凡所购买电子工业出版社图书有缺损问题，请向购买书店调换。若书店售缺，请与本社发行部联系，联系及邮购电话：(010) 88254888，88258888。
质量投诉请发邮件至 zlts@phei.com.cn，盗版侵权举报请发邮件至 dbqq@phei.com.cn。
本书咨询联系方式：(010) 88254115，liuy01@phei.com.cn。

前　言

本书是一本创业入门的工具书，更是新信息技术时代初创者的"枕边书"。为响应国家"大众创业，万众创新"的政策号召，本书结合了5G时代移动互联网新特点及产生的新商机，阐述和分享了创业思想和方法，共包括7章内容。第1章为绪论，介绍创业、创业者的概念，创业的一般过程，企业的生命周期，以及结合5G的蓬勃发展阐释如何获取和理解相关政策，以发现未来的创业"风口"。第2～7章分别为商机识别、产品设计与营销、商业模式、创业团队、商业计划书、创业资源整合与融资，希望能够为正在或者准备进行移动互联网创业的读者提供翔实的理论和实践指导。

本书的特点集中体现在针对性、实操性、生成性、共享性等方面。

（1）针对性和实操性。本书是一本针对创业"小白"的书，因此本书力求简洁、通俗易懂，带着创业者从创业的创意、团队、资源、模式等各环节入手，在基本理论的简单解读下，直接进行案例剖析和实操，从实践中领悟创业。本书的每章都设置了"案例"小节和"技能"小节，使读者掌握各类工具的使用方法，力求让读者在掌握知识的同时掌握技能。

（2）生成性。本书在撰写时邀请了大量创业成功的企业家、创业投资行业的投资人来参与。本书配有视频，以访谈的方式让创始人或合伙人分享创业故事和经验，打通线上线下互动环节，读者可以零距离接触创业者，形成良好的知识社群。

（3）共享性。本书中的知识、案例、技能等经过反复验证和打磨，适合在很多行业内共享，且本书每个章节都能独立去指导创业者完成创业中的某一环节，可随时翻阅，随时可用。

本书内容短小精悍，浅显易懂，力求实用，用真实的创业案例阐述深奥的创业理论，用各类工具开启创业的互动场景，将内容做到深入浅出，有趣而亲切。

本书的出版获2017年度教育部人文社会科学研究青年基金项目"基于双向交互机制的自适应学习系统关键技术研究"（课题编号：17YJC880098）资助。

感谢所有参与本书编写的作者们和电子工业出版社的编辑们，没有他们的辛勤付出，本书内容就不可能这么完整。

由于编写时间有限，书中难免有错误之处，请广大读者批评指正。

王洪江
于华南师范大学

目 录

第1章 绪论 ··· 1
  1.1 创业的开端 ·· 2
      1.1.1 什么是创业 ·· 2
      1.1.2 谁才是创业者 ··· 3
      1.1.3 就业、创业与创新 ··· 5
      1.1.4 创业环境与时机 ·· 7
  1.2 创业的过程 ·· 9
      1.2.1 创业的一般过程 ·· 9
      1.2.2 企业的生命周期 ·· 10
      1.2.3 创业理论的发展 ·· 14
  1.3 5G催生的新商机 ·· 17
      1.3.1 5G概述及应用领域 ·· 17
      1.3.2 看得见的风口浪尖 ··· 20
  案例：在政策趋势下成长的"雅琛文化" ··· 22
  技能：创业政策的认知与利用 ·· 23

第2章 商机识别 ··· 27
  2.1 5G时代的商机 ··· 28
      2.1.1 商机的内涵 ·· 28
      2.1.2 商机存在及能被发现的原因 ·· 28
      2.1.3 商机的主要来源 ·· 29
      2.1.4 5G的商机趋势 ··· 31
  2.2 商机识别流程及关键技能 ·· 32
      2.2.1 发现问题环节 ··· 33
      2.2.2 定义需求环节 ··· 35
      2.2.3 创意发想环节 ··· 36
      2.2.4 速做原型环节 ··· 37
      2.2.5 测试体验环节 ··· 39
      2.2.6 循环往复环节 ··· 40
  2.3 商机评价 ·· 41
      2.3.1 定性评价 ··· 41
      2.3.2 定量评价 ··· 44
  案例："有米科技"的商机识别 ··· 46
  技能：商机判断力 ··· 49

第 3 章 产品设计与营销 ······· 52

3.1 产品与服务 ······· 53
- 3.1.1 产品是什么 ······· 53
- 3.1.2 产品与服务的区别 ······· 53

3.2 互联网产品研发 ······· 55
- 3.2.1 产品的用户画像 ······· 55
- 3.2.2 产品的使用全周期 ······· 58
- 3.2.3 产品的原型可视化 ······· 58
- 3.2.4 产品的测试 ······· 58
- 3.2.5 核心价值及竞争地位挖掘 ······· 59
- 3.2.6 可行的最小商业产品开发与验证 ······· 59
- 3.2.7 产品的继续探索与后续市场 ······· 60

3.3 营销推广 ······· 61
- 3.3.1 营销市场预测 ······· 61
- 3.3.2 营销策略、方案的制定 ······· 67

案例："兼职猫"的产品之旅 ······· 72
技能：分析一个互联网产品 ······· 76

第 4 章 商业模式 ······· 77

4.1 什么是商业模式 ······· 78
- 4.1.1 商业模式的内涵 ······· 78
- 4.1.2 商业模式的要素 ······· 78
- 4.1.3 商业模式的特征 ······· 79

4.2 商业模式画布 ······· 80
- 4.2.1 用户细分（Customer Segments）······· 81
- 4.2.2 价值主张（Value Propositions）······· 81
- 4.2.3 渠道通路（Channels）······· 81
- 4.2.4 用户关系（Customer Relationships）······· 82
- 4.2.5 收入来源（Revenue Streams）······· 82
- 4.2.6 核心资源（Key Resources）······· 82
- 4.2.7 关键业务（Key Activities）······· 83
- 4.2.8 重要合作（Key Partnerships）······· 83
- 4.2.9 成本结构（Cost Structure）······· 84

4.3 常见的商业模式 ······· 85
- 4.3.1 非绑定式商业模式 ······· 86
- 4.3.2 长尾式商业模式 ······· 86
- 4.3.3 多边平台式商业模式 ······· 88
- 4.3.4 免费式商业模式 ······· 89
- 4.3.5 开放式商业模式 ······· 90

4.4 商业模式的构建与创新 ······· 91
- 4.4.1 商业模式的构建 ······· 91

4.4.2　商业模式持续创新 ………………………………………………… 93
　　　4.4.3　商业模式的优化 …………………………………………………… 96
　4.5　商业模式的基本检验方法 ……………………………………………………… 98
　　　4.5.1　逻辑检验 ……………………………………………………………… 98
　　　4.5.2　数字检验 ……………………………………………………………… 99
　　　4.5.3　文化检验 ……………………………………………………………… 99
　　　4.5.4　法律与伦理检验 ……………………………………………………… 99
　案例："探迹"的商业模式 ………………………………………………………… 101
　技能：绘制你的商业模式 ………………………………………………………… 105

第5章　创业团队 ………………………………………………………………… 106

　5.1　5G时代的创业者 ……………………………………………………………… 107
　　　5.1.1　创业者的心理特质 …………………………………………………… 107
　　　5.1.2　5G时代创业者应该具备的能力 ……………………………………… 107
　　　5.1.3　5G时代创业者能力的培养 …………………………………………… 110
　5.2　创业团队的组建 ……………………………………………………………… 110
　　　5.2.1　什么是创业团队 ……………………………………………………… 111
　　　5.2.2　创业团队的分类 ……………………………………………………… 112
　　　5.2.3　创业团队的组建原则 ………………………………………………… 113
　　　5.2.4　创业团队组建的一般流程 …………………………………………… 114
　5.3　创业团队管理与激励 ………………………………………………………… 118
　　　5.3.1　创业团队的基本管理 ………………………………………………… 118
　　　5.3.2　创业团队的激励 ……………………………………………………… 121
　5.4　初创企业的运营管理 ………………………………………………………… 124
　　　5.4.1　初创企业的领导力和执行力 ………………………………………… 124
　　　5.4.2　初创企业的财务管理 ………………………………………………… 125
　　　5.4.3　初创企业的招聘、培训和薪酬管理 ………………………………… 127
　　　5.4.4　初创企业的企业文化 ………………………………………………… 128
　案例："高阁"的团队发展 ………………………………………………………… 130
　技能：制定一个团队绩效激励方案 ……………………………………………… 132

第6章　商业计划书 ……………………………………………………………… 134

　6.1　商业计划书的功能 …………………………………………………………… 135
　　　6.1.1　厘清项目思路的沟通工具 …………………………………………… 135
　　　6.1.2　吸引合伙人的承诺工具 ……………………………………………… 135
　　　6.1.3　项目实施的管理工具 ………………………………………………… 136
　　　6.1.4　获得风险投资的融资工具 …………………………………………… 136
　6.2　商业计划书的基本内容 ……………………………………………………… 136
　　　6.2.1　项目摘要 ……………………………………………………………… 137
　　　6.2.2　企业简介 ……………………………………………………………… 137
　　　6.2.3　产品（服务）介绍 …………………………………………………… 138
　　　6.2.4　行业与市场 …………………………………………………………… 138

6.2.5 营销策略 ·· 139
   6.2.6 制造计划 ·· 139
   6.2.7 公司管理 ·· 139
   6.2.8 财务分析及融资计划 ·· 140
   6.2.9 风险控制 ·· 142
   6.2.10 附录 ··· 142
  6.3 商业计划书成功的关键要素 ·· 142
   6.3.1 项目的选择 ·· 142
   6.3.2 团队的组建 ·· 142
   6.3.3 内容的客观可靠 ·· 144
   6.3.4 产品（服务）案例化 ·· 145
   6.3.5 可行性与竞争力分析 ·· 145
   6.3.6 充分了解市场 ··· 147
   6.3.7 清晰的结构与逻辑 ·· 147
   6.3.8 商业计划书的制作工具 ··· 148
  6.4 商业计划书的制作流程 ·· 150
   6.4.1 构想阶段 ·· 150
   6.4.2 调研阶段 ·· 150
   6.4.3 制作阶段 ·· 150
   6.4.4 补充与证明阶段 ·· 151
  6.5 商业计划书的检查和制作技巧 ··· 151
   6.5.1 检查的要点 ·· 151
   6.5.2 制作的忌讳 ·· 152
   6.5.3 关键内容检查 ··· 152
  案例："五六点教育"的商业计划书 ·· 154
  技能：商业计划书的制作模板及工具使用 ······································ 155

第 7 章 创业资源整合与融资 ··· 162
  7.1 创业资源 ··· 163
   7.1.1 创业资源的内涵及类型 ··· 163
   7.1.2 获取创业资源的途径 ·· 164
  7.2 创业资源整合的流程与方法 ··· 167
   7.2.1 创业资源整合的流程 ·· 168
   7.2.2 创业资源整合的关键技能 ··· 170
   7.2.3 创业资源的获取技巧 ·· 172
  7.3 创业融资及路演方法 ··· 175
   7.3.1 创业融资的途径与策略 ··· 175
   7.3.2 创新创业大赛 ··· 179
  案例："毕业后公益基金"的资源整合 ·· 181
  技能：如何进行融资 ·· 183

第 1 章 绪论

【思维导图】

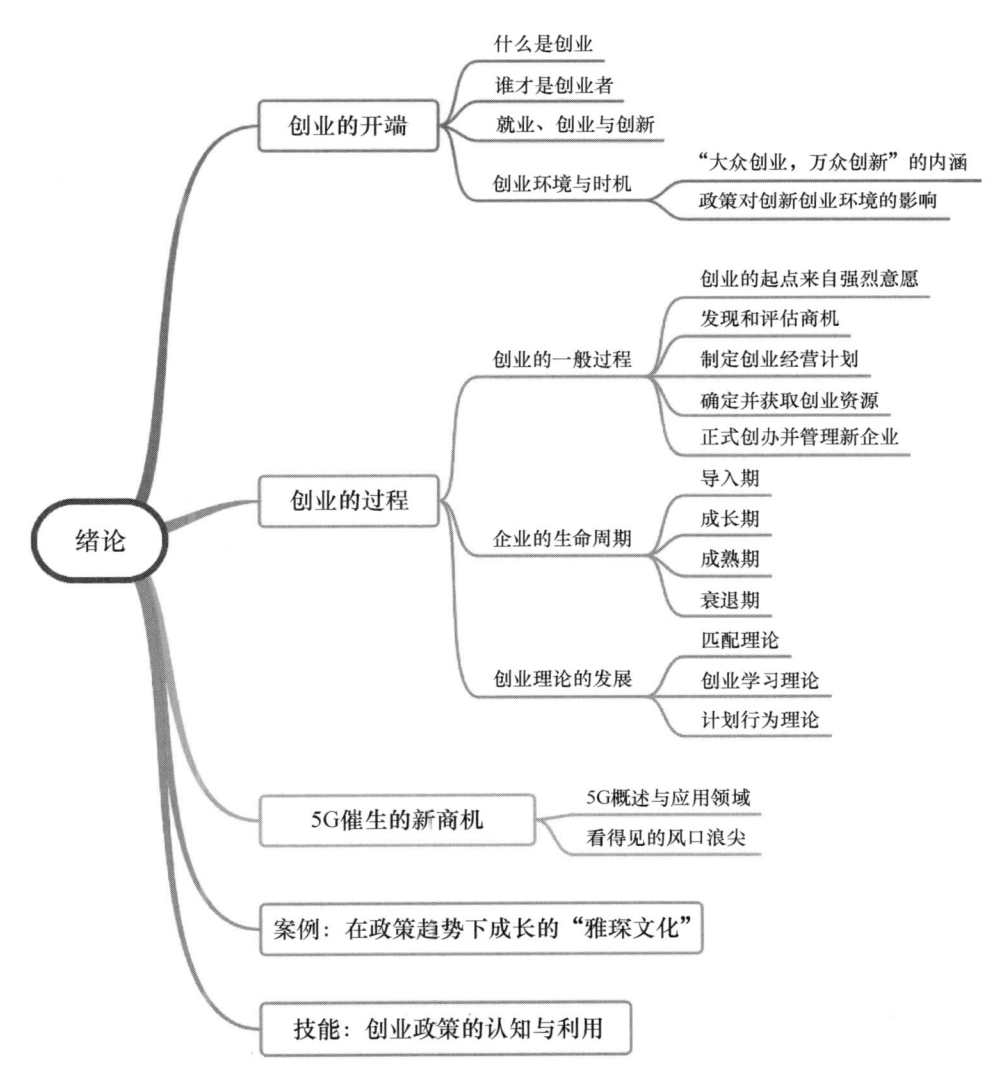

- 绪论
  - 创业的开端
    - 什么是创业
    - 谁才是创业者
    - 就业、创业与创新
    - 创业环境与时机
      - "大众创业,万众创新"的内涵
      - 政策对创新创业环境的影响
  - 创业的过程
    - 创业的一般过程
      - 创业的起点来自强烈意愿
      - 发现和评估商机
      - 制定创业经营计划
      - 确定并获取创业资源
      - 正式创办并管理新企业
    - 企业的生命周期
      - 导入期
      - 成长期
      - 成熟期
      - 衰退期
    - 创业理论的发展
      - 匹配理论
      - 创业学习理论
      - 计划行为理论
  - 5G催生的新商机
    - 5G概述与应用领域
    - 看得见的风口浪尖
  - 案例:在政策趋势下成长的"雅琛文化"
  - 技能:创业政策的认知与利用

1.1 创业的开端

2014 年的夏季达沃斯论坛上,"大众创业,万众创新"被提出,该号召在 960 万平方千米土地上掀起"大众创业""草根创业"的新浪潮,形成"万众创新""人人创新"的新态势。2015 年,"大众创业,万众创新"被写入《政府工作报告》中,被打造成为推动中国经济继续前行的"双引擎"之一。2016 年,新华社全文发表了《中华人民共和国国民经济和社会发展第十三个五年规划纲要》,要求地方各级政府部门深入推进"大众创业,万众创新",把"大众创业,万众创新"融入发展各领域、各环节之中。自那时起,各种政策的出台标志着创新创业已上升至国家战略层面。

数据显示,截至 2019 年年底,全国市场主体已达 1.23 亿户,其中,企业 3858.3 万户,新增 739 万户;个体工商户 8261 万户,新增 1621.8 万户。这表明创新创业聚众智、汇众力的新态势推动了市场主体的不断发展,由此也创造了更多的就业岗位、加快了更多技术的进步。"大众创业,万众创新"将是中国未来发展的巨大潜力所在。

创新创业似乎"遥不可及",但其实与每个人联系紧密,它就发生在我们日常生活的点点滴滴中。那么,创新创业究竟是什么?就业、创业与创新之间有什么联系?什么样的人适合成为创业者?什么样的内外部环境适合创业?有哪些让人津津乐道的创业传奇?本节将从创业的开端出发,带你开启创业的冒险之旅。

1.1.1 什么是创业

如今,创业已司空见惯,我们每天都可以发现周围形形色色的人高喊自己在创业。那么,到底什么是创业?其本质是什么呢?是不是几个人有个"点子",租个办公室,夹着公文包到处发名片就是创业了呢?显然不是,创业是一个发现和捕获机会并由此创造出新颖的产品、服务或实现其潜在价值的过程。创业必须要贡献出时间,付出努力,承担相应的财务、精神和社会风险,并获得金钱的回报、个人的满足和人生的自主。创业的过程虽然充满了艰辛、挫折、忧虑、痛苦和徘徊,但也带来了激情、欢乐与幸福。其核心还是要看创业者是否有坚定的梦想,能否持续不断地付出和坚持不懈地努力。

小案例

奇虎 360(北京奇虎科技有限公司)董事长、著名天使投资人周鸿祎曾说过:"创业不是一场战斗,而是一个坚持不懈的过程。"坚持是企业家精神的本色。经营企业是一件非常辛苦的事情,经营企业也会面临大大小小的困境,在辛苦和困境面前,是知难而退还是迎难而上?作为企业家没有退路,坚持是唯一的选择,没有持之以恒的精神很难成就一番事业。

马云的坚持成就了阿里巴巴,何享健的坚持让美的成为一颗"不老松",任正非的坚持让华为超越竞争。

正所谓"锲而不舍,金石可镂;锲而舍之,朽木不折"。1992 年,华为进入电信市场,进入竞争激烈的电信领域，用任正非的话说，他误打误撞进入这个荆棘丛生的领域，凭借着"初生牛犊不怕虎"的一腔豪情和坚持不懈的奋斗拼搏，他持续不断地在研发和管理上投入巨大的物力、人力、财力，如今华为取得的成就得益于华为员工多年的坚持和奋斗。

1998 年，华为投入巨资"拜 IBM 为师"，进行了"伤筋动骨"的变革，变革需要牺牲，也可能失败，面对外界的质疑和员工的"消极抵抗"，任正非没有丝毫动摇，十年如一日，正是因为任正非的坚持，华为变革取得极大的成功，使得华为成为具有国际化特点和运营效率非常高的企业。

更直观地讲，创业总是与以下关键词紧密联系，如开创新业务、创建新组织、创业资源的新组合、捕捉机会、承担风险、创造价值等。创业的本质可以概括为"开创新业务，创建新组织"，利用创新可以实现各种创业资源的新组合，通过对潜在机会的发掘而创造价值。因此，创业可以理解为"创造新的事业的过程"。也就是说，所有创造新的事业的过程都是创业。而"事业"的含义有很多，既包括营利性组织，也包括非营利性组织；既包括官方设置的部门和机构，也不排斥非政府组织；既包括大型的事业，也包括小规模的事业，甚至"家业"。

透过现象看本质，把控创业的本质才能真正厘清创业的脉络，开创自己的事业。创业就是一个"从无到有"创建自己事业的过程，创业的本质就是创业者识别、把握商机的过程。创业者首先必须能够发现和评估新的市场机会，然后在此基础上制定创业经营计划，确定并获取创业资源，最后正式创办并管理企业。而在出现新的商机后，创业者要相信自己比竞争者更能把握机会，抢占市场先机。基于此，创业者需要做到的是，让自己的经营模式更有效率，新产品或服务更具竞争力，在市场上能找到独有的利润空间。

1996 年，32 岁的马云走街串巷，向用户推销自己的互联网产品"中国黄页"，在互联网还不被世人熟知的年代，马云甚至被视为"骗子"。这是马云的第一次创业，跟很多人一样，第一次创业的马云失败了，似乎他没有把握住创业的价值，但是谁又知道这只是马云成功的开端呢？任何人都不应该根据创业的成败去判定创业的价值，只要把握住创业机会，就能收获创业价值。创业价值包括多个层面的内涵，主要体现在四方面：物质基础的改善、社会能力的提升、财务自由的实现，以及社会尊重的获得。

（1）物质基础的改善：个人可以用勤奋和劳动去换取最大的财富回报，从而大大提高自己和家庭的生活质量，为满足个人需求提供充裕的物质基础。

（2）社会能力的提升：在创业中，团队的组建、商业合作和处理人际关系的磨炼，提高了创业者的社会能力，这是个人价值在社会层面的体现。

（3）财务自由的实现：财务自由是众多创业者的主要动机之一，有了丰厚的物质基础，便可以在时间、工作规则和财务等方面获得相对自由，至少不受他人约束。

（4）社会尊重的获得：创业一旦成功，无论是创业者个人对外展示的非凡能力与人格魅力，还是创业者为顾客、社会乃至国家创造的价值，都足以让他们获得巨大的社会尊重和成就感。

1.1.2　谁才是创业者

所谓创业者，是指用所持有的有限资源，去发现、创造新的生产价值的个体或团队。著名经济学家熊彼特认为，创业者是能够发现和引入新的、更好的、能够带来经济效益的产品，服务和过程的人。可以用一句话来概括：创业者就是"持续发现、传递、创造价值，勇敢创新并带来任何较好改变的任何人"。

作为一个创业者，在创业之前，必须要明确几件事情。

首先，要明确创业是件很艰难的事。据调查统计，创业的成功率不足三分之一，不要相信那些一年创立、两年融资、三年上市的故事，更不要相信有人在厕所用 6 分钟赚取永远也花不完钱的故事。很多成功的企业在做宣传时会有意识地杜撰一些"英雄壮举"，殊不知在实际创业过程中，创业者经历了多次艰苦的持久战，付出了巨大的时间和金钱成本。

其次，要明确选择了创业就要经历艰苦的生活。正如歌词中的"没有人能随随便便成功"一样，在创业之前，应该静下心来扪心自问，我是否已经做好了准备把那些成功者所吃的苦、受的磨难、承担的压力都经历一遍甚至几遍？每个创业者的生活都可能是"非人"的生活，一旦开始创业，你的工作将会与你的生活"合二为一"，企业的"柴米油盐酱醋茶"将深深改变你的生活心态及状态。

最后，要明确选择了创业就要承担起自己的责任。创业不是你一个人的事，一旦选择创业，不仅你会进入一场需要竭尽全力的战斗，而且你周边的资源也会卷进去，包括你的家人、股东、员工及上下游的伙伴和用户，所以你必须承担起自己的责任，所有的事情你都无可逃避，都得撑住，不能显示自己的软弱和无助，必须随时表现出胸中有志、眼中有光、自信满满的精神外貌。

所以，创业者是有共性的，需要具备四个基本素质（如图 1-1 所示）。

（1）事业心。是否把企业当作为之奋斗的生命线，是否可以付诸自己所有的心血。

（2）眼光与境界。能否比别人想得多，比别人看得远，想别人未想到的，洞悉企业发展动态。

（3）心理素质。能否百折不挠、处变不惊。

（4）学习能力。是否以持续学习作为生活方式，有无及时复盘的习惯。当然，具备"舍小为大"的胸怀也非常重要。

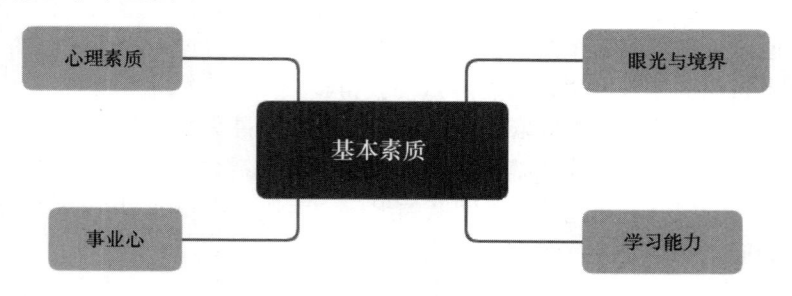

图 1-1 创业者需要具备的基本素质

那么，是不是所有人都适合创业呢？很多成功创业者有很强的事业心，从小就充满正义感和上进心，不能容忍自己沦为平庸。这也从侧面反映出不是所有人都适合创业。"如果明天生命终止，今天你还想创业吗？"如果你的答案是肯定的，那你就适合去创业。

其实，不要把创业想得多么神秘，多么高不可攀，创业只是一种生活方式，我们选择创业都是为了追逐内心的梦想。正如乔布斯所说的："人的时间是有限的，按照别人的意愿去活，这是浪费时间"。要有跟着自己的感觉和直觉走的勇气，伟大的创业都源于伟大的梦想。在创业的过程中，你会体会到酸甜苦辣，但不管成功或失败，你都会有丰富的体验。创业虽然不能拓展生命的长度,但是可以拓展生命的深度和广度。如果你有梦想,那就开始行动吧!去调动你的全部热情和资源,去发现用户的需求,去满足用户的需求,去体会创业过程中的酸甜苦辣。

同时,有一点必须要澄清,国家"大众创业,万众创新"的号召,不是让每个人都去创业,而是鼓励每个人都拥有创新创业的精神,人人都可以是"创业者",都可以在自己的领域保持创新创业的激情,实现一定的作为。不过在这之前,你需要思考一些问题,一定要清楚你自己的定位才能更好地抵达目标。你是谁?你想干什么?你适合干什么?你有什么资源与技能?你与你追求的目标之间还存在多少差距?是要自己干还是跟着别人干?是要当创始人还是联合创始人,或是成为组织中不可或缺的个体?这些都要在综合权衡,实事求是地认识自己后做出选择。

在创业的热潮下,很多人在没有了解自己的情况下,因为一个创意,朋友的一点建议,甚至是一时的冲动,就要创业。但是,在现实生活中,并非人人都可以缔造出"阿里巴巴",马云也只有一个。所以,关键的一点是,我们如何定位自己,认清自己,审时度势,然后成为自己世界里"真正的创业者"。

1.1.3　就业、创业与创新

1. 就业与创业

就业和创业被很多人视为职业选择的分叉路口,其实就业与创业是工作的两种状态,都是为了更美好的生活,只不过就业是指在已有的岗位上发挥自己的职能,创业更倾向于"极致"地就业,能把事业的发展以自己独特的姿态展现出来。这就是就业与创业的本质区别,即"思维的区别"。

创业需要具有长远的目标。 马云说:"人一定要想清楚三个问题:一是你有什么,二是你要什么,三是你能放弃什么。"想清楚这三个问题,你就拥有了长远的目标和一定的人生高度,那么当下的工作不论是创业还是就业就不再毫无意义,而是人生征程上不可或缺的一步。作为一个真正意义上的创业者,需要知道自己最终想要什么,要达到目标需要经过哪些过程,具备长远眼光,拥有战略意识;而作为就业者,着眼点可能只局限于当前这两三年,往往考虑的是安全感,如何保住现有的稳定"饭碗",自然不会想得太远。而且,很少有就业者能换位思考,站到创业者的角度去考虑问题,这也就造成了很多就业者很难跳出自己的思维模式,终其一生。

创业需要坚定不移的梦想。 很多安于就业的人往往会在日复一日的工作中沉沦,每天只完成"八小时",下班时间一到,就习惯性地结束手头的工作,没有梦想激发他们跳出"舒适圈"。真正的创业者为了梦想而活,他们不在乎初期的艰难、不在乎别人的流言蜚语、不在乎失败的重创,他们享受创业的过程,觉得创业的人生才是有价值的人生。对于创业者来说,事业就是生命,工作就是生活。梦想如同一道分水岭,就业者在那边,创业者在这边。

创业需要勇于承担责任。 就业思维深了,遇到问题首先想到的是回避,或是设法推给别人,互相推卸责任,极少有人会站出来承认自己的不足。这样一来,就业者也就愈加不可能从失败和失利中学习、吸取教训了。创业者则不一样,他们会习惯分析失败的原因,在今后的道路上尽量避免失败。失败并不可怕,可怕的是逃避。创业者会从一次次失败中总结分析问题原因所在，积累经验。有时候，这样的反思和承担，有可能推动社会的发展，所以，责任对于每个人来说，不仅具有个人意义，更具有社会意义。

就业与创业存在区别，同时又是紧密联系的，两者互相依存，创业是"极致"地就业，就业要以创业的姿态进行才能出彩。那么，我们在就业和创业间如何抉择呢？

近几年，就业形势较为严峻。在这竞争压力如此大的时代，更多人选择了以个体户的形式开始创业。支付宝披露的数据显示，2020年4月与2月1日当周相比，每周新增个体户数量平均提高79%，每周新增个体户的交易金额平均增长305%。由此可见，在严峻的就业形势下，创业可能是一个不错的选择。是否选择创业，最重要的是分析自己的性格和能力是否能承受创业的压力，并清晰地认知到自己将来的发展目标。

2．创业与创新

这是一个不断发展的时代，每个人都要不断发展。是选择就业还是创业，关键看你是否谋求创新与发展，能否跟上时代的洪流。在如今快速发展的现代社会中，创业已呈现出一种新状态。创新创业格局一旦打开，社会将不再固守在老一套道路上发展，不仅能为创业打下坚实基础，还能出现百花齐放的局面。对于大学生（不论是毕业还是在读）来说，要想创业，缺乏实战经验是一个很大的不足点。这时创业就需要借鉴前人的经验，减少创业障碍，但若借鉴不当，没有对其加以琢磨消化，并进行融合创新，便很容易走前人的老路，难以脱颖而出。

可以看出，创新在初创者的创业过程中是极其重要的，只知道在现有的商业世界里复制粘贴，不能赋予创业生命力，只会徒劳无获。只有创新才能为创业注射新元素，让它保持前进的势头。"北大猪肉佬"陈生，在尝试醋饮料创立了"天地壹号"后，并没有止步于此，他从鸡鸭家畜售卖产业中敏锐地嗅到商机，将目光放在了土猪上，并邀请陆步轩加入创业中。虽然当时社会舆论对他们并不友好：北大高才生竟然去卖猪肉？但陈生认准了市场趋势，他了解大方向，不断地调整方略、找到新的发展点，在迭代变化的创业大潮中站稳脚跟。

其实创新是发挥优势的一种表现，只有找到自己的差异化优势与核心竞争力，才能脱颖而出，稳固创业。陈生除了卖猪肉，还开办了屠夫学校，专门系统性地培养有知识、懂经营、懂管理、懂技术的新时代屠夫。他不拘束于老一套的产业特征和运转方式，另辟蹊径，还重点抓"操作与技术"，这使得"壹号猪肉"保持长久的活跃性。所以年轻人应当敢于创新，但也要结合自身的优势进行创新，而不应盲目尝试。创新并不一定要奔着高级的方向去，创新应当出于细细钻研。如陈生所说，创业的主战场在传统产业，创业是为了更好地改善民生，这样的市场才更为大众所接受。正因为创新是创业很重要的推动力，才要保证创新建立在扎实的基础之上。所以在创业过程中需要创新，更少不了能支撑创新的知识、技能和经验储备，只有潜心钻研，才能开阔视野，打开眼界，拥有不一样的格局。

虽然创新有助于创业，但是它也不是创业成功的唯一因素，而且不适当的创新可能还会适得其反，产生逆效果，阻碍创业成功。所以要正确对待创新，在实施创新之前要慎重考虑能否促使创业发展，这对创业者来说，是充满挑战和机遇的，创新的成功与否取决于创业者的个人素质、想法、眼光与境遇，甚至还有机会等。

综上，创业也是一种就业，其本质为资源的整合与再创造的过程，创新的本质为推陈出新；三者之间的关系可以用一句话来表述，即"以创新引领就业与创业，以创业带动就业"（如图1-2所示）。

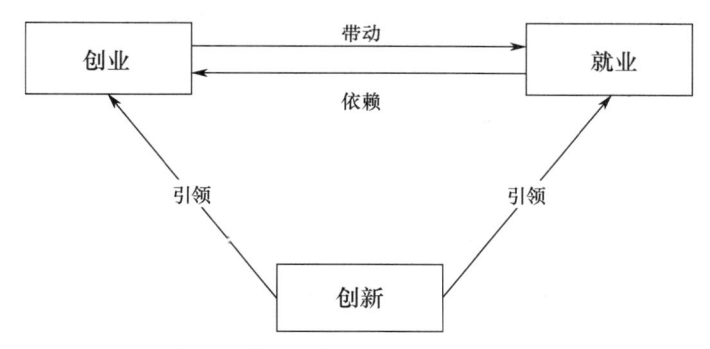

图 1-2　就业、创业与创新之间的关系

> **小案例**　闹市区内出现新鲜事物——社会自习室

2019 年，武汉闹市区内出现新鲜事物——社会自习室，收费虽不便宜，但因经营至深夜，且学习环境好，很受欢迎。王女士在江汉路平安大厦某公司上班，报名参加了注册会计师考试。9 月 3 日晚上 6 时下班后，她没回家，而像近段日子一样，去了平安大厦 21 层的一间社会自习室。上大三的李同学，因为准备考研，整个暑假基本都在这间社会自习室中度过。走进这间社会自习室，首先看到的是公共休息区，摆放着饮水机、微波炉、打印机、图书角等，还有茶包、咖啡、点心，装饰得很温馨。这为市民提供了一个看书、学习、增加人际交流机会的场所，并创造了终身学习的良好氛围。就武汉闹市区近年来出现的社会自习室这一新鲜事物，我们来思考一个现实而沉重的话题——就业、创业与创新。

就业乃民生之本。一个人生活在世界上要吃饭，要穿衣，要养家糊口，有就业才能有生活来源。反过来说，没有劳动力的普遍就业，就很难谈得上家庭和睦和社会安宁，所以，在每年的两会[①]上和《政府工作报告》中，"稳就业"总是一道"必答题"。武汉第一家社会自习室，对于其创办者程先生来说，首先解决了其就业问题；同样，或当教师，或当医生，或做生意，或当保安，等等，都是在就业，都是在谋取一份工薪收入，可以说就业是创业和创新的基础。就业，只要勤勤恳恳，任劳任怨，一般来说就能谋得一个"饭碗"，而创业，无论你是办一个工厂，还是开一家店，包括成立一间社会自习室，都要有资本，要有技术，要有基地，还要懂管理。说起创业，有成功的，也有失败的，失败有失败的原因，成功有成功的理由。这里面，不说项目的选择，仅说时机的选择，如养猪，如果你在猪肉价格高得"烫手"时投资兴办养猪场，接下来，很有可能因"猪肉价格大跌"而亏本；如果你在猪肉价格低时大量抛售繁殖母猪而"关门歇业"，很可能会失去市场周期下一轮猪肉价高时的赚钱机会。不是每一个创业者都能成功，创业也要讲究"天时、地利、人和"。

1.1.4　创业环境与时机

1. "大众创业，万众创新"的内涵

随着人们对创新技术和产品需求的日益增加，我国政府更加注重推动供给侧的结构性改

[①] 两会是对自 1959 年以来历年召开的中华人民共和国全国人民代表大会和中国人民政治协商会议的统称。

革,大力发展高科技含量和高附加值的产品与服务。正如总理所说:"我们要把握好总体要求,着眼于保持中高速增长和迈向中高端水平'双目标',坚持稳政策、稳预期和促改革调结构'双结合',打造大众创业,万众创新和增加公共产品、公共服务'双引擎',推动发展调速不减势、量增质更优,实现中国经济提质、增效、升级。""大众创业,万众创新"是中国经济发展的新引擎之一,"大众创业"与"万众创新"两者是相互支撑和相互促进的关系。一方面,只有"大众"勇敢创业才能激发、带动"万众"关注创新,思考创新和实践创新,也只有"大众"创业的市场主体才能创造更多的创新需求、创新投入和创新探索;另一方面,只有在"万众"创新的基础上,才可能实现"大众"愿意创业、能够创业、创得成业,从某种意义上讲,只有包含创新的创业才算真正的创业,或者说这种创业才有潜力和希望。"大众创业,万众创新"的提出把创业、创新与人、企业这几个关键要素紧密结合在一起,不但突出要打造经济增长的引擎,而且突出要打造就业和社会发展的引擎,其实质是培育和催生经济社会发展新动力,激发全社会的创新潜能和创业活力。从本质上来讲,"大众创业,万众创新"是一种经济行为,因此主要靠市场来发挥作用。那么政府干什么呢?第一,政府要引导和支持"大众创业,万众创新";第二,政府要搭建一些创业平台,以支持、鼓励创业,如提供工作空间、网络空间、交流空间等。政府的主要职责是组织、引导和支持大众创业,而大众创业真正的主体是市场。

2. 政策对创新创业环境的影响

"大众创业,万众创新"的本质是在政府政策或制度(如放宽市场准入、为小微企业或者初创企业提供租金低廉的创业空间、减税降费等)的支持下,减轻创业负担。国家对"大众创业,万众创新"的定位,就是为创业提供全方位的支持,不仅突出精英创业,还突出"草根"创业、实用性创业。国家积极鼓励能够带动社会发展的创业驱动力。就像比赛一样,政府鼓励政策的作用,就是在开赛前将通往赛场的各种障碍清除,让所有社会成员都能参赛,只要愿意参赛,就能顺利到达赛场获得入场券;政府同时会为比赛提供保障资金,这就像救护车为摔倒的选手提供救助服务一样,能让选手放心地发力和赛跑。慢慢地,更多有梦想的年轻人实现了自己的人生价值,贫困家庭的孩子也有了更多上升的通道,创新创业的血液在全社会流动。

在"大众创业,万众创新"的时代背景下,"草根"实现翻身的创业故事越来越多。国内许多咖啡屋和众创空间里的年轻人,正乘着国家政策"春风",充分发挥自己的奇思妙想,一步一步地实现自己的创业梦,同时,他们研发的产品在一定程度上也将拉动国家经济的发展。"大众创业,万众创新"是时代给予创业者的最大红利,那么"大众创业,万众创新"到底为每个创业者传达了哪些方面的信息、营造了什么样的创业环境呢?

首先,创业的氛围越来越好。有关资料显示,清华大学创业圈的大学生大约有 500 人,仅占清华大学总人数的 2%左右,其实很多人并不是没有创业的热情,而是受到"羊群效应"的影响,因为周围没有人去创业,你去创业就会被当作"另类",再加上很多学校担心误导学生,在对待学生创业方面持谨慎态度,导致很多学生的创业热情逐渐消失殆尽。但是在"大众创业,万众创新"的时代背景下,创业被视为年轻人主宰自己生活的一种方式。当然,创业不是一蹴而就的,当你着手创业的那一刻,你想象中那种风平浪静的生活就不复存在了。其实,年轻就要勇于"折腾",创业就是一个不断"折腾"自己、"折腾"别人的过程,创业者会在"折腾"的过程中不断成长,多年以后,回忆中历历在目的都是你奋斗、努力的身影,那么你一定没有遗憾。

其次，创业者更容易找到与自己志同道合的伙伴。这是一个"抱团取暖"的时代，一个人或许可以走得很快，但难以走得很远，随着国家就业形势愈发严峻，越来越多的人会选择创业，这为创业者选择更适合的创业伙伴提供了更大的可能性。大事肯定不是一个人干出来的，需要一个具有较好互补性和较强执行力的团队，因此这种大背景将为成就事业奠定团队基础。

再次，创业资源的获取更加便捷。一个企业要想有更好的发展前景，需要不断地整合和优化各种资源，并且不断挖掘新的资源。在"大众创业，万众创新"的背景下，各省市相继出台相应的政策，为创业者提供各种类型的资源支持，包括创业扶持补贴、免费创业培训、自主创业优惠政策和海外留学人员创业优惠政策、税收优惠政策、创业减免收费政策等，以降低创业者的创业门槛；同时，创业空间面向公共集体开放，为创业者提供相对较低成本的创业环境；如果你感觉自己的资金不够，还有风险投资为你的梦想"添砖加瓦"，只要你有想法，能够切实解决用户的需求，具有互补性的团队，能够根据时代的变化快速迭代，那么你的企业就很有可能得到风险投资人的青睐，从而实现梦想。

最后，创业社会更加开放、商机更加多元。不用担心找不到商机，关键是要有敏锐的商机识别能力，紧跟社会发展趋势。创业是一门学问，创业的开端只是冰山一角，中国市场受政策影响很大，新政策的出台往往会引发新商机，创业者只要善于研究和利用政策，就能抓住商机，站在市场潮头。对于还处于迷茫中的创业者来说，时不我待，应该早下决断。

1.2 创业的过程

每件事物都有其独特的生命周期，创业也不例外。正如宏观经济周期一样，创业过程同样会经历"萌芽—发展—成熟—衰退"四个阶段，没有长久不衰的企业，也没有永续繁荣的经济。真正的百年老店是经历了无数个企业生命周期才走到今天的，所以要创业，首先要明白创业过程的发展规律、掌握企业生命周期理论，"适者生存"是市场竞争必须牢记的首要准则。

1.2.1 创业的一般过程

1. 创业的起点来自强烈意愿

创业意愿就是创业的愿望，简单地说就是想要创业，强烈的创业意愿表现为创业的冲动。所有的创业都是从有创业想法、创业动机或创业意愿开始的。有些人的创业意愿源自个人的个性特征（如风险偏好、压力承担能力等），有些人创业意愿的产生是受到创业的家庭成员或个人在企业中工作经历的影响，有些人创业意愿的产生是基于对商机的发现或识别，出于对机会的利用而选择了自主创业，也就是说，他们善于发现和评估新的市场机会。因此，创业意愿是创业行为最近的、最直接的前因变量。产生创业意愿是创业过程的第一个阶段，即创业的预备阶段或酝酿阶段。

2. 发现和评估商机

有学者认为，创业就是发现和捕捉机会并由此创造出新颖的产品或服务，实现其潜在价值的过程。也就是说，创业是识别、发现现实中商机的结果。有创业意愿和想法，虽然可能一直下不了决心或由于各种原因没法做出最后的创业决策，但会比较关注各种创业机会，一旦发现了自己认同的商机，也可能随即下决心实施创业（创业决策）。总的来说，发现和评估商机是创业不可或缺的要素和过程，也是影响创业决策的一个重要因素。

3. 制定创业经营计划

制定创业经营计划是对已发现的市场机会的进一步谋划，是创业活动开始的基础。通过制定创业经营计划，创业者需要明确新企业或新开张的店铺主要拥有哪些产品或服务，以此确定创业所需的资源及获得这些资源的途径和方法，制定生产经营的基本战略和策略，设计出基本的管理体制，做好财务规划和投资效益分析等。一份完善的创业计划书（也称商业计划书），不仅对自己的创业活动有着极强的指导意义，还是说服投资人提供投资的重要文件。

4. 确定并获取创业资源

确定并获取创业资源是实施创业计划的第一步。真正完全"白手起家"的神话并不多见，创业资源的范围比较广，但最主要的是金融资源、社会资源和人力资源。创业者要对现有的资源状况进行分析，区别创业的关键资源和一般资源，搞清楚资源缺口可能造成的影响和针对其需要采取的弥补措施，想办法获取创业所需的资源，并在整个创业过程中加强对资源的控制，提高利用效率。例如，小郭的优势在于能言善辩，为人真诚，之前在做销售工作时业绩也不错，但对于想要开家眼镜店的他来说，其资源缺口就在于对验光配镜技术、货源及行业的不了解，为此，小郭选择了加盟某眼镜店品牌，通过加盟弥补资源上的不足，获取创业相关的资源。

5. 正式创办并管理新企业

到这一阶段，创业就算正式上路了，这个阶段包括选择适当的企业法律形式和正确的管理模式，明确创业成功的关键，及时发现运作中出现的问题和可能出现的问题，并完善相应的管理和控制系统，确保企业或店铺的正常运作和健康成长。

商机视角下的创业模型如图1-3所示。

1.2.2 企业的生命周期

企业生命周期是企业发展与成长的动态轨迹，一个企业从有创业想法到创立，再到发展成熟，甚至衰退，存在一个类似于人类成长过程的生命周期。企业生命周期阶段划分从使用的术语、划分的阶段数和划分的依据等方面来说，都是不一样的，有三阶段到十阶段不等。其中爱迪思企业生命周期的"十阶段"划分影响最大。虽然企业生命周期阶段的划分看起来差异较大，但实际上都包含初创期、求生存期、转型期和成熟期，只有极个别模型有衰退期，只是不同学者命名的名称不同或者有的学者会再把这些阶段再加以细分。

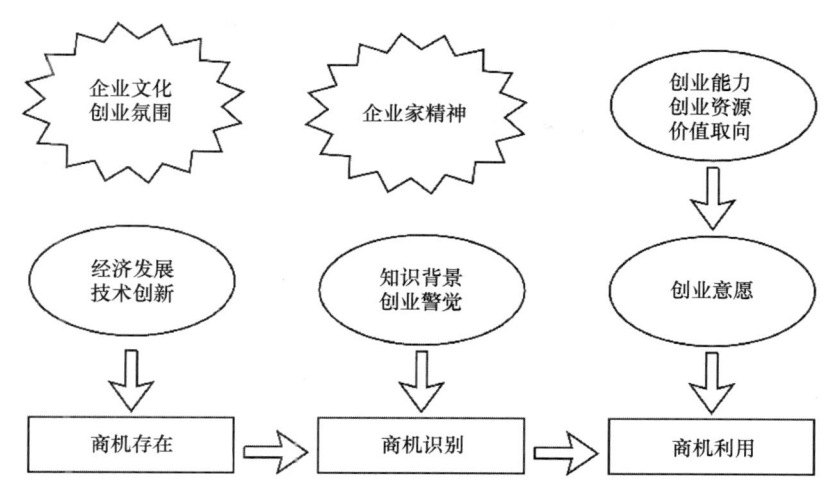

图 1-3　商机视角下的创业模型

企业生命周期理论的创立者伊查克·爱迪思（Ichak Adizes）是美国当代著名的管理学思想家、教育家，也是组织健康学的创始人，他被美国主流媒体评价为 20 世纪 90 年代"唯一的处于管理尖端领域的人"。他花了 20 多年的时间研究企业的发展、老化和衰亡过程，他在名著《企业生命周期》中，把人的成长与老化的生物机理植入企业的发展过程，并用一条像山峰轮廓一样的曲线来代表企业的生命周期（如图 1-4 所示）。据说这条曲线可以延续几十年甚至上百年，而实际上很多企业没有走完这条完美的曲线就消失了，有的企业仅仅存在几年、十几年（还在成长期）就灭亡了，原因是企业在成长中会遇到许多"陷阱"，而这些企业没能跨过这些陷阱。

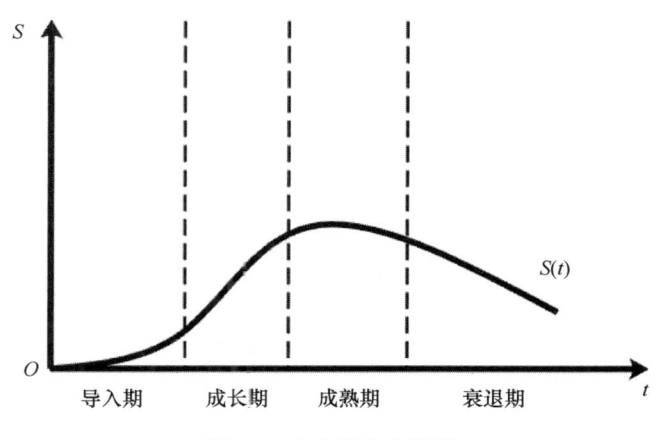

图 1-4　企业的生命周期

图 1-4 所示的企业生命周期各阶段的特点和资本要素如表 1-1 所示。

表 1-1　企业生命周期各阶段特点和资本要素

生命周期	特　　点	资本要素
导入期	组织结构简单，生产经营者与管理者合二为一，盈利能力低，现金流转不顺，经常出现财务困难	资本主要来源于创业者和风险投资人

(续表)

生命周期	特点	资本要素
成长期	基本形成自己独特的产品系列，产品市场份额稳步提高，市场竞争力逐渐增强，业绩增长速度加快。在竞争产业中已经有了比较明确的市场定位，企业会不断寻求新的业务和新的利润增长点，企业经营管理模式逐渐完善，人才不断地被吸引进来	利用银行进行间接融资，或通过发行股票和债券进行融资
成熟期	企业资金雄厚、技术先进、人才资源丰富、管理水平提高，具有较强的生存能力和竞争能力，能够有效地进行日常业务流程的协调和资源的配置	融资渠道多元化，现金流转顺畅，资产结构合理，资本结构政策稳健
衰退期	企业产品市场份额逐渐下降，新产品试制失败或还没有完全被市场所接受，管理阶层和部门之间出现问题	股票价格开始下跌，银行信用贷款收紧，企业融资能力下降

企业生命周期的不同阶段在规模、营业收入、产品市场等方面各具特点，资本要素也因各阶段的特点而相应不同。

1．导入期的特点和任务

导入期的主要任务有两个，一个是创业决策（要不要创业），另一个是创业过程（如何创业，即狭义的创业过程，仅指把创业想法和意愿付诸实施的过程）。在创业决策中，主要包括创业意愿（想创业）及最终能够做出创业的决策（能创业）两项任务；创业过程则主要包括企业的创立和企业最初的运营。创业决策是在创业与就业（或者说受雇与自雇）或创业与不工作之间做出选择；创业过程是在做出创业决策之后创立企业。创业者要对自己拥有的资源做一个盘点。

（1）现金资产：是指创业者本人及家庭可以随时支配的现金和银行存款，请注意是"可以支配"的，所以创业要取得全家人的支持，也要为家庭的生活留有余地。当然，易于变现的国债、股票等可以视为现金资产。

（2）房产和交通工具：这种资源一方面可以作为创业的硬件资源，另一方面可以作为现金资产的补充，在需要的情况下，可以作为抵押品向银行或其他投资人申请融资。当然，要清楚房产和交通工具是不是可以支配的，如果是以按揭方式购置的，那么其资产价值就要大打折扣了。

（3）技术专长：这里说的技术专长，包括有形的和无形的，有形的是指拥有已申请成功的发明专利、实用新型专利和外观专利，或拥有某一领域公认的专家，如注册会计师、律师、高级美工师、设计师、工程师、医生、心理咨询师等；无形的是指拥有专有技术、科研成果，或者对某个特定行业和领域有深入的研究。

（4）信用资源：你有没有信用污点，如果没有，估计一下你是否能够通过长期积累的信用资源干些什么事，如是否有人愿意根据你的信用给你投资，是否有人愿意借钱给你，是否有人愿意为你铺货，或是否有人愿意在你还没有付工资的情况下为你工作。

（5）商业经验：对市场经济和游戏规则的了解程度。

（6）家族资源、职业资源、人脉资源等也是重要的资源。

在导入期，要为创业储备社会关系，如果在创业时能拥有良好的社会关系基础，那么就会事半功倍，良好的社会关系和人际关系能使创业者早日到达成功的彼岸。反过来说，如果在创业时，没有储备良好的社会关系，那么创业者就要比别人付出更多的劳动，甚至会遇到很多社会关系问题，阻碍创业者的创业步伐，使创业过程变得很艰难。生意场是一个没有硝烟的战场，在这个看不见硝烟的战场上，如果你没有足够的人脉，那么将寸步难行。因为在人际关系这张网上织着很多关系，如人缘关系，业务关系，甚至还交织了办事渠道、信息来源等。人际关系很微妙，它无处不在，无时不在，已渗透到社会关系的每个角落，甚至已渗透到人的心灵深处，因此，人际关系不但影响着个人的行为，而且也影响和决定着社会的发展、生意的成败。假如你要创业，就必须做好社会关系的储备。

2. 成长期的特点和任务

企业要想生存下去，在成长期需要拥有以下三个核心资源：资金、人才和用户。随着竞争愈演愈烈，创业者越来越发现，吸引、聚集这些核心资源变得极其困难。符合市场需求是关键，然而，并不是所有的初创企业都会在招聘人才上经历"饥荒"，有一些优秀的初创企业因为"适应市场"而具备一种魔力，会自然而然地吸引那些顶尖人才。也不要因为融资太少而担心，因为大多数企业都是这样，只要你的产品符合市场需求，就自然会招募到员工，资金也会因为你的产品符合了市场的需求而向你靠拢，因此只有那些真正满足市场需求的初创企业才能获得投资，违反市场需求的企业将逐渐被淹没。种子基金及天使投资人厌倦了撒网式投资，他们更钟情于十拿九稳式的投资，更热衷于能成长为"鲸鱼"的潜力股"小鱼"们。所以，这些关键的资金都会流向那些能快速获得数百万用户、占据市场的初创企业。如果你的企业还是一个未被市场验证的初创企业，期望融资25万美元，把团队里的每个人都当作联合创始人，那么就不要想着先为员工提供小隔间等更好的工作环境，再去寻找适合市场的产品，这是一种不现实的想法。

3. 成熟期的特点和任务

在成熟期，企业有了比较稳定的现金流和用户资源，正如受访的企业家所说，在这个阶段，"不用再担心没饭吃了，不用担心明天企业还能不能经营下去了"，这就意味着企业进入了稳定的经营和发展阶段，创业企业家与一般企业的经营管理者的主要任务都是制定企业长远发展的规划，激发员工的积极性，构建和管理好团队。因为创业企业在导入期和成长期基本上无暇顾及组织架构的健全、组织制度的完善、企业长远发展的战略定位和战略决策，同时也无法兼顾组织内部的团队建设。创业者更多依靠自己一马当先，亲力亲为，艰苦打拼，顽强坚守。当企业进入稳定和发展阶段之后，企业家都有一个从"非正规军"向"半正规军"和"正规军"转变的过程。他们开始把自己的工作重心转移到企业的长远发展、团队建设和内部经营管理上来，并开始注重组织架构的建设、团队的构建及人才的培养。在进入成熟期后，企业家的主要挑战不再是外部市场的拓展，而是企业内部的经营和管理，企业开始步入正轨，创业者已经完成了创业的任务，并成功生存下来，进入守业阶段。

4. 衰退期的特点和任务

在企业经营过程中，遇到的问题非常多，例如，在科技迅速发展的今天，企业的营销模式是不是应该有所改变；如果企业采用的是合伙人制度，那么股权分配是否合理；在员工流失率高的情况下，企业要不要做股权激励等。不管哪方面，都可能是企业的致命伤。随着市场竞争的加剧，先进的生产技术、工艺、设备和替代产品的涌现，企业市场份额逐步萎缩、利润下降，资产不断减少，若不予以创新变革，将导致企业消亡。

对于衰退期的企业，企业管理的各方面都可能出现问题。首先要对企业的经营战略进行重新审视，对企业的宏观环境、行业结构、资产结构等进行分析，重新确定企业的成长战略。其次要对企业的市场营销策略进行全面分析和重新整合。在价格策略上以资金尽快回笼为目标来选择相应的定价方法。分销应以短渠道为主，在新的分销渠道选择和对原有分销渠道的整合上，按应变性原则来确定分销渠道的类型和进行分销渠道的调整。

1.2.3 创业理论的发展

1. 匹配理论

古代有一则《西邻五子》的寓言，说的是有一家人中有 5 个儿子，其中大儿子很老实，二儿子很聪明，三儿子是个盲人，四儿子跛脚，五儿子天生驼背。这在当时的外人看来，这家人倒霉透了，他们家的日子肯定很困难。但实际上，这 5 个儿子的父亲非常聪明，他根据 5 个儿子的情况，给他们分别安排了不同的工作：让勤劳朴素的大儿子务农，让机智聪明的二儿子经商，让盲人三儿子去给别人卜卦，让跛脚的四儿子专门纺纱，让驼背的五儿子负责搓麻。经过他的分工和安排，5 个表面看起来各有特点的儿子都在自己所从事的工作中发挥了长处并回避了短处，每个人都能充分发挥自己的才能。让所有的事，都由合适的人去做、去管；让所有的人，都做与其能力兴趣相匹配的事，这堪称"人尽其才"之典范，这是后来风靡全球的匹配理论的最佳实践：把合适的人放在能发挥其特长和优势的工作和岗位上，他就是人才甚至天才；把不合适的人放在不适合他的位置上，他很可能就是蠢才。

根据匹配理论的思想，个体差异现象普遍地存在于个人心理与行为中，每个人都具有自己独特的能力模式和人格特质，而某种能力模式及人格特质又与某些特定职业存在着相关性。即每个个体都有自己的个性特征，而每种职业由于其工作性质、环境、条件、方式的不同，对工作者的知识、技能、性格、气质、心理素质等有不同的要求。由于每个人的人格类型、兴趣与职业密切相关，因此每个人都可以找到适合自己的职业。对于组织和个体来说，进行恰当的"人职匹配"具有非常重要的意义。在进行职业决策时，就要根据个体的个性特征来选择与之相对应的职业种类，即进行"人职匹配"。当个体的个性特征与兴趣和职业相符时，其工作热情可以最大限度地被调动，其潜力可以被激发出来，从而能够最大限度地提高工作绩效和工作满意度。若匹配得好，则个体的个性特征与职业环境协调一致，他的工作效率就可能大为提高。反之，其工作效率就很低。

霍兰德的"人格类型理论"将不同的人格倾向与不同的职业类型予以匹配，一个人在与其人格类型相一致的环境中工作时，容易得到乐趣和内在满足。霍兰德将人格倾向分为六类，对应的特征分别如下。

（1）**实际型**的人格倾向是，喜欢有规则的具体劳动和需要基本操作技能的工作，缺乏社交能力，不适应具有社会性质的职业。具有这种类型人格的人，其典型的匹配职业包括技能性职业（如一般劳工、技工、修理工、农民等）和技术性职业（如制图员、机械装配工等）。

（2）**研究型**的人格倾向是，具有聪明、理性、好奇、认真等人格特征，喜欢完成脑力的、抽象的、分析的、独立的定向任务，但缺乏领导才能，其典型的匹配职业为具有研究性质的职业（如科学研究人员、教师、工程师等）。

（3）**艺术型**的人格倾向是，具有想象力丰富、冲动、相信直觉、无秩序、情绪化、理想化、有创意、不重实际等人格特征，喜欢具有艺术性质的职业和环境，不善于完成事务工作。其典型的匹配职业包括艺术方面的职业（如演员、导演、艺术设计师、雕刻家等）、音乐方面的职业（如歌唱家、作曲家、乐队指挥等）与文学方面的职业（如诗人、小说家、剧作家等）。

（4）**社会型**的人格倾向是，具有善合作、友善、愿助人、负责、圆滑、善社交、善言谈、洞察力强等人格特征，喜欢社会交往、关心社会问题、有教导别人的能力。其典型的匹配职业包括教育工作者（如教师、教育行政工作人员）与社会工作者（如咨询人员、公关人员等）。

（5）**企业型**的人格倾向是，具有独断、自信、精力充沛、善社交、爱冒险、有野心等人格特征，其典型的匹配职业包括政府官员、企业领导、销售人员等。

（6）**常规型**的人格倾向是，尊重权威和规章制度，喜欢按计划办事，细心、有条理，习惯接受他人的指挥和领导，自己不谋求领导职务。喜欢关注实际和细节情况，通常较为谨慎和保守，缺乏创造性，不喜欢冒险和竞争，富有自我牺牲精神。其典型的匹配职业包括秘书、办公室人员、记事员、会计、行政助理、图书馆管理员、出纳员、打字员、投资分析员等。

"人职匹配"是职业生涯管理的经典理论，强调在选择职业时，职业要与个体自身的个性、特征和能力相匹配，该理论被广泛地应用于职业选择和职业指导等领域。早在1909年，美国波士顿大学教授帕金森在他的著作《选择一个职业》中就分析了一个人在做职业选择时应该考虑三方面的因素：一是对自己有清晰的了解，包括兴趣、爱好、能力等方面，这些可以通过心理测试了解；二是对可供选择的职业的要求和条件有清晰的了解；三是要根据自身主客观条件与职业需求之间的匹配度来做出选择。

基于"人-组织匹配"理论，有学者提出了"人-创业适合度"模型。在这个模型中，创业者个体的自我感知能力、识别机会能力、坚强的意志、丰富的资本、出色的社交技能对成功创业都有重要的影响。也就是说，个体在做出是否要创业的决策时，应该先认真地评估自己是否确实适合创业，以及适合的创业行业与创业模式等。创业者个体的特征与创业活动的要求匹配度越高，就越有可能成功。那么创业者都具有哪些特征呢？例如，有驱动力、有自信、有毅力、有行动力和责任心、有目标、有适中的风险倾向、有对付逆境的能力、有整合资源的能力、有搜寻和使用反馈信息的能力、有自我约束力、有内部控制力（指是否相信自己能够掌握甚至改变自己的命运）等。具有内部控制力与外部控制力的人对待事物的态度与行为方式不同。具有内部控制力的人相信自己能够掌握自己的命运，面对可能的失败也不怀疑未来，面对困难，能付出更大努力，加大工作投入。而具有外部控制力的人看不到个人努力与行为结果的积极关系，面对失败与困难，往往推卸责任于外部，不去寻找解决问题的办法，而企图寻求救援或赌运气。他们倾向于以无助、被动的方式面对生活。根据匹配理论，个体在创业决策时应该考虑自身的条件、资源和特性等因素，即判断自己是否适合创业、适合在哪个行业创业及如何创业。

2. 创业学习理论

创业是一个"成为"的过程或者说是一个学习成长的过程。学习能力是创业者最大的竞争力。对于初创者来说，明确自己应有的方向是很难的，浅薄的创业经验让他们经常无所适从，这时候，向前人学习就变得十分重要。创业学习有三个假设：一是市场中存在可供创业者发现和利用的商机；二是人们拥有的前期知识储备是不同的，市场中存在的商机只会被那些拥有相应知识储备的人发现；三是个体学习能力和知识架构存在差异，不同的个体会选择不同的信息，也会有不同的信息加工和处理方式，从而导致个体发现和利用商机的能力存在差异。创业过程是一个学习的过程，但学习过程并不等于创业过程。因为企业家在创业前的经验和知识储备会被带到创业生涯之中，并影响企业家新知识的积累，新知识的积累又会影响企业家的行为。在创业之后，企业家需要根据创业不同阶段的不同特点持续地学习。

在传统的知识观里，知识是可以经打包后由教育者传递给学习者的，学习者的学习与环境及情景无关。直到20世纪80年代末，这种知识与行为分离的学习观"一统天下"的局面才被彻底打破。情景学习理论强调知识是情景性的，知识和活动不可能完全分离，学习者的学习一定是在一定的情景中通过具体的活动进行的。经验学习是创业学习最重要的形式和内容。企业家是通过"干中学"和观察他人的行为和结果进行学习的，企业家在付诸创业行动之前搜索信息的类型、数量和质量都会受到前期经验的影响。创业前期和创业期的学习往往属于预期性学习，更具主动性和前瞻性，是企业家基于对未来的预期、预测和远景，有目的、有选择性的学习，是"提前学"，体现了企业家能力与职能的动态匹配过程。

"关键学习事件"是创业学习中一个重要的概念和主题。对关键事件的反思和学习是创业学习的触发器，企业家甚至被称为"反思的实践者"。反思能够让企业家从过去的事件和经验中学习，同时也是企业家学习的一般化过程。企业家把从过去的事件和经验中学习到的知识和技能应用到创业过程新的事件、情景和经历中去。企业家从关键事件中学习，从而提升自己的能力。一些关键的事件会直接成为创业者的经验和教训，企业家从成功的经验中学习，更从失败的教训中学习。对创业者而言，尤其是对初创者和处于创业初期的创业者而言，创业知识和经验的缺乏、创业中不确定的情景、创业中的较高风险等因素会让他们面临巨大的压力，在这种创新活动的过程中，犯错是不可避免的，创业者在犯错和对犯错的反思中进行学习，从而使创业能力不断发展。创业者犯过的错误、经历过的失败、面对过的危机都会带来直接的消极影响，这种学习虽然让创业者不可避免地承受精神上的压力和创伤，但从长远来说，从失败的教训中学习的结果是积极的，能让创业者通过反思获得知识和自信，同时在未来的实践中避免类似事件的发生。创业中的反思学习也称为"适应性"学习，即通过实践和经验进行知识的学习和累积，以备将来在相似的事件或情景中使用，是"干中学"。

3. 计划行为理论

创业过程就是围绕着机会进行识别、开发和利用的过程。但是识别商机并不必然导致创业行为，机会能否被利用还取决于个体有没有创业的意愿，即个体想不想创业、希不希望创业、愿不愿意创业及能不能创业成功。

根据计划行为理论，人的社会行为是理智的，人的行为意愿是在三种知觉共同作用下的结果。

首先是**行为结果知觉**，是主体对特定行为的可能性后果及这种后果对个人的影响的评估。通过这种评估对特定行为产生喜欢或不喜欢的态度，一个人对特定行为的态度取决于对与行为相联系的结果的主观价值判断及这种联系的强度。对创业行为而言，行为结果知觉就是个体对创业行为的价值判断（如是风险还是机遇，是谋生还是事业，是无奈还是追求，是压力还是挑战，是逃避还是自主），这种知觉会在很大程度上影响个体的创业意愿和创业决策。

其次是**行为规范知觉**，是主体对行为的社会规范性期望的理解，是对社会压力或社会规范的主观认知，是社会评价、父母意见、朋友及周围人的看法等对个人的影响。对创业行为而言，行为规范知觉就是周围的人看待创业和创业者的态度（如创业是充满风险的投资行为还是令人尊重和向往的职业，创业者是唯利是图的商人还是创造社会财富的企业家）。

最后是**行为控制知觉**，是主体对行为的自我控制程度，即对行为过程的容易或困难程度的主观认知，尽管人们的这些知觉不一定有充分的依据或理由，甚至可能是有偏见的，但人们理智或理性地追随自己的这些知觉并产生相应的行为意愿，行为意愿往往会导致与信念相一致的行为。对创业行为而言，这是个体对实施创业行为的困难程度的认知，即个体是否相信自己具备创业的能力及是否能够创业成功。这种对自我控制程度的主观认知主要基于个体所拥有的创业资源和创业能力。虽然创业资源和创业能力本质上都有客观的内容和形式（如金融资源、人力资源、社会资源，商业策划能力、融资能力、企业管理能力等），但实际上影响控制信念的并不是资源数量和能力大小的绝对值，而是个体对自己的资源和能力的主观认知。

总而言之，在创业领域，计划行为理论是指创业者的创业意愿和创业动机，是三方面因素综合作用的结果，这三方面因素是：创业的结果对创业者的吸引力、社会尤其是周边人对创业和创业者的看法和评价、创业者个体对自己拥有的创业资源和创业能力及创业成功的可能性的信心。

1.3 5G 催生的新商机

小米创始人雷军曾说过"站在风口上，猪也会飞"，"风口"是一种趋势，是对大众需求的洞见，"风口"在很大程度上受国家政策导向的影响。随着"大众创业，万众创新"的深入开展，科技创新被视为社会经济发展的新动能，2020 年的《政府工作报告》提出，未来的导向就是"加强新型基础设施建设，发展新一代信息网络，拓展 5G 应用"，那么"新基建"的"风口"能为初创企业带来哪些发展机遇？初创企业又该如何在新形势的创业"风口"之中把握机遇？本节将对以上问题进行解答。

1.3.1 5G 概述及应用领域

网络是任何信号和信息的交互连接，我们的大脑和互联网就是其中两个最突出的例子。5G 即第五代移动通信技术，是最新一代蜂窝移动通信技术，也是 4G（LTE-A、WiMAX）、3G（UMTS、LTE）和 2G（GSM）系统的延伸。5G 的性能目标是提高数据传输速率、减少延迟、节省能源、降低成本、提高系统容量。

2019年被视为5G的开局之年，5G代表着无线网络技术角色的一个根本性转变，5G不仅是简单地为用户提供更高的带宽，它还将改变传统通信服务提供商的工作方式，催生出更多的新兴产业。"2019新华网思客年会"于12月23日在广州举行，未来移动通信论坛常务副理事长张新生在会上发表主题演讲，他表示，5G不是技术演进，而是一次伟大的变革。

小案例

首届"世界5G大会"于2019年11月20日至23日在北京经济技术开发区举办。会议以"5G改变世界 5G创造未来"为主题，围绕"5G与数字经济新动能""5G与全球运营商""5G与国际标准化及产业组织""5G安全""5G新锐企业""5G+智慧教育""5G+智慧健康医疗""5G+智慧城市""5G+超高清视频""5G+智慧交通""5G+智能制造""5G+游戏"等10余个主题和领域展开探讨。例如，在"5G+智慧健康医疗"方面，基于5G、云计算和大数据能力，中国电信打造了基于5G医疗切片网络支持的机器人远程手术公共服务和大数据云平台，并在北京积水潭医院得以初步应用，已经实施多次远程骨科手术，通过5G网络，偏远地区的患者也能享受到积水潭医院的"专家服务"；在"5G+智能制造"方面，5G+边缘计算+机器视觉在北京落地应用，在三一重工的工厂里，利用"5G+边缘云"突破了AGV（Automated Guided Vehicle，自动导引运输车）单机算力的限制，降低了AGV单机功能的复杂度和成本；在"5G+游戏"方面，游戏将在云端完成渲染，不需要任何高端处理器和显卡，不需要等待游戏下载，只需要通过一台VR（Virtual Reality，虚拟现实）一体机参观者就可以畅享高质量的游戏，5G的低时延将有效降低VR带来的眩晕感，提升用户的游戏体验。

5G已成为世界数字经济战略中的优先发展领域，大力推进5G建设已经被提升至国家战略高度，随着5G技术的成熟，它将会给所有行业和生态带来巨大的影响，彻底改变我们的生活方式。从此，科幻电影中"万物互联"的场景将很快成为我们日常生活中的一部分。

不管是在数据传输速率上，还是在连接设备上，网络都正在经历着爆炸式增长，网络的紧密连接缩短了空间的距离，科学家相信，未来人类社会的发展将取决于网络连接的快慢。在数据传输速率方面，1991年，早期的2G网络的数据传输速率为每秒100KB；10年之后，3G网络的数据传输速率达到了每秒1MB；而4G网络的数据传输速率则为每秒8MB；5G网络的数据传输速率将高达每秒1.25GB。

1G引入了模拟移动语音服务，通过授权频谱（安装基站，通过专用无线电频谱为用户提供移动网络接入）和频率复用（多个基站的实时连接能够使用户在移动时，语音通话不受干扰）建立了无缝无线连接。尽管1G具有革命性，但就频谱效率而言，模拟传输的容量有限，并且使用模拟设备（大型，昂贵，低效）的可扩展性也有限。2G从模拟传输发展到数字传输，并使用TDMA（Time Division Multiple Access，时分多址）方法实现了更多的容量，以及支持不同网络之间的漫游。2G提供了一个网络平台，支持新的移动服务（短信、彩信、图片消息），并通过数字编码提高了语音质量和清晰度。数字设备的可扩展性得到了改善，它们比模拟设备更便宜、更轻（数字信号消耗的电池电量更少）。GPRS（General Packet Radio Service，通用无线分组业务）（2.5G）引入支持分组交换技术，该技术最终以 56~144kbit/s

的数据传输速率提供 WAP（Wireless Application Protocol，无线应用协议）、电子邮件和万维网访问等数据通信服务。

3G 网络[实施 UMTS（Universal Mobile Telecommunication System，通用移动通信系统）]开创了高速互联网接入的新时代，用户有了更高的容量和更好的移动宽带体验。随着对更高网速需求的不断增长，4G 网络于 2010 年推出，旨在通过更高的数据容量提供更快、更好的移动宽带体验。其提高了 3G 提供的带宽，同时通过降低网络上每比特的成本来提高效率。4G 的优势是支持宽信道，通过实现 OFDMA（Orthogonal Frequency Division Multiple Access，正交频分多址）技术，并使用信号编码和多路复用模式为用户提供更快的数据传输速率。4G 与 3G 的关键区别在于，4G 实现了全 IP 网络，放弃了线路交换基础设施，语音服务与数据通过分组交换网络进行传输（语音呼叫被 IP 电话取代，即 VoLTE）。

从业务角度看，4G 是移动互联网，5G 是物联网，5G 将解决人与物、物与物之间的互联互通问题。5G 具有高可靠、低延时、高带宽等特性，在产业、行业、社会管理和经济发展等方面，均有颠覆性的新应用。5G 赋能数字经济，通过一个平台解决连接、计算、智能三大问题，这些都是革命性的。电信运营商可以利用 5G 的高性能，为其所有用户提供传统和非传统细分市场的新产品和解决方案，从而产生新的收入来源和利润。无疑，从人工智能（Artificial Intelligence，AI）到无人驾驶汽车，从远程医疗到全息投影娱乐，所有能让现代人类生活变得更轻松、更安全及更高效的手段都需要以高速和永久在线的连接为基础。

1G 到 5G 的变迁如表 1-2 所示。

表 1-2 1G 到 5G 的变迁

阶段	1G	2G	3G	4G	5G
特点	使用模拟通信技术，只能打电话，抗干扰性能差	使用数字通信技术，可以发短信和二网	高频宽和稳定的传输，影像电话和大量数据的传输更为普遍	集 3G 与 WLAN 于一体，并能够传输高质量视频图像，图像传输质量与高清晰度电视不相上下	低时延、高可靠、低功耗，是集成多种新型无线接入技术和现有无线接入技术的一种技术
应用场景	传输音频	传输音频、文字	传输音频、文字、图片和视频	能传输高清视频	无人驾驶、远程医疗、智慧城市、物联网、VR/AR（Augmented Reality，增强现实）

新型基础设施，是以新发展理念为引领，以技术创新为驱动，以信息网络为基础，面向高质量发展需要，提供数字转型、智能升级、融合创新等服务的基础设施体系。其中之一是信息基础设施，主要是指基于新一代信息技术演化生成的基础设施，例如，以 5G、物联网、工业互联网、卫星互联网为代表的通信网络基础设施，以人工智能、云计算、区块链等为代表的新技术基础设施，以数据中心、智能计算中心为代表的算力基础设施等。5G 作为"新基建"七大领域的"领头羊"，是信息化发展的重要基础。移动互联网和有线互联网的彻底融合，使得万物互联成为可能。未来 5G 将会与视频直播技术、VR/AR 技术、AI 技术、无人驾驶、脑机接口、物联网等技术深度融合，给社会带来巨大的变革和机遇。5G 被广泛应用于以下几个领域。

（1）教育领域：传统教育资源的不均衡分配问题会长期存在，5G 可以成为解决这种资源不均衡问题的技术手段，减少教育不公平现象。5G 和 VR 相结合，可以提升学习效率，使教育更生动，业务场景更灵活，满足个性化、差异化的需求。

（2）工业领域：5G 的低延时有利于帮助机械臂的自动化控制，高密度连接确保安全可靠和稳定。

（3）社会治理：5G 高带宽的特点，使其可以随时传输高清数据，提升安防效率，同时可以跟踪人流方向，对人流密度进行预警，优化城市治理。

目前 5G 比较热门的应用领域如下。

（1）无人驾驶：4G 网络端到端时延的极限是 50ms 左右，还很难实现远程实时控制，在 5G 时代，端到端的时延只需要 1ms，足以满足智能交通乃至无人驾驶的要求；4G 网络并不支持海量的设备同时连接网络，它只支持数量不多的手机接入，而在 5G 时代，1km^2 内可以同时有 100 万个网络连接，连接的各种设备用于获知道路环境、提供行车信息、分析实时数据、智能预测路况……通过它们，驾驶员可以不受天气影响，真正 360° 无死角地了解自己与周边的车辆状况，遇到危险也可以提前收到预警。

（2）机器人：对医生而言，机器人在手术方面将大有可为。在执行医疗手术中的复杂指令时，机器人需要与医生实现无缝"沟通"，对医生发出的指令做出实时反应。

（3）虚拟现实：当你戴上 VR 头盔后，便进入了一个虚拟的世界，在这个世界中，你可以与他人进行互动，做游戏，甚至击掌。有了 5G，用户之间的相互协作将迎来新的时代，不同物理位置的两人将可以实现相互合作。各种体感互动功能都需要高速网络传输的支持，来提高体验效果。

此外，与它们相关的芯片、电子元器件、软件、智能硬件等产业链上下游也会进入升级期，其创业机遇同样不可限量。

1.3.2 看得见的风口浪尖

有人可能会迷茫，创业的选择那么多，选择什么样的机会更好呢？在这个信息飞速发展的 5G 时代中，商机又在哪里呢？

首先，5G 时代的信息量膨胀，如何抓住用户的注意力，也就是能吸引用户，从而脱颖而出，这是重要的一步。

其次，要结合自身的条件和优势进行选择，每个领域都有商机，要想事半功倍，就要找到在你的商业环境中可以实现并行得通的商机。

再次，5G 时代的迭代更新速度会比以往更快，所以也会有大量的人与你竞争，如果该市场已经成熟饱满，那么你的创业就会更加困难。关键在于必须在竞争对手想到之前及时推出产品，有足够的市场推广时间。

最后，创业需要有一定的与之相关的资源，包括人、财、物、信息、时间及技能，这些将是创业的助燃器。

总的来说，5G 时代的商机就是，5G 提供了极高的网络传输带宽，极低的网络传输延时，这缓解了以往很多应用场景网速慢的问题，从而出现了新的用户需求和新的可能。5G 时代大体上会带来两次商机：第一次商机在于 5G 网络建设所形成的市场，如光通信产业、基站天线产业、射频前端产业等，这部分商机多数是给有技术、有实力的团队或企业的；第二次商机就是把 5G 网络和其他传统行业或新兴产业相结合，无人驾驶、VR、云服务、万物互联等就是最好的例子。例如，5G 拥有超高传输速率、超低延时等特征，使得无人驾驶的安全性得到保证；VR 对视频的高质量和实时传输都有着比较高的要求，如果技术达不到要求，发展自然就缓慢了，5G 就可以很好地改变这种现状，VR 依托 5G 技术将可以做得更好。

信息传播的量级增加，对信息传播的载体提出了更高的要求。所以在 1G 时代，人们只能听声音；在 2G 时代，人们可以收发短信、彩信；在 3G 时代，人们可以无障碍地看图片，基本上可以体验大部分的网络功能；在 4G 时代，人们可以直播和看视频。但我们现在从手机上通过 4G 看到的信息，哪怕是视频，本质上还是在二维平面上呈现的。5G 的高速度和高带宽，让信息的三维呈现成为可能。在现实中，我们可以通过 VR 眼镜、头盔或其他传感器，做到人在家中，却能现场体验千里之外的旅游景点、演唱会、博物馆。在现在的照片或视频体验中，我们只是一个旁观者，但沉浸式体验能让我们"置身"于现场。也就是说，5G 让"看到"现场，变成"在"现场。在云服务企业中，5G 可以降低云服务费用，使得普通用户都能享受到云服务带来的便捷性，以后我们的手机功能也会变得更加强大。5G 将使得万物互联大大往前推进一步。未来，可能每个物件上都会有一个或若干个芯片，用于收集信息、传输信息或接收指令，无人便利店和无人售货机将遍布各地。在物联网行业中，5G 以其高传输速率的优势，将电器通过手机"连接"起来，实现了智能空调、扫地机器人、电动窗帘、智能电饭锅、智能电灯等，实现电子化，大大减轻了生活"劳动"的负担。

5G 是未来信息社会的神经网络，5G 的建设将会刺激创新，5G 网络性能的提升将会带来应用层百花齐放式的创新。作为创业者，想要寻找 5G 时代的商机，应该从贴近民生的项目入手，深耕"细分市场"，做到"小而精"，去探索那些朝阳产业中，刚需、高频、轻资产的项目布局，采用跟随的办法主动融入这个变革的大环境中；借助 5G 技术进行模式创新，探索全新的商业模式；借助 5G 技术降低企业运营成本；借助 5G 技术加强企业内部的网络化协作，整合上下游资源，提高企业的运营效率。

创业的"风口"很大程度上是由国家政策所决定的，因此把握国家政策导向是创业者应具备的素质，对于初创企业，如果要进入某个市场或领域，除了要分析市场的走向，更要把握国家政策的导向。政策的走势有时直接影响公司的战略方向，政策导向是初创企业制定企业战略的风向标。因此，对于创业者来说，有时选择比勤奋更重要，把握国家政策导向，找准"风口"，就能御风而行，若逆风而行，则必然会迷失方向甚至伤痕累累。

就拿新能源汽车领域来说，2012 年，国务院印发《节能与新能源汽车产业发展规划（2012—2020 年）》，称未来 10 年政府财政将投入 1000 亿元，打造新能源汽车产业链。随后，北京市宣称，未来三年将建快速充电站 100 座，慢速充电桩 3.6 万个，以满足新能源汽车的推广需求。政策上的投入看起来好像只是数字，但是这代表的是新能源汽车未来 5~10 年的产业投入规模，它将撬动地方政府、企业、资本市场等更多的资源。那在这个政策里有哪些商机呢？很多人可能只看到了新能源汽车，但是为了让新能源汽车跑起来，充电服务网络建设应该超前于新能源汽车的发展，此外，电池是新能源汽车的心脏，是整个新能源汽车产业链中最关键、最核心的组件。目前，电池占整个新能源汽车成本的 60% 以上，如果再加上驱动系统，占比将上升至 70%，其在新能源汽车里的重要性已经远远超过了传统引擎在传统汽车里的重要性。因此，抓住了电池的核心技术，便相当于抓住了新能源汽车这块大蛋糕。

从政策中我们可以发现，一个国家的政策背后其实隐含了许多的商机，我们要学会去了解国家政策，看到这个时代的商机，让自己的努力顺应时代的需求。正如雷军所说："创业者要顺势而为，当你顺应时代趋势，会发现资本仍在疯狂地追捧。"

案例：在政策趋势下成长的"雅琛文化"

2020年最大的"风口"之一就是"直播带货"，在新冠肺炎疫情期间，人们大多居家办公，并将消费需求转移到了线上。于是，"直播带货"呈现出爆发式增长的火热态势，它改变了传统电商售卖的模式，增添了网络购物的现场感和体验感，促使消费者在直播中能找到类似自己的"消费者"进行客观公正的产品对比和感受分享。从主持人到群众都纷纷做起了主播，成为这场"直播带货"浪潮的一员。在这种大趋势下，广州市率先而动，出台了《广州市直播电商发展行动方案（2020—2022 年）》，拟在广州市打造"直播电商之都"。这是自2020年以来，华南地区首个牵头推动直播电商经济的地方政府举措，充分发挥广州市"直播货多"、供应链完备等优势，积极发动行业商协会，培育一批头部直播机构、MCN（Multi Channel Network，多频道网络）机构，孵化一批"网红"品牌，培养一批"网红"带货达人，营造浓厚的直播电商发展氛围，推动实体经济高质量发展，为实体商超、各类批发市场带来经验和专业的工具，帮助它们顺利转型。广州雅琛文化发展有限公司（简称"雅琛文化"）正是在这样的背景下发展起来的。

"雅琛文化"创始人伍雅琛是广州大学新闻传播学院毕业生，曾经是TED励志演讲嘉宾，新生代新媒体创业领袖。由于她学的是媒体行业，也经常主持各类活动，因此她很敏锐地嗅到传媒对于品牌和资源整合的意义，于2017年正式以自己的名字IP为核心成立"雅琛文化"，专注于网络营销推广和传播资源整合的品牌营运，为用户进行网络品牌的全案打造，建立品牌传播新模式，她在公司成立之初积极参加各类活动和大赛，并在2019年获得中国"互联网+"大学生创新创业大赛银奖、"青蓝计划"专项创业奖金，得到了政府和社会的认可。

目前，"雅琛文化"专注于网络整合营销与传播服务，是国内少有的综合性专业流量价值挖掘的公司，为品牌提供逾3000个签约视频"网红"达人，自建专业视频拍摄团队和投放营运团队，打造过千万级抖音达人及众多近亿播放量的短视频，目前提供包括官方账号代营运、抖音、知乎、小红书、B站等信息流宣推服务，已成为头条系一级代理，快手、微博、知乎一级代理，B站核心代理，小红书资深运营商，擅长用视频化创意内容（PUGC、PGC、OGC）来包装品牌故事、塑造品牌价值，进行流量变现，还擅长用用户生成内容（UGC）作为网络话题事件营销，促进品牌运作互联网化。其业务涉及短视频电商领域、网络品牌策划、网络广告策划、网络公关、娱乐营销、商业IP打造等多个领域，且围绕微信平台、网页设计、App应用、依托于平台算法推荐系统的竞价推荐、电商导流、创意短视频领域服务用户。"雅琛文化"是以数据与内容支撑商业化变现，做专注的交互视频内容的专业品牌推广公司。

广州市政府推进实施"一个十百千万"工程：构建一批直播电商产业集聚区、扶持10家具有示范带动作用的头部直播机构、培育100家有影响力的MCN机构、孵化1000个"网红"品牌（企业名牌、产地品牌、产品品牌、新品等）、培训10000名带货达人（带货"网红"、"网红"老板娘等），将广州打造成为全国著名的"直播电商之都"。

为引领这一新兴产业的发展，广州市政府制定了细致、全面的行动方案，从顶层设计、打造产业集群，到培育各类直播人才、制定诚信标准、举办高峰论坛和大型比赛等，为发展直播电商提供了明确的方案。政府的正式牵头推进，为像"雅琛文化"这样的新媒体企业打了一剂"强心针"，2020年3月，"雅琛文化"CEO伍雅琛女士接受了广州电视台的专访，她积极响应政府大政策的号召，表示将发展"线上引流+实体消费"的新模式，推动商贸主体向数字化、网络化、智能化、服务化方向发展。同时她还成立"雅琛文化"商学院，致力于持续输出优质的带货主播，为传统行业提供专业的新媒体解决方案。

未来，直播电商在 5G 技术的加持下将会高速发展，并有望迎来新一轮产品的衍生。"雅琛文化"将围绕政府"直播电商之都"的定位，占据"直播电商风口"的"C 位"，乘着政策"春风"，不断地成就梦想，为自己的人生重新"洗牌"。

直播电商以低的市场准入门槛、巨大的商业价值为每位有梦想的"草根"提供了实现梦想的平台。直播电商就是对"大众创业，万众创新"的诠释。创业政策为每个人提供平等的准入条件，只要你有想法、敢创新就能在其中占有一席之地。时代给予了每个人"参赛"的机会，相信人人都能顺利到达终点！

技能：创业政策的认知与利用

1. 政策环境

著名企业家朱骏曾经说过："无论是一个企业，还是一个人，都应时势造英雄，千万不要英雄造时势。顺流而上，这是手法，形势好了，才有机会成为英雄。只有在成为英雄后，才有可能去适应时势，改造时势。""大众创业，万众创新"正是时势，无论是中央，还是地方各级政府，都在为高校毕业生提供创业的便利，并在许多政策上鼓励大学生成为创业者。因此，作为创业者，要善于利用国家对初创企业的各种政策支持，包括税收、租金和启动资金等，积极将创业一步一步做稳、做实。

2. 如何获取政策信息

创业政策有很多获取方式，可以请教前辈或相关工作人员，也可以去政府机构了解，但最直接的就是通过人力资源相关网站获取信息。拿广州市来说，可以登录广州市人力资源网，直接搜索"创业补贴"或"自主创业补贴"，查看相关的创业信息；也可以进入"国家创新创业政策信息服务网"查询，"国家创新创业政策服务网"包含"政策库"和"政策分析"模块，将有助于创业者更加全面、快速、便捷地获取权威政策信息和对应的解读；另外，也可以从一些创业新媒体中获取相应的创业政策信息，如 36 氪、人人都是产品经理、虎嗅、创业邦等。

3. 政策分类

政府有哪些鼓励创业的政策呢？这些政策可以大致分为以下三方面。
（1）优化服务：
- 民办企业"三证合一"。坚决推行工商营业执照、组织机构代码证、税务登记证"三证合一"，优化办事流程，提高办事效率。
- 注册企业场所可"一址多照"。放宽新注册企业场所登记的条件限制，推动"一址多照"、集体注册等住所登记改革。
- 优化转移科技成果。鼓励利用财政性资金设立的科研机构、普通高校、职业院校，通过合作、转让、许可和投资等方式，向高校毕业生创立的小微企业优先转让科技成果。
- 降低初创企业的登记门槛。初创企业包括在登记注册3年内的小微型企业、个体工商户、民办非企业单位、农民专业合作社和家庭农场等。对初创企业免收登记类、证照类、管理类行政事业性收费和工会费。
- 放宽创业者入户等条件。经营1年以上初创企业的法人代表，可申请将户口迁入创业地。另外，实施积分享受公共服务制度的地区，应适当增加法定代表人子女教育、享受城市公租房等积分分值。

（2）环境支持：

- 支持举办创新创业活动。支持举办创业训练营、创新创业大赛、创新成果和创业项目展示推介等活动，搭建创业者交流平台，打造创业文化，营造鼓励创业、宽容失败的良好社会氛围，让"大众创业，万众创新"蔚然成风。对创办社会组织、从事网络创业符合条件的劳动者，给予相应的创业扶持政策。
- 大力加强创业教育。把创新创业课程纳入国民教育体系。《国务院办公厅关于深化高等学校创新创业教育改革的实施意见》（国办发〔2015〕36号）从健全创新创业教育课程体系、创新人才培养机制、改进创业指导服务等9方面促进大学生创新创业。
- 推进创客空间等孵化模式。总结推广创客空间、创业咖啡、创新工场等新型孵化模式，加快发展市场化、专业化、集成化、网络化的众创空间，实现创新与创业、线上与线下、孵化与投资相结合，为创业者提供低成本、便利化、全要素、开放式的综合服务平台和发展空间。

（3）资金支持：

- 创业培训补贴。参加创业培训并取得合格证书的创业者，可向培训机构所在地的人社部门申请创业培训补贴，每人最高1000元。广东省按每人1万元的标准每年资助500名示范创业者参加学习。
- 一次性创业资助。对符合条件的创业者，即普通高等学校、职业学校、技工院校学生（在校及毕业5年内）和出国（境）留学回国人员（领取毕业证5年内）、复员转业退役军人及登记失业人员、就业困难人员（成功创业的），企业正常经营6个月以上，可申请5000元的创业资助。
- 优秀创业项目资助。将优秀项目评选范围扩大至新能源、新材料、生物医药、电子信息、节能环保等战略性新兴产业，以及文化产业、现代服务业、电子商务、互联网、物联网、现代农业、家庭服务业等领域，并对获得省级以上创业大赛（包括其他省级比赛）前3名且在广东省登记注册的创业项目给予5万元至20万元资助。
- 租金补贴。对入驻政府主办的创业孵化基地的初创企业，按照第一年不低于80%、第二年不低于50%、第三年不低于20%的比例减免租金。对符合条件的创业者（同"一次性创业补贴"）按珠三角地区每年最高6000元、其他地区每年最高4000元的标准补贴。
- 小额担保贷款贴息。自主创业自筹资金不足的创业者，可申请小额担保贷款，其中个人最高20万元，合伙经营或创办小企业的，可按每人不超过20万元、贷款总额不超过200万元的额度实行"捆绑性"贷款；符合贷款条件的劳动密集型和科技型小微企业，贷款额度不超过300万元，并按贷款基准利率的50%享受贴息。
- 带动就业补贴。吸纳就业并缴纳社保的初创企业，可申请创业带动就业补贴，招用

3 人及以下的，每人 2000 元，招用 3 人以上的，每增加 1 人，给予 3000 元补贴。广东省按每人 1 万元的标准，每年资助 500 名有发展潜力和带头示范作用突出的创业者进修学习或交流考察。

- 创业孵化补贴。孵化基地按规定为创业者提供创业孵化服务的（不含场租减免），按实际孵化成功（注册登记并搬离基地）户数每户不超过 3000 元的标准给予创业孵化补贴。对达到市级示范性基地建设标准的创业孵化基地，由所在市给予每个最高不超过 50 万元的一次性奖补；对达到国家和省级示范性基地建设标准的创业孵化基地，由广东省给予每个 50 万元的一次性奖补。
- 众创空间税收优惠。落实科技企业孵化器、大学科技园的税收优惠政策，符合条件的众创空间等新型孵化机构适用科技企业孵化器税收优惠政策。有条件的地方可对众创空间的房租、宽带网络、公共软件等给予适当补贴。
- 创业担保贷款提高额度。将小额担保贷款调整为创业担保贷款，针对有创业要求、具备一定创业条件但缺乏创业资金的就业重点群体和困难人员，提高其金融服务可获得性，明确支持对象、标准和条件，贷款最高额度由针对不同群体的 5 万元、8 万元、10 万元不等统一调整为 10 万元。鼓励金融机构参照贷款基础利率，结合风险分担情况，合理确定贷款利率水平，对个人发放的创业担保贷款，在贷款基础利率的基础上上浮 3 个百分点以内的，由财政给予贴息。
- 整合发展就业、创业基金。整合发展高校毕业生就业、创业基金，完善管理体制和市场化运行机制，实现基金滚动使用，为高校毕业生就业、创业提供支持。
- 税收减免。高校毕业生等重点群体创办个体工商户、个人独资企业的，可依法享受税收减免政策。毕业年度内高校毕业生从事个体经营，在 3 年内以每户每年 8000 元为限额依次扣减当年应缴纳的营业税、城市维护建设税、教育费附加、地方教育附加和个人所得税，限额标准最高可上浮 20%。

当然，不同地区对创业人才的激励政策可能存在一定的差异，需要读者登录当地"人力资源和社会保障局"官方网站或其他网站查看具体信息，进而获取相关的政策福利。

小案例　广州市小额贷款政策扶持对象逐渐拓宽，以帮助大学生创业

正在李睿急需资金支持批量生产自主研发的新材料时，他和一起创业的妻子欣喜地获悉，在大学生创业政策中，他们共同申请的 10 万元小额创业贷款已经获批。

李睿已经着手准备建立专门用于制造该种防水材料的工厂，并打算在配方走入市场后向国家申请该产品的专利。他自信地说："相信今后随着公司的不断发展和成长，我的创业路将会越走越宽广。"

大学生创业小额贷款政策在李睿资金紧张的时候帮了大忙，然而像李睿一样幸运地申请到创业贷款的大学生并不多。李睿很庆幸，自己是偶然得知这项扶持政策，通过申请拿到资金的，要不然，这样的机会就错过了。

小案例

在农民创业方面，2015 年，农业部出台了《关于实施开发农业农村资源支持农民工等

人员返乡创业行动计划的通知》，2016年，国务院出台了《关于支持返乡下乡人员创业创新促进农村一二三产业融合发展的意见》，2017年，人力资源和社会保障部出台了《关于支持和鼓励事业单位专业技术人员创新创业的指导意见》。

2008年，北京理工大学毕业生孔博便抓住了这个机会。他的家乡在密云，是北京市重要的水源地之一，具有得天独厚的环境优势，农产品资源丰富，但受到交通不便、观念落后及销售渠道等因素制约，优质的产品却不能实现应有的价值。在外企工作的他看到了国家对农民返乡创业政策的支持，于是辞职回家创办了农产品销售电商企业北京密农人家农业科技有限公司（简称"密农人家"），他依托密云区的优质农产品资源，通过互联网渠道进行农产品的推广和销售，实现了"互联网+农业"的结合，为密云的农产品"插上了腾飞的翅膀"，同时也实现了自己的农村创业之梦。

"密农人家"与当地50多家合作社签约种植生产，在天猫、淘宝、京东、微信等渠道全年稳定供应140余种优质农产品。其中淘宝店铺的销量在2013—2015年期间连续三年位居淘宝网蔬菜类目首位，2015年的销售额突破1000万元，"密农人家"带动2000余农户生产种植转型，用大数据支持生产，早上采摘，当日送达，在网络市场上塑造了密云农产品"优质、新鲜、放心"的品牌形象。"密农人家"荣获北京市农业信息化龙头企业，北京市农业信息化示范基地等称号，创始人孔博荣获"第九届全国农村青年致富带头人"荣誉称号和第三十届北京青年五四奖章。

第 2 章　商机识别

【思维导图】

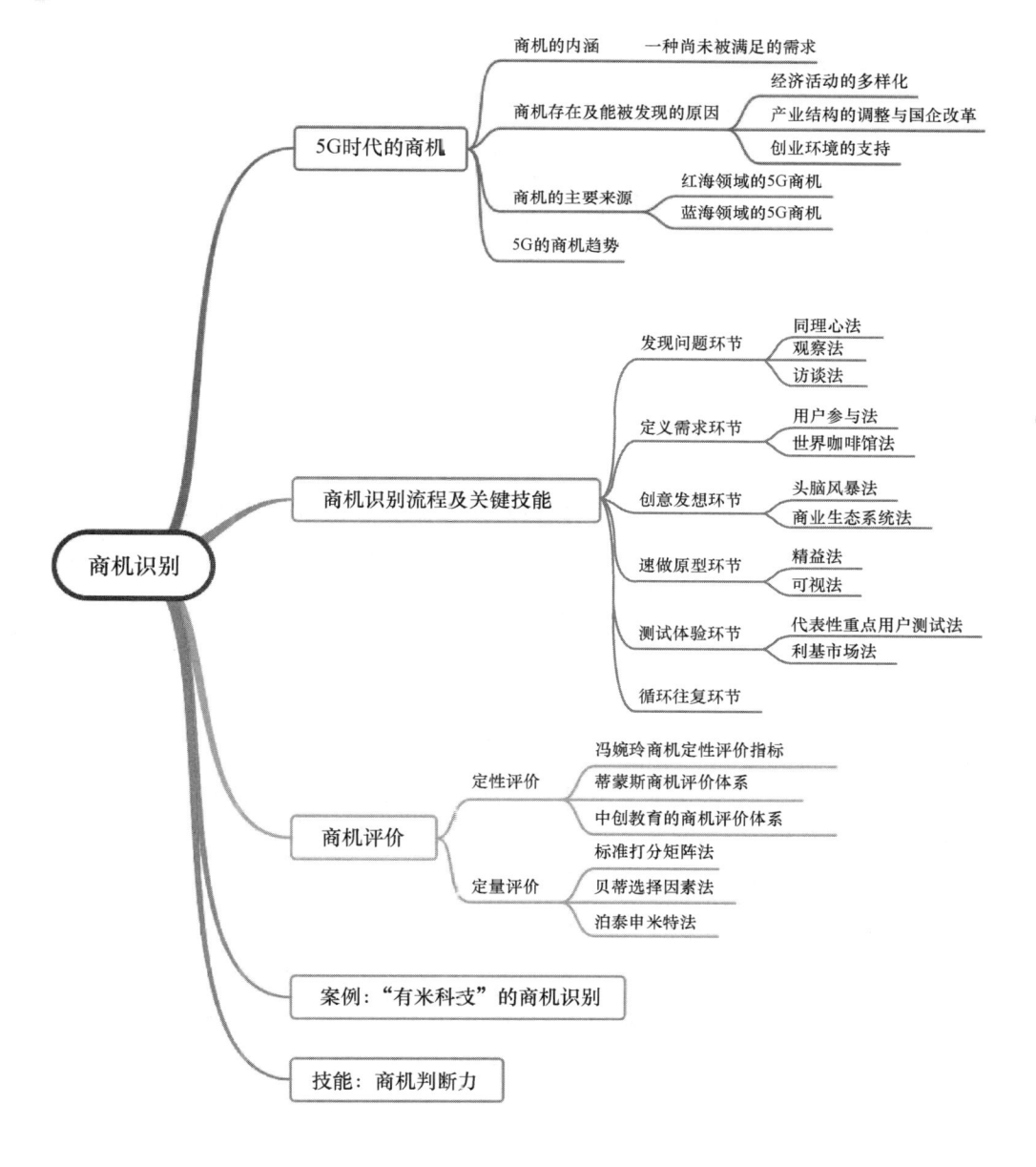

- 商机识别
  - 5G时代的商机
    - 商机的内涵
      - 一种尚未被满足的需求
    - 商机存在及能被发现的原因
      - 经济活动的多样化
      - 产业结构的调整与国企改革
      - 创业环境的支持
    - 商机的主要来源
      - 红海领域的5G商机
      - 蓝海领域的5G商机
    - 5G的商机趋势
  - 商机识别流程及关键技能
    - 发现问题环节
      - 同理心法
      - 观察法
      - 访谈法
    - 定义需求环节
      - 用户参与法
      - 世界咖啡馆法
    - 创意发想环节
      - 头脑风暴法
      - 商业生态系统法
    - 速做原型环节
      - 精益法
      - 可视法
    - 测试体验环节
      - 代表性重点用户测试法
      - 利基市场法
    - 循环往复环节
  - 商机评价
    - 定性评价
      - 冯婉玲商机定性评价指标
      - 蒂蒙斯商机评价体系
      - 中创教育的商机评价体系
    - 定量评价
      - 标准打分矩阵法
      - 贝蒂选择因素法
      - 泊泰申米特法
  - 案例："有米科技"的商机识别
  - 技能：商机判断力

2.1　5G时代的商机

2.1.1　商机的内涵

　　创业机会就是商机，商机的实质是一种尚未被满足的需求。商机可以简单地定义为有吸引力的、使投资人能够赚钱的想法或主张。这样的机会表现为消费者的需求导致企业可以提供更多有价值的产品和服务。因此，其实很多好的商机就藏在政府的政策中、新技术的萌芽中、新问题的解决中。商机不同于思路，好的思路是商机的基础，两者是共生的关系。蒂蒙斯曾经说过："好的思路只不过是创业者手中的一项工具，找到一个好的思路只是将创业者的创造力转变为商机的艰辛历程中的第一步。"

　　商机无论大小，从经济意义上讲一定是能由此产生利润的机会。商机表现为需求的产生与满足的方式在时间、地点、成本、数量、对象上的不平衡状态。在旧的商机消失后，新的商机又会出现。没有商机，就不会有"交易"活动。

2.1.2　商机存在及能被发现的原因

　　经济活动的多样化为创业拓展了新途径。一方面，第三产业的发展为中小企业提供了非常多的成长点，现代社会人们对信息情报、咨询、文化教育、金融、服务、修理、运输、娱乐等行业提出了更多更高的需求，从而使社会经济活动中的第三产业日益发展。由于第三产业一般不需要大规模的设备投资，因此它的发展为中小企业的经营和发展提供了广阔的空间。另一方面，社会需求的易变性、高级化、多样化和个性化，使产品向优质化、多品种、小批量、更新快等方向发展，也有力地刺激了中小企业的发展。

　　创业环境的支持是商机识别的关键。创业环境是创业过程中多种因素的组合，包括政府政策、社会经济条件、创业和管理技能、创业资金和非资金支持等方面。一般来说，如果社会对创业失败比较宽容，有浓厚的创业氛围；国家对个人创造财富，有各种渠道的金融支持和完善的创业服务体系；产业有公平、公正的竞争环境，那么就会鼓励更多的人创业。

　　值得一说的是，具有相同期望值的商机，并非所有潜在创业者都能把握。成功的商机识别是创业意愿、创业能力和创业环境等多因素综合作用的结果。创业意愿是商机识别的前提，是创业的动力，它推动创业者去发现和识别市场机会。没有创业意愿，有再好的商机，创业者也会视而不见，或与其失之交臂。创业能力是商机识别的基础。能否识别商机在很大程度上取决于创业者的个人（团队）能力，这一点在《当代中国社会流动报告》中得到了部分佐证。报告通过对1993年以后私营企业主阶层变迁的分析发现，私营企业主的社会来源越来越以各领域精英为主，经济精英的转化尤为明显，而普通百姓转化为私营企业主的机会越来越少。国内外研究和调查显示，与商机识别相关的能力主要有：远见与洞察能力、信息获取能力、技术发展趋势预测能力、模仿与创新能力、建立各种关系的能力等。

2.1.3 商机的主要来源

商机的出现来源于用户的需求，创业的过程就是解决用户需求的过程。在不同的时代，用户有着不同的需求，同时，创业者的创新，给用户提供了新的服务需求。所以商机的来源可以分成两部分：已存在的需求和未开发的需求。基本满足用户需求，竞争激烈的商业市场称为红海，而不为大众所熟知，有无限发展空间的商业市场称为蓝海。

图 2-1 显示了 5G 商机的主要来源。

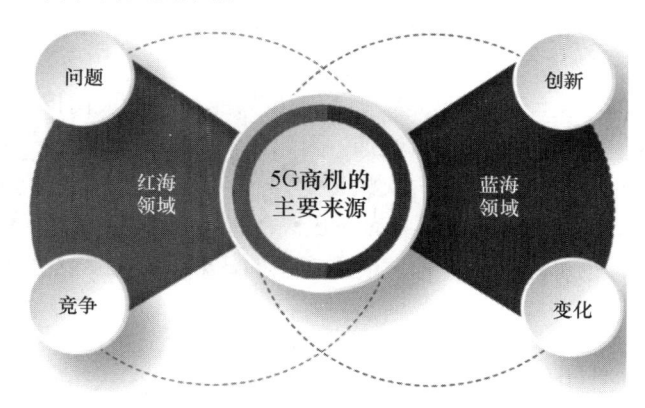

图 2-1　5G 商机的主要来源

1. 红海领域的 5G 商机

在红海领域中，大部分产业都已经发展得很成熟了，竞争十分激烈，这是否意味着没有商机呢？当然不是，无论哪个企业，都不可能满足所有用户的所有需求，只要用户的需求没有得到满足，商机就是存在的。

互联网技术的普及，改变了人们的购物方式，线上购物成了现代人的主要购物方式之一。随之影响的就是快递行业的发展，现如今快递行业这个需要高成本、多人力的行业，基本已被顺丰、中通、圆通等行业"大鳄"占领市场。随着网络技术的发展和普及，快递行业的利润不可估量，但是若想进入快递行业这个红海领域分一杯羹，需要的投入和风险实在太大。

> **小案例**

成都理工大学的黄长春和胡金磊发现了在大学校园里快递数量多、取快递难、大学生较懒惰等问题，发掘了大学"最后一千米"的快递市场。他们从一开始为同学取快递，到与快递公司合作承包校园快递，逐步组建自己的团队，创立了自己的校园物流平台。创业最难的是如何在项目里变现，校园快递类创业在许多大学都有，但很多商业模式都是向学生群体收费，提供配货上门的服务。而胡金磊等人则向快递员或快递公司收费，派件员可以节省派送时间，学生群体能享受快递代取的免费服务。并且他们还将快递市场拓展到了餐饮配送中，他们看到了传统餐饮行业在大学配送的痛点，与商家合作，将外卖送到每个宿舍，解决了商家或外卖小哥无法进入宿舍的问题。他们的物流平台在本校一个月的营业额已达到五万元，并且入选"中国创业榜样"，获得第七届成都市青年创业大赛的桂冠和最佳商业模式奖。

我们不难发现，即便是在竞争激烈的红海领域，现有的服务和产品中都隐藏着满足不了用户需求的商机。而 5G 将解决以往被网速所困扰而不能实现的功能与服务，红海领域的 5G 商机来源主要可以归纳为以下几点。

1）问题

企业的根本任务是满足顾客需求，如果顾客需求没有得到满足，就是存在问题。寻找商机的重要途径，就是善于去发现、体会自己和他人在需求方面的问题或生活中的难处。黄长春等人之所以发现校园物流的商机，主要是因为他们发现现有的快递没有满足大学生的需求，学校每天的快递量高达上千件，但是快递配送员只能在学校大门口集中等待学生来自提，这使得许多学生要花费大量的时间去取快递，因此代取快递的需求就产生了。而快递员也有派送时间长、没派送出去的快递需要再次派送等问题，就产生了快递代发的需求。

5G 时代的到来，使用户对网络服务有了更高的期待，有些需求可能是之前存在但由于技术限制无法解决的，也可能是因技术发展而产生的，如云存储。这些未能被满足的需求都是潜在的商机。

2）竞争

之所以称为红海，是因为市场竞争过大，而这既是一个挑战，也是一个机会。如果你看出了同行业竞争对手的问题，并能弥补竞争对手的缺陷和不足，那么这就将成为你的商机。例如，小米不但在手机行业占有一席之地，而且运用物联网技术实现智能家居，打入了竞争激烈的传统家电市场。

在 5G 时代，技术将会成为各企业竞争的最大武器，新企业可能因为实现新技术与传统行业的结合成功开辟红海市场，而传统企业也可能因为没有跟上时代需求，没有运用新科技实现转型，而慢慢失去市场。

2．蓝海领域的 5G 商机

蓝海领域是许多创业者想要寻找的，因为这里鲜少被人开发，所以会有更多的可能性，如果成为该领域"第一个吃螃蟹的人"，占领市场和用户资源，那么将增强企业的不可替代性。

小案例

在城市快速发展的时代，人们的生活方式也发生了巨大的变化，不再像以前一样日出而作、日落而息，夜生活才是城市人的主旋律。许多年轻人都开始有吃夜宵的习惯，而近两年出现一个广东人民的"深夜食堂"，就是以"深夜的酒不如凌晨豆浆"出名的"小田豆浆"。"网红"美食作为近几年的潮流，吸引许多城市的人们甘愿为其排长队，创始人小田正是看上这片待开发的"网红"美食市场，抓住现代年轻人熬夜但是又注重健康的特点，想出了用喝豆浆代替喝酒等不健康的饮食方式的"点子"。"小田豆浆"顺应时代潮流，推出喝"养生豆浆"的健康生活方式，体现人们对健康理念的追求，并且延续"网红"餐厅的高颜值特点，使该餐厅成为年轻人"打卡"的新选择。

可以看出，随着时代发展，人们产生了许多以前没有的需求，而这些未知的需求，便是挖掘蓝海领域的商机。5G 时代的到来，将会使生活增加许多的可能性，这些未知的商机等待你发现。蓝海领域 5G 商机的主要来源可以归纳为以下几点。

1）创新

创业的本质在于把握机会，创造性地进行资源整合。所以创业的本质就是创新，创新是创业的核心。创新是指拥有新思维、新发明、新定义的过程，而创业就是从无到有的过程，所以创新是创业的基础。"小田豆浆"创始人将我们日常定义为早餐的豆浆，改变成晚上的夜宵，并且改变传统意义上的豆浆，花式加料（最多可以加入 13 种），在保证豆浆风味的同时，增加了更多营养丰盛的选择，让消费者有耳目一新的感觉。

5G 技术本身就是一个创新性的技术，正如 4G 的发展，促进了手机游戏行业、移动互联网、网上购物、在线视频等新行业的出现一样，5G 技术将会催生出更多发展的可能性。

2）变化

著名管理大师彼得·德鲁克将创业者定义为能"寻找变化，并积极反应，把其当作机会充分利用起来的人。"产业结构变动、消费结构升级、城市化加速、人们观念改变、政府改革、人口结构变动、居民收入水平提高、全球化趋势等都是变化，其中都蕴藏着大量的商机，关键要善于发现和利用商机。

商机很多时候都产生于变化，当政策、市场环境改变时，往往需求也就发生了变化。国务院在《完善促进消费体制机制实施方案》中强调了"加快推进第五代移动通信（5G）技术商用"，随之而来的不仅有 5G 手机的热潮，还会有万物互联、教育行业、无人驾驶等领域的崛起。

2.1.4 5G 的商机趋势

5G 技术的发展给我们带来了许多潜在的商机，如果说 3G、4G 主要服务于人的需求，那么 5G 主要服务的是物与人的需求。5G 技术可实现万物互联，并可达到光纤般零时延的接入速度，让人感受到"世界触手可及"。

5G 技术能影响哪些行业？可以开发哪些新项目呢？图 2-2 给出了 5G 时代的五个趋势。

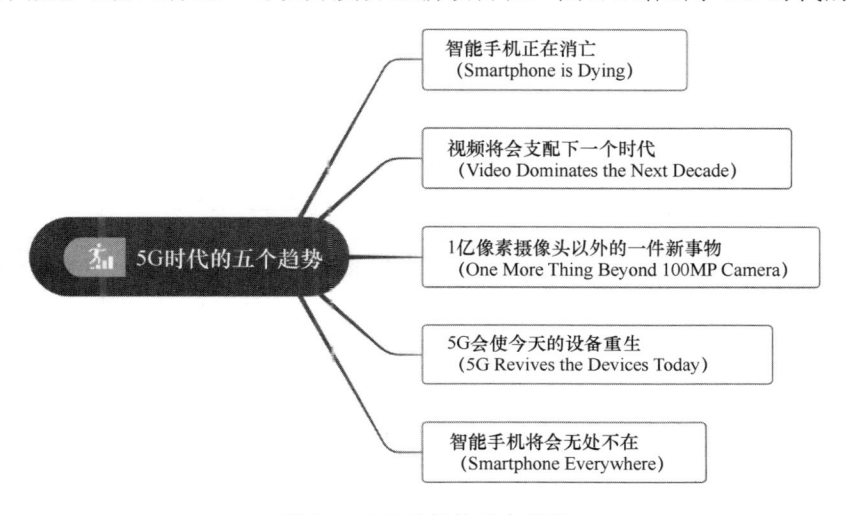

图 2-2 5G 时代的五个趋势

受 5G 影响最大、最直观的就是通信行业和手机行业，这两个行业都属于红海领域。国内的移动通信行业基本被中国联通、中国移动、中国电信三大巨头垄断，其商机主要是如何让人们廉价地用上 5G，特别是现在国家发布了政策，允许用户在不换号码的情况下更换运营商，那么运营商的价格、信号及服务，将是主要竞争手段。

在手机行业，国内已有华为、小米、vivo 等知名企业，国外也有苹果、三星等行业巨头，虽然现在市场基本都被占领，但是手机行业更新迭代的速度太快，如果技术没有跟上，可能就会像诺基亚和 HTC 一样逐渐没落。这就需要创新了，一项技术的领先有可能使企业成为"黑马"，如小米在刚开始时以低价和高配置来吸引用户，而现在哪个企业能先用好 5G 技术，将更可能占领手机行业的新高地。

在蓝海领域，5G 技术也孕育了许多新商机，如智能家居、无人驾驶、VR 购物、VR 游戏等。智能家居已经不是一个新鲜的事物了，稍微关注新科技的人应该都知道，智能家居的概念早在 3G 时代就已经出现了，在 4G 时代，开始有产品陆陆续续上市。但是使用过的人都清楚，智能家居并没有理想中的那么"智能"，那是因为 4G 时代还没有达到万物互联的技术条件，5G 技术的引入会使万物互联时代随之而来。

无人驾驶技术现在还处于开发和测试阶段，并不成熟。我们可以看到百度在算法、整车生产、模拟测试及地图领域都是领先的，具有整套的产业闭环。腾讯、阿里巴巴、美团、滴滴等也都有无人驾驶研发团队，但是其更趋向于投资。另外，传统的车企也在进军无人驾驶行业，如上汽（上海汽车集团股份有限公司）、比亚迪等，主要通过与人工智能研发类企业合作来开发未来汽车。在无人驾驶的蓝海领域，只要掌握技术的创新，说不定下一刻你就是无人驾驶领域的引领者。

当然除了手机的更新迭代，App 开发蕴含的商机更多。5G 技术能提供更快、更强的网络支持，这可以让直播、视频通信、高清视频都实现几乎无延时的视频传输，这会赋能视频美颜和瘦身等技术，可以预见，未来人人都可能是主播。游戏软件是最需要网络支持的，有了 5G 技术后，VR 沉浸式游戏可以从大型体验游戏变成手机游戏。VR 融入我们的生活将成为未来的主要趋势。

以上提到的 5G 商机都是从 4G 时代已有的行业中创新、变化而来的，在 5G 技术普及后，可能会诞生一些人们从来没有预见过的新兴行业，就像现在的直播行业一样，那这些隐含在生活中的商机就需要读者细心去发现和挖掘。

2.2 商机识别流程及关键技能

商机识别是创业领域的关键问题之一。从创业过程的角度来说，商机识别是创业的起点。在 2.1 节，我们弄清楚了商机的内涵、来源及 5G 时代的商机趋势，那么该如何从多变的市场环境中识别商机呢？在识别商机的过程中有哪些关键技能和方法能帮助我们呢？本节将为读者介绍商机识别的流程及每个流程所对应的关键技能方法。

对 D.School（斯坦福大学哈索普莱特纳设计学院）的产品设计理论思想进行适当优化，本书提出的商机识别的基本步骤和流程如下。

2.2.1 发现问题环节

发现问题是指观察用户的使用环境和使用状况，找出可能存在的使用问题。即观察产品服务的用户对象，跳出习惯思维枷锁，扫除盲点，敏锐地捕获有趣或重要的信息，贴近消费者或用户的真实需求。商机识别的本质是关注人本身，"以人为本"的创业观念使创业者开始把更多的目光从产品或服务转移到产品的用户——人上，重视用户的需求，从而创造出更人性化的产品。作为一个创业者，只有本人亲自体会用户面临的问题，才能够真正让产品或服务解决用户的问题。

综上所述，发现问题这一环节主要关注两方面：一是贴近高效能用户，亲自体会用户面临的问题；二是关注人本身，将目光从产品转移到用户身上。了解用户的方法大致分为同理心法、观察法和访谈法。

1. 同理心法

同理心法是指站在用户的角度和位置上，客观地理解用户的内心感受及内心世界，并把这些理解传达给用户，以确认发现的问题真实与否。

同理心的培养可分为三个步骤。

（1）感知自己的感受。假如无法感知自己的感受，想体会用户的感受就太难了。因此，首先必须把自己调整到可以发掘自己的感受，能体会这些感受的状态。

（2）表达出自己的感受。重要的是选择表达感受的方式。

（3）听一听用户的感受。当自己的感受与表达方式不再干扰你倾听别人后，你才能开始体会用户的感受。

小案例

有人认为同理心所代表的感情会使领导者显得心慈手软、不够严厉，但战略与设计工作室 Sub Rosa 的创始人兼首席执行官迈克尔·文图拉否定了这种观念，他认为，偏见才会拖累领导者的领导力，DNA 中没有同理心的企业将会被困在"象牙塔"里。

迈克尔·文图拉在他的专著《应用同理心：领导者的新语言》中，分享了许多与大品牌或初创企业一起合作时的收获，并阐述了同理心在商业中的运用能够帮助企业战胜竞争对手，赢得忠诚的用户，留住有创新精神的员工，实现由优秀到卓越的跨越。

同理心是一种客观地逐步了解他人看法的心态，你会意识到自己的偏见，再尽力摒弃它们，并试图站在他人的角度看待问题。如果企业领导者能够做到这些，那么他们就能与团队和用户建立起更为紧密的关系，最终得到的解决方案也就会更加全面。

在 Warby Parker 出现以前，选择眼镜可能和清理牙齿差不多，并非每个人都能得到很好的体验。Warby Parker 的联合创始人尼尔·布卢门撒尔说："我们想要在眼镜行业做一件颠覆性的大事。"在品牌在网络零售中的出场方式方面，他们当时的想法是永远不做实体。但最开始他们就说："虽然我们认为这是正确的前进方向，但当时机成熟时，我们也不能对实体店毫无准备。"他们的早期工作是思考如何实现一种真正高效、无间隙的在线体验，并在不损失顾客魅力的前提下，把它转化到实体环境中。做到这些需要同理心，需要了解消费者的心理，当他们在实体店购物时，会缺乏询问的勇气。那么怎样才能使实体体验与在线体验获得同样的效果呢？那就是去掉等待环节：不用等别人把眼镜从陈列箱中拿出来就可以试戴。消费者可以自己走进店里，拿出眼镜，戴上，照镜子，然后决定是否要购买，把实体店真正交给消费者。

（以上文字摘编自徽商网《同理心到底是什么？这个"最无力的名词"用来管公司最有力》，2018年9月5日）

2. 观察法

观察法是指研究者根据一定的研究目的、研究提纲或观察表，用自己的感官和辅助工具去直接观察，从而获得资料的一种方法。科学的观察具有目的性、计划性、系统性和可重复性。观察法的作用是扩大创业者的感性认识。其优点是能获取第一手资料，得出的结果真实性高；缺点是受时间、观察对象和观察者自身的限制。

观察法具体操作步骤如下。

（1）准备阶段。创业者一要明确观察的使命、主要任务和观察流程；二要准备一个初步的观察任务清单，作为观察的框架。

（2）进行观察阶段。创业者对某产品或服务的用户行为进行观察。在观察中，要适时做好关键性行为及事件的记录。

（3）进行面谈阶段。根据观察的情况，最好再选择部分产品的用户进行面谈，因为他们了解自己对产品的需求。要确保所选择的面谈对象具有代表性。

（4）合并信息阶段。检查最初的任务或问题清单，要确保每一个问题都已经被回答或确认。然后，把所收集到的各种信息合并为一个综合的工作描述，这些信息包括：观察者、用户关于各项问题的行为事件的书面材料。注意，在合并信息阶段，观察人员应该随时补充材料。

（5）核实问题描述阶段。把上述问题描述信息分发给产品或服务的用户，并附上反馈意见表。根据反馈意见表，逐字逐句地检查整个观察描述，并在遗漏和含糊的地方做标记。尽可能地补充其遗漏的地方和明确其含糊的地方，形成完整且精确的观察描述。

3. 访谈法

访谈法是指通过采访员和受访的用户面对面的交谈来了解用户的心理和行为的心理学基本研究方法。访谈法运用面广，利用访谈法，创业者能够简单且迅速地收集多方面的工作分析资料。其优点是可以准确了解用户对产品的需求，同时通过和用户的交谈消除用户对产品的疑虑；缺点是比较费精力、费时间，工作成本较高，而且被访谈的用户可能会夸大或者弱化某些信息，导致收集的信息失真情况严重。

访谈法的一般步骤如下。

（1）设计访谈提纲。

（2）恰当进行提问。

（3）准确捕捉信息，及时收集有关资料。

（4）适当地做出回应。

（5）及时做好访谈记录，最好能够附有录音或录像。

2.2.2 定义需求环节

定义需求是指找出引发问题的原因，发现潜在需求。经由发现问题环节找出可能的使用问题后，对其进行分类、归纳与整理，找出用户心中底层的核心需求（可能用户无法清楚地表达出来），发现用户的潜在需求，并进一步地帮助他们获得满足。

定义需求环节可使用的方法有用户参与法和世界咖啡馆法。

1．用户参与法

用户参与法是指在定义产品需求时，邀请用户参与，倾听用户的意见，充分考虑用户的诉求。用户参与定义产品需求不仅为产品设计师的思维和工作方式带来了改变，也为产品设计师提供了更广阔的观察视角和研究手段。用户也不再只是被动地从不同的产品设计方案中做选择、表述观点，而是真正地参与产品设计，与产品设计师一起创造方案、解决问题，从而实现市场对产品的多样化需求。

用户参与法的操作流程如下。

（1）从发现问题环节受访的用户中遴选出重点用户。
（2）邀请重点用户参与座谈。
（3）倾听并收集重点用户对产品或服务提出的问题背后的真实需求。
（4）核实需求信息，把上述需求描述信息分发给重点用户，再次进行核实，以便形成完整且精确的需求描述。

2．世界咖啡馆法

世界咖啡馆法是一种集体的对话方法，适用于创造共识和解决问题，强调尊重和鼓励每个与会者独特的见解。对话由咖啡桌主持人引导 4～5 人的小团队进行，且不断移动参与者至不同桌次，令他们交换、分享与交流不同角度和不同心境的想法。通过对关键问题的引导与温馨会谈气氛的营造，使与会者产生更深的共识，从而得到解决问题的方法并实施有效的行动。

在定义需求环节使用世界咖啡馆法时，应坚持的原则如下。

（1）明确会议主题，找出引发问题的原因，发现用户底层的核心需求。
（2）营造愉悦的空间，使得相关人员尤其是重点用户感觉到舒适愉悦。
（3）成员充分参与，互相交流、分享自己的观点。
（4）一起聆听、聚焦问题，以凝聚共识。
（5）分享共同的发现，使集体智慧显性化。

小案例

美国质量学会会员与顾客供方部的负责人斯蒂文·海克先生决定以世界咖啡馆法举办可口可乐全球实验室论坛。海克认为，世界咖啡馆法是可行的。他说："人们渴望对话与交流，咖啡馆的环境非常适合进行这种交流。这种对话形式和艺术家绘画似的过程是医疗界的新品牌，这一形式将取得巨大成果。"

当谈到世界实验室医学论坛的成功时,博拉斯基说:"看到世界咖啡馆这一工具被使用得如此有效,很令人激动。"

埃瑞恩·伍德这位活跃的战略咨询师为美国质量学会的理事、会员和员工进行了这一方法的培训。在过去11年中,伍德曾经主办过350次咖啡馆论坛活动,于2002年将这一概念介绍给美国质量学会。伍德说:"咖啡馆论坛不涉及政治,只有坦诚、集体的思考和畅所欲言——所有的谈话都是由提问引导的。这一形式可以适用于任何地点,适用于任何人。它为人们提供了讲心里话的氛围。在谈话中免不了出现一些观点的对峙,但不影响彼此互相尊重。全心投入和积极的态度会使你有不同的感觉。这是你应该体验的。"

(以上文字摘编自百度文库,2018年9月15日)

2.2.3 创意发想环节

创意发想是指想出满足用户潜在需求的概念产品或服务。承接定义需求环节,在找出引发问题的原因、发现潜在需求后,开始设计能解决问题、满足用户潜在需求的概念产品或服务,也就是创造出新的产品或服务。在此阶段,要尽量地发想,帮助用户解决问题。

本环节的主要目的是设想出创新性产品或服务,满足高效能用户潜在的核心需求。创意发想环节可使用的方法有头脑风暴法和商业生态系统法。

1. 头脑风暴法

美国学者阿历克斯·奥斯本将"头脑风暴"定义为"使用一系列激励和引发新观点的特定的规则与技巧"。它是一种通过成员共同努力来寻求特定问题解答的方法。在这个过程中,小组成员即兴的想法都会受到重视,而会议的过程就是收集所有即兴创意的过程。它的背后隐含这样一个基本原理:应推迟对观点做出批判性评价,小组中的任何人都有权利自由表达其思想,即使是即兴的想法,也允许当众表达。这样的过程可激发个体的发散性思维,从而促生许多新的思想。小组人数一般是10~15人,最好由不同职业或不同岗位的人员组成,会议时间一般是20~60分钟。

在创意发想环节使用头脑风暴法时,应坚持的原则如下。

(1)禁止批评和评论,也不要自谦。
(2)目标集中,追求设想数量,数量越多越好。
(3)鼓励巧妙地利用和改善他人的设想。
(4)与会人员一律平等,各种设想一律被记录下来。
(5)主张独立思考,不允许私下交谈,以免干扰别人的思维。
(6)提倡自由发言,畅所欲言,随意思考。

2. 商业生态系统法

商业生态系统是指以组织和个人(商业世界中的有机体)的相互作用为基础的经济联合体。供应商、生产商、销售商、市场中介、投资商、政府、消费者有着不同的功能,各司其职,但又形成互赖、互依、共生的生态系统。

在创意发想环节使用商业生态系统法时,应坚持的原则如下。

(1)求同存异,在这一商业生态系统中,虽有不同的利益驱动,但身在其中的组织互利共存，资源共享，注重社会、经济、环境综合效益，共同维持系统的延续和发展。

（2）目标一致，资源能力壁垒的破除就是打破传统的行业界限，整合不同行业的资源，从而增加各自的市场机会。

> **小案例　基于阿里巴巴电子商务生态系统的案例分析**

1. 初步发展阶段（1999～2002年）

在阿里巴巴集团的初步发展阶段，也曾受到互联网泡沫破灭的威胁，在通过大量的试错与探索之后，其产品由功能单一的论坛转为交易平台，助力中小企业的营销贸易，推陈出新，得以存活下来。

2. 扩展阶段（2003～2007年）

随着网络设施的普及与技术的进步，阿里巴巴生态系统的成员规模开始爆炸式增长，相应电子商务生态系统的边界不断扩大，如2003年，其建立C2C网站淘宝网，2005年，其收购雅虎中国，2006年，其收购口碑网，这也充分彰显了其业务功能的不断扩充与完善。

3. 协调发展阶段（2008～2011年）

随着网民数量的激增及电子商务平台的增多，阿里巴巴生态系统中的利益关系日益复杂。2009年，阿里云公司成立，2010年，淘宝商城独立运营，都旨在为用户提供定位更精准的服务。这一阶段为了实现协调整合，作为系统核心的阿里巴巴敢于调整战略，实现了从电子商务服务商向电子商务基础设施运营商的转型，以图加强系统的开放性，规范各类服务，推动生态系统的良性成长。

4. 进化革新阶段（2011年至今）

当前阿里巴巴集团的成长势头正旺，但仍为潜在的威胁做好了准备。2011年，其开始着手建设仓储网络，2012年，其从香港联交所退市，生态系统持续良性进化。与此同时，各类社交网络与移动互联的应用也颠覆了一些传统的交易模式，阿里巴巴生态系统中的各成员也都秉承合作共赢的理念规避恶性竞争、实现资源共享和优势互补，促使系统健康发展。鉴于外部环境的高威胁性，虽然阿里巴巴生态系统正处于成熟上升期，但是未来也可能会有新的商业模式出现，促使阿里巴巴集团革新当前的模式。

2.2.4　速做原型环节

速做原型是指将概念产品或服务可视化。制作原型是创业者和用户沟通的一种方式，借由制作原型产品，可避免创业者对设计的产品的理解仅限于抽象的描述，可让创业者把脑中的想象实体化，从而确认自己的想法是可以被执行的。在制作原型时，须灵活掌握以下常识和技巧。

（1）原型灵活多样。凡是可以让我们探究设计构想，评估、推动的有形物体或无形影像，都是原型。

（2）原型是创业构想的一个"形式"。原型让我们可以从具体的形式中学习，获悉构想的长处和缺点，然后确定下一步的新方向，做出更细致、更精练的原型。

（3）原型可让我们在短时间内不断地重复评估和改进设想。

（4）初期的原型应该快速形成，粗糙且便宜，便宜到"用过即丢"都不可惜。

（5）原型必须接受测试，但原型不一定必须是实体，剧本、影片，甚至即兴表演，都可以做出成功的原型。

速做原型环节可使用的方法有精益法和可视法。

1．精益法

精益法的核心思想就是消除浪费，以较少的人力、设备，较短的时间和较小的场地创造出产品或服务的原型，不断优化产品，从而越来越接近用户的需求，提供用户确实需要的产品。

2．可视法

将产品原型可视化的方法就是可视法，可视法的意义如下。

（1）展现全貌：原型涉及多个元素，其中一个元素会影响到多个其他元素，若不采取可视法，则无法看到全貌，也无法进行真正的讨论。

（2）增强理解，便于对话、探索、交流。

（3）简化复杂性，增强审视性。

> **小 Tips　速做原型工具**

1. Axure Rapid Prototyping（简称 Axure RP）

工具介绍：Axure RP 是一款专业的快速原型设计工具，能够让负责定义需求和规格、设计功能和界面的专家，快速创建应用软件或 Web 网站的线框图、流程图、原型和规格说明文档，同时支持多人协作设计和版本控制管理。其适用群体非常宽泛，包括架构师、商业分析师、产品经理、IT 咨询师、界面设计师等相关从业者，其最大的优点是细节交互，缺点在于更多用于商业领域。

2. Justinmind

工具介绍：Justinmind 可以输出 HTML 页面，与目前主流的交互原型设计工具 Axure RP 等相比，专用于设计移动端上的 App 应用。其可视化工作环境能够让人轻松、快捷地以鼠标的方式创建带有注释的高保真原型。用户不用进行编程，就可以在原型上定义简单连接和高级交互。但其免费版本提供的交互组件较为简单，iOS、Android 等交互组件和一些丰富的动态效果需付费才可使用。

3. Fluid UI

工具介绍：Fluid UI 是一个移动应用原型设计工具，有助于用户界面设计师快速通过预建的组件到一个"所见即所得"（WYSIWYG）的编辑器中创建原型。它是用户和用户端之间的迭代和协作平台，支持 Android、iOS 系统。

4. Balsamiq Mockups

工具介绍：Balsamiq Mockups 是软件工程中的一个快速原型建立软件，可以制作与用户交互的界面草图，也可以制作 HTML 原型。使用 Balsamiq Mockups 画出的原型都是手绘风格的，同时，它也支持几乎所有的 HTML 组件。

5. GUI Design Studio（GDS）

工具介绍：GUI Design Studio 是一款用户界面及软件原型设计工具，适用于 Web、桌面、移动端和嵌入式软件应用程序设计。其快速、易于使用及无须任何编码的优点，使其成为软件设计师、用户体验专家、业务分析师、开发人员、项目经理和咨询专家的首选原型设计工具。

6. iClap

工具介绍：iClap 针对以往产品人员在制作原型时操作复杂、演示困难、沟通烦琐等问题，为产品设计人员提供了在线原型制作工具，同时对于习惯使用 Axure RP 产品的人员来说，其也将 Axure RP 集成为 iClap 工作流，可实现自动上传、自动通知、添加批注、即时沟通等功能。

（以上文字摘编自知乎，作者陈宣宣）

2.2.5 测试体验环节

测试体验是指测试用户的实际体验。在制作好原型后，最重要的就是立刻找体验者试用。在测试体验环节，可利用原型与体验者进行沟通，通过情景模拟，使体验者通过测试判断产品或服务是否适用，并可以重新定义我们的问题。根据体验者使用产品或服务的反应，改进我们的解决办法，并更加深入地了解体验者。

本环节通过用户的实际体验得到对设计的产品或服务原定各种假设的实证性认知，以确定产品或服务的好坏、优劣及未来改进方向。测试体验环节可使用的方法有代表性重点用户测试法和利基市场法。

1．代表性重点用户测试法

代表性重点用户是指与企业关系最密切，对企业价值贡献最大并且未来有可能最先使用企业新产品的那部分用户。

代表性重点用户测试法的步骤如下。

（1）确定测试目的及测试形式。

（2）根据测试目的，挑选重点用户。

（3）进行用户测试并建立用户意见反馈机制。

（4）分析用户的反馈意见，并依此对产品或服务进行迭代优化。

2．利基市场法

利基市场是指那些被市场中的统治者、有绝对优势的企业忽略的某些细分市场或小众市场。企业可选定一个很小的产品或服务领域，集中力量发展并成为领先者，从当地市场扩展到全国再到全球，建立各种壁垒，逐渐形成持久的竞争优势。

利基市场法就是对企业的潜在用户进行深度细分，依据细分进行深度测试，用以了解不同年龄或性别的用户对产品的不同要求。利基市场法的步骤如下。

（1）确定测试目的及测试形式。

（2）根据测试目的，挑选利基市场用户。

（3）进行用户测试并建立用户意见反馈机制。

（4）分析用户的反馈意见，并依此对产品或服务进行迭代优化。

> **小 Tips**
>
> 谈及亚马逊（Amazon）的运营，"七分在选品，三分靠运营"几乎是一句绕不开的话题。所谓选品，就是选择合适的商品或产品，选品很重要，这是大部分卖家的共识。产品选得好，一款产品年盈利几百、上千万元也不是不可能的，但如果产品选得差，一年亏上两三百万元的也大有人在。
>
> 在选品上，建议卖家能够结合自己的资金、资源、运营实力等客观情况，基于日常生活中的某个应用场景，思考市场方向，然后切入，哪怕是一个"1厘米宽"的小切口，如果能够做到"100千米深"，你同样可以做得有滋有味。
>
> 要想落实利基市场法，对卖家来说，需要从以下几方面考虑。
>
> 1. 基于日常生活和应用场景确定市场方向
>
> 这个市场可以很小，但要确保这个市场方向是符合目标受众群体的、真实存在的，由于东西方文化和生活的差异，往往会造成很多卖家的"想当然"，抛开对目标受众群体生活习惯的判断而盲目确定市场方向是很危险的举动，所以，要想抓住这个市场，势必要能够真实体验或者模拟出生活应用场景，切合用户需求。
>
> 例如，园艺工具和其周边产品，在国内几乎用不到，但对西方的消费者来说，几乎是生活必备品，围绕其周边产品再细分，同样有不小的受众，但可能只有很少的竞争对手。
>
> 2. 多向对比
>
> 在确定市场方向之后，首先对细分类目设计的产品进行梳理，罗列出涉及的具体产品清单，以清单为依据，逐个去亚马逊和1688等网站上搜索、比对和筛选，既要看亚马逊上的销售情况，也要看其利润空间、质量反馈，还要在1688上看供应链情况等，进行彼此验证，除此之外，需要评估的细节还有很多，多向对比很有必要。
>
> 3. 对初步确定的具体产品进行评估
>
> 产品是否属于刚需产品？产品最好不存在季节性，不存在被动的更新换代等情况。是否能够做出"田忌赛马"式的搭配组合，让自己在竞争中更有优势？是否存在侵权？如果存在潜在的知识产权方面的隐患，那么应直接舍弃。
>
> 4. 结合企业状况，全面思考
>
> 如果单价过高、体积过大、重量过重，或已经超出了自己的资金可操作范围，则不建议轻易参与；如果对产品安全没有感觉，甚至内心抵触，那么更要直接舍弃；如果产品的品质检验、包装、发货等流程复杂，需要耗费大量的人力和时间，也建议要谨慎考虑。在对单品进行评估的同时，要思考能否形成产品组合或产品线，如果以单品作为引子，能够让单品形成一个系列，那么这类产品可以重点考虑。

2.2.6 循环往复环节

循环往复是指重复各步骤，不断观察、归纳原因、评估对策和进行迭代优化。即用原型样品征询用户及专业人士的意见，发现初始原型中存在的问题，进一步进行设想及原型优化，直至原型产品达到极致。当然，也存在另外一种极大的可能性，即在测试中发现了原型产品的短板，且是较难改进的。那么，此时有可能要果断放弃该商机，开启一个新的商机识别流程。

> **小 结**
>
> 真正的创业过程始于商机的发现,那么商机存在于何处?如何从繁杂多变的市场环境中找到富有潜在价值的商机?这些对于创业者尤为重要。本节聚焦于为创业者介绍商机识别的流程(包括发现问题环节、定义需求环节、创意发想环节、速做原型环节、测试体验环节、循环往复环节)及每个流程所对应的技能方法,以期为创业者进行商机识别起到一定的指导作用,帮助创业者挖掘富有潜在价值的商机,开启自己的创业之路。

2.3 商机评价

在我们了解了 5G 时代的商机及商机识别后,本节将带你走进商机的评价。在有关创业的研究中,越来越多的学者意识到商机才是创业过程的核心要素,因为这是带你走上创业之路的敲门砖。显然,商机这一概念带有很多似是而非的内涵。在实践中,很多商机一开始不被看好,却能够创造出巨大的价值;相反,很多一开始就带着光环的商机却往往被实践证明是不可行的。因此,创业者在开始创业旅程的同时,首先应该关注如何去评价你面临的商机,为创业活动打好基础。本节将从定性评价和定量评价两个角度出发,评价创业者选择的商机是否正确、是否可行、有多大价值。

2.3.1 定性评价

定性评价不是采用数学的方法进行评价,而是评价者根据评价对象平时的表现、现状或通过对文献资料的观察和分析,直接对评价对象做出定性结论的价值判断。在商机评价中,定性评价侧重考虑该市场机会所需的成功条件,创业者在该市场上所拥有的优势与创业的发展方向和目标是否一致。根据现阶段对商机定性评价方法的研究,其可以分为以下几种。

1. 冯婉玲商机定性评价指标

针对商机定性评价方法的研究,冯婉玲在《高新技术创业管理》一书中,表达了她的观点,她认为对商机的选择可以考虑以下五方面。

(1)商机原有的市场范围。在通常情况下,市场范围越大越好,但是物极必反,大的市场往往会吸引更多的竞争者,所以小的市场应该更温和。

(2)商机能存在多久。每个商机都有一定的时限,这个时限并不固定,通常是根据商业的性质来定的。

(3)在未来的时期里,对于还没有决定的商机,随着时间的推移,它的市场范围有可能也会受影响,这个推移的风险及带来的收益也会变,一个推移在某些特定时期可能比其他时期更能创造价值。

(4)一个好的商机应该是这样的:未来的市场在一定时期内能够快速成长,创业者有能力得到这个商机所必需的资源,创业者有一定的创新能力,创业者能够利用这个商机创造更多的利益。

(5)未来的商机对于还在犹豫的创业者来说是否存在一些困难,包括创业者有没有足够的资源来利用好这个商机？如果资源不够，有没有能力解决？面对强有力的竞争对手，有没有能力竞争？

2. 蒂蒙斯商机评价体系

蒂蒙斯商机评价体系涉及行业和市场、经济价值、收获条件、竞争优势、管理团队、致命缺陷问题、个人标准、理想与现实的战略差异八方面，共 53 项指标。通过定性或定量的方式，创业者可以利用这个体系对行业与市场、竞争优势、管理团队和致命缺陷等做出判断，来评价一个创业项目或创业企业的投资价值和机会。蒂蒙斯商机评价表如表 2-1 所示。

表 2-1　蒂蒙斯商机评价表

指标类别	具体指标
行业与市场	1. 市场容易识别，可以带来持续收入 2. 顾客可以接受产品或服务，愿意为此付费 3. 产品的附加价值高 4. 产品对市场的影响力高 5. 将要开发的产品生命长久 6. 项目所在的行业是新兴行业，竞争不完善 7. 市场规模大，销售潜力达到 1 千万元～10 亿元 8. 市场成长率在 30%～50% 之间，甚至更高 9. 现有厂商的生产能力几乎完全饱和 10. 在 5 年内能占据市场的领导地位 11. 拥有低成本的供货商，具有成本优势
经济价值	1. 达到盈亏平衡点所需要的时间在 1.5～2 年之间，甚至更短 2. 盈亏平衡点不会逐渐提高 3. 投资回报率在 25% 以上 4. 项目对资金的要求不是很高，能够获得融资 5. 销售额的年增长率高于 15% 6. 有良好的现金流，现金流能占到销售额的 20%～30%，甚至更高 7. 能获得持久的毛利润，毛利率要达到 40% 以上 8. 能获得持久的税后利润，税后利润率要超过 10% 9. 资产集中程度低 10. 运营资金不多，需求量是逐渐增加的 11. 研究开发工作对资金的要求不高
收获条件	1. 项目带来的附加价值具有较高的战略意义 2. 存在现有的或可预料的退出方式 3. 资本市场环境有利，可以实现资本的流动
竞争优势	1. 固定成本和可变成本低 2. 对成本、价格和销售的控制能力较强 3. 已经获得或可以获得对专利所有权的保护 4. 竞争对手实力较弱 5. 拥有专利或具有某种独占性 6. 拥有发展良好的网络关系，容易获得合同 7. 拥有杰出的关键人员和管理团队

(续表)

指标类别	具体指标
管理团队	1. 管理团队由优秀管理者组成 2. 管理团队的行业和技术经验达到了本行业内的最高水平 3. 管理团队的正直廉洁程度能达到最高水平 4. 管理团队知道自己缺乏哪方面的知识
致命缺陷	不存在任何致命缺陷
个人标准	1. 个人目标与创业活动相符合 2. 可以做到在有限的风险下实现成功 3. 能接受薪水减少等损失 4. 渴望创业这种生活方式,而不只是为了物质收获 5. 可以承受适当的风险 6. 在压力下状态依然良好
理想与现实的战略差异	1. 理想与现实情况相吻合 2. 管理团队已经是最好的 3. 在用户服务管理方面有很好的服务理念 4. 所创办的企业顺应时代潮流 5. 所采取的技术具有突破性,不存在许多替代品或竞争对手 6. 具备灵活的适应能力,能快速地进行取舍 7. 始终在寻找新的机会 8. 定价与市场领先者几乎持平 9. 能够获得销售渠道,或已经拥有现成的销售网络 10. 能够允许失败

说明：

（1）本体系主要适用于具有行业经验的投资人或资深创业者对创业企业的整体评价。

（2）本体系必须运用商机评价的定性与定量方法才能得出商机的可行性及不同商机间的优劣排序。

（3）本体系涉及的指标比较多，在实际运用过程中可作为参考指标库，结合使用对象、商机所属行业特征及机会自身属性等，对指标进行重新分类、梳理简化，提高使用效能。

（4）本体系及其指标比较专业，要求创业者一方面要多了解创业行业、企业管理和资源团队等方面的经验信息，另一方面要掌握这53项指标内容的具体含义及评估技术。

3. 中创教育的商机评价体系

中创教育通过对大学生创业指导的实践研究，提出了一套简单易操作且效果较好的商机评价体系，供创业导师作为课堂教学与咨询辅导的工具。中创教育的蒂蒙斯商机评价表如表 2-2 所示。

表 2-2 中创教育的蒂蒙斯商机评价表

指标类别	具体指标
行业与市场	1. 顾客可以接受产品或服务，愿意为此付费 2. 市场容易识别，可以带来持续收入
经济价值	1. 项目对资金的要求不是很高，能够获得融资 2. 能获得持久的税后利润，税后利润率要超过 10% 3. 有良好的现金流，现金流能占到销售额的 20%～30%，甚至更高

（续表）

指标类别	具体指标
竞争优势	固定成本和可变成本低
管理团队	管理团队由优秀管理者组成
致命缺陷	不存在任何致命缺陷
个人标准	个人目标与创业活动相符合
理想与现实的战略性差异	在用户服务管理方面有先进的服务或运营理念

2.3.2 定量评价

我们对收集到的相关资料进行相应的分析处理，并根据得到的结果对要评价的创业项目的潜在价值进行定量预估的方法就是定量评价，这种方法在应用中利用了数学知识。例如，在用数字资料评估被评价对象时，就需要用到数学中的测量和统计方法，同时还要用到模糊数学等相关的数学知识。定量评价有很多优点，利用它能够比较客观地进行评估，有标准的测量方法，数据精准，用数字来表示评价结论也更为精简，不受个人主观因素的影响。用定量评价进行商机评价的主要方法有：标准打分矩阵法、贝蒂选择因素法、泊泰申米特法等。

1．标准打分矩阵法

标准打分矩阵是指将商机评价体系的每个指标设定为三个打分标准，如极好（3 分）、好（2 分）、一般（1 分），形成标准打分矩阵表，在打分后，求出每个指标的加权平均分，标准打分矩阵表如表 2-3 所示。

表 2-3　标准打分矩阵表

标　准	专家评分			
	极好（3 分）	好（2 分）	一般（1 分）	加权平均分
易操作性				
质量和易维护性				
市场接受度				
增加资本的能力				
投资回报				
专利状况				
市场大小				
制造的简单性				
广告潜力				
成长潜力				

这种方法简单、易懂、易操作，主要用于不同商机的对比评价，其量化结果可直接用于机会的优劣排序。当只用于一个商机的评价时，可采用多人打分后进行加权平均的方法。加权平均分越高，说明该商机的成功率越高。一般来说，若设定了 10 个评价指标并有 10 个人

进行评价，则加权平均总分高于 100 分的商机，可考虑进一步进行规划，低于 100 分的商机，则需要淘汰。在运用这个评价方法时，我们还可以对这些指标进行筛选，可以使用全部指标，也可以使用部分指标，还可以针对不同的创业项目增加指标。

2．贝蒂选择因素法

贝蒂选择因素法通过对 11 个选择因素条件进行符合或不符合的判断来进行商机评价，如果商机符合 7 个或以上的选择因素条件，那么就有很大成功概率可以进行创业活动。反之，如果符合项少于 7 个，那么创业很可能会失败。贝蒂选择因素表如表 2-4 所示。

表 2-4　贝蒂选择因素表

选择因素条件	符合	不符合
这个商机在现阶段只有你一个人发现了		
初始的产品生产成本可以承受		
初始的市场开发成本可以承受		
产品具有高利润回报的潜力		
可以预期产品投放市场和达到盈亏平衡点的时间		
潜在的市场巨大		
你的产品是高速成长的产品家族中的第一个成员		
你拥有一些现成的初始用户		
可以预期产品的开发成本和开发周期		
处于一个成长的行业		
金融界能够理解你的产品和顾客对它的需求		

3．泊泰申米特法

当应用泊泰申米特法时，需要先制定一个调查问卷，列举影响创业成败的所有因素，然后让创业者填写每个因素所对应的不同现况，再根据每个因素对创业的影响程度得到相应的分数，最积极的影响可以得到 2 分，最消极的影响要减去 2 分，最后把这些分值相加得到总分。得到的总分越高，表明这个商机的成功率越高。对于有 11 个因素的调查问卷，若总分高于 15 分，则创业者可以有进一步的创业计划，否则就要考虑放弃这个商机。通过这种定量评价方法能够简洁快速地得到某一个商机预计成功的概率。一般在用这种方法进行打分时，其影响因素主要包括以下 11 个。

（1）首次进行实际操作所用的时间。
（2）期望的产品年销售总额。
（3）投资得到回报的期限。
（4）从创业初期到销售额快速提高需要的时间。
（5）通过投资而返还的缴纳所得税之前的价值。
（6）产品在存在期限内的发展空间。
（7）占据龙头位置的能力。
（8）提高物价的空间。

（9）商业中的潜在循环。
（10）打入市场的难易。
（11）对销售产品的人员的要求。

案例："有米科技"的商机识别

1. "有米科技"的发展历程

有米科技股份有限公司（简称"有米科技"）成立于 2010 年 4 月 1 日，是全国首家移动广告平台企业，已经成为业界领先的移动营销服务提供商。"有米科技"于 2015 年 11 月正式在新三板挂牌，并成功入选三板成指样本股。

"有米科技"的董事长、CEO 陈第先生，本科毕业于华南理工大学，从大三（2008 年）开始，与李展铿、叶文胜、蔡锐涛等成立了"有米工作室"，那时他们每天在实验室开发各类应用软件，为了解决生计问题，他们还为软件公司提供手机软件开发服务。经过一年的努力，"有米工作室"开发了基于蓝牙技术的三国杀、斗地主等十几款手机游戏，虽然这些游戏的玩家很多，但几乎没有玩家愿意付费下载。

缺乏盈利和变现方式使得他们工作室的运营十分艰难。他们的游戏下载量很多，但付费的用户很少，以至于工作室每个月的收入不足 300 元，团队成员基本没有工资，甚至还要倒贴钱。游戏开发并没有给"有米工作室"带来收入，甚至大部分做手机应用开发的程序员都无法养活自己，这迫使刚成立不久的"有米科技"去探索另外一种新型的运营模式。

于是，怀着"内容提供商有米"的信念，团队"摸石头过河"，坚定而艰难地前行。直到有一天，李展铿拿着一份全英文的报告给陈第研究，里面提到的国外移动广告平台 AdMob 与其先前设想的理念十分吻合：建立一个广告平台，去解决开发者变现艰难的问题。

在机缘巧合之下，顶着重重的压力，"有米传媒"（现更名"有米科技"）应运而生。陈第及其团队开发出当时国内首个移动广告平台——"有米广告"，帮助开发者变现，使广告主的产品得到推广，就此"有米科技"找到了自己安身立命的定位和方向。

"有米科技"从自己开发游戏及应用软件时的入不敷出，到找到并验证自己的模式及理念，这个过程远没有那么一帆风顺，纯粹的信念并非那么容易实现，新事物的推广总是异常艰难。在平台上线后，其并没有获得很多广告主的青睐。在那期间，公司收入很低，前4 个月月均亏损一两万元，全靠 4 个核心成员拿钱养公司。持续的失败，让不少成员在心里产生了动摇。在陈第、李展铿等人的鼓励下，团队的成员分工负责各自的板块，让平台维持基本运作。

功夫不负有心人，终于在一天凌晨 2 点，"有米广告"拿到了淘宝的第一单，这一近百万元的订单使"有米科技"的资金状况有所缓解。到 2010 年"双 11"，"有米科技"与淘宝网进一步合作，每天可为淘宝网导入流量。随后，"有米科技"的合作商从游戏公司拓展到 UC、新浪等其他注重效果营销的用户群。此时的"有米科技"逐渐走出困境，逐步走上正轨。

连续 5 年，"有米科技"的收入翻倍增长，2014 年实现收入 4.09 亿元，净利润超过 4000 万元。其创始核心成员分别带领团队奋斗，各自撑起一片天。"有米科技"也在他们的努力之下，由 4 人的创始团队发展成为 2015 年 400 多人的新三板挂牌公司。"有米科技"一路走来，艰难发展，惊心动魄。

2. "有米科技"商机识别各环节的具体分析

在斯坦福大学 D.School 的产品设计理论思想的指导下，商机识别大致可以分为发现问题、定义需求、创意发想、速做原型、产品测试、循环往复六个环节。下面我们以"有米科技"为例剖析各环节流程下的具体做法及经验。

1）发现问题

"有米科技"的商机识别和企业定位是从作为 App、游戏等应用开发商开始的，其创始团队发现虽然游戏玩家很多，但没人愿意付费下载，同样的问题在社会上普遍存在，一方面要花钱的游戏或 App 顾客不愿意下载，但如果不花钱开发，技术人员没法赚钱。另一方面，广告主找不到精准的平台投放自己的广告，即使可以找到，回报也难以达到预期。在这种窘境下，陈第产生了通过在应用中嵌入广告来盈利的想法，于是创办了国内首个移动广告平台——"有米广告"。

他们之所以能够发现商机，是因为他们自己首先是技术开发者，对于开发者与用户面临的问题，他们可以充分展开设想，最终寻求到解决问题的方法，并能发现商机，一举成功！

"有米科技"在这一环节主要关注人本身，把目光从产品转移到产品的用户身上，并寻找利益相关者，形成利益经济链。用同理心法了解各方相关者，站在特定的角度和位置上，客观而深入地理解分析，并把这种理解转化为解决痛点需求的方法，最终恰到好处地发现问题的实质。

2）定义需求

李展铿发现了国外移动广告平台 AdMob，验证了他们设想模式的可行性和未来潜力，跳出了"传统的买卖双方"单向一对一的关系，通过引入第三方（广告方）来实现价值转移，从而保证整个经济链得以正常运作，实现了"广告投入方""技术开发者""产品用户"等多赢的局面，进而满足了广告主对广告精准高效、覆盖广泛的需求，也满足了技术开发者"有偿开发"的需求，让产品用户得到了更好的产品体验和服务。

找到破解技术开发者和产品用户矛盾的方法是解决问题的关键，他们还参考和调研了国外的相关做法，同时邀请用户参与，倾听用户意见，充分考虑用户诉求。这样的做法不仅让用户成为产品设计师，带来了思维和工作方式的改变，也为"有米科技"提供了更广阔的观察视角，实现了用"移动广告"产品来化解多方面的矛盾，满足了多方的真实需求。

3）创意发想

"有米科技"认为找到问题和解决方法只是从理论上解决了问题，他们开始在自己的产品上下功夫，积极参与到设计开发环节中去，与设计师深入沟通，站在开发者与广告方的位置上联动推进，努力设计出满足用户潜在需求的概念产品。"有米科技"凭借其专业的服务和真诚的态度打动了淘宝移动端负责人，获得了淘宝的大订单，但是，"有米科技"深刻意识到只有产品和服务不断优化才能真正站得住脚，才能维持双方的长期合作，保持长久稳定和繁荣发展。

因此，"有米科技"在稍具规模后，依然坚持立足业务，稳步发展。除了为人熟知的有米广告平台，"有米科技"还不断丰富产品和服务，相继成立了"偶玩游戏"及"闪电鱼游戏"，分别切入重度手游与休闲游戏代理联运市场，依托广告平台的渠道资源推广游戏，以分成的模式合作，目前均有千万元级别的月流水。此外，"有米科技"先后上线了海外广告平台 Adxmi 及社会化媒体平台"米汇"，"DSPAN+社媒投放"等模式也正逐渐得到市场的验证。

"有米科技"在该环节主要采用商业生态系统法，打造形成了包括技术研发者、广告代理商、用户等以商品和服务为中心组成的生态群体。他们在这个商业生态系统中担当着不同的角色，各司其职，形成互赖、互依、共生的生态关系。"有米科技"以其开放系统思维和生态思维为基础，进行思考和创意发想，结合战略联盟的资源将企业自身的资源发挥到了极致，打破了传统的行业界限又整合了不同行业的资源，从而增加了市场份额。

4）速做原型

陈第先生很早就产生了在应用中嵌入广告来盈利的想法，但并没有马上大张旗鼓地干一场，而是说服 10 个大学好友，一同筹资组建一家公司，在大学城租了一间 30 平方米的办公室进行创业，虽然很艰难，一开始很多厂商不理解这和彩信有什么不同而不愿试水。公司面临着既没有广告主又没有丰富的应用资源等困境。尽管几个月没有接到订单，但是陈第和他的团队并没有放弃，他们坚持逐步完善自己的产品和业务，做好各方面的准备，等待机会的出现，终于有一天，合伙人李展铿在凌晨 2 点钟工作时，突然接到淘宝移动广告端宣传部总经理的电话，对方被他们的专业服务和真诚态度打动，签下了 100 万元大单，这使"有米科技"的资金压力得到了轻微的缓解，逐步走出困境，打开新的发展局面。从一开始聚焦网页推广到破解移动端推广，从开拓国内市场到开拓国外市场，正是这个过程的演变和历练使得"有米科技"逐步深化认识，设计出了系统的、精准的产品和服务，逐步形成市场竞争力。

"有米科技"主要采用速做原型的精益法，初期的原型快速、粗糙、便宜，便于进行不断的评估和改进。以较少的人力、较少的设备、较短的时间和较小的场地创造出产品或服务的原型，不断提升优化，以此越来越接近用户的需求，最终更好地提供给用户确实需要的产品。

5）产品测试

在制作好原型后，最重要的就是立刻找体验者试用。"有米科技"将关注点转移到了国外的顾客方和市场方，通过自身体会和国外 AdMob 移动广告平台的先例进行验证，"有米科技"虽然解决了开发者和使用者之间的痛点问题，但仍旧存在很多缺陷，"有米科技"从第一批广告顾客那里得到反馈，与其进行沟通，通过多角度的咨询和跟踪，剖析问题，通过用户的反应，改进出满足用户需求的产品及服务，并更加深入地了解和满足各方相关对象的真实需求，根据用户的实际体验得到实证性认知，以确定产品及服务的好坏、优劣及未来的改进方向。"有米科技"的第一批用户是其测试启动项目可行性的重要资源，他们最先使用新产品，与企业的关系最为密切，对企业价值贡献最大，"有米科技"建立了用户意见反馈机制，分析用户反馈意见，并依此对产品及服务进行迭代优化。

6）循环往复

快速成才，迭代更新是"有米科技"的使命，他们一直在优化自己的商业模式和业务结构，不断观察、不断总结和调整、快速进行迭代优化、不断地滚动设计和优化调整业务模块。

身处移动营销第一梯队的"有米科技"至今与超过 180000 款 App 建立了合作关系，具有大量优质媒介，服务了近万家广告主，日广告曝光次数达 30 亿次。"有米科技"借助先发优势，结合公司具有完整知识产权的多项优势，精准投放技术，广告转化率最高可达 90%。在展示丰富优质的广告信息的同时，"有米科技"还力争提升用户体验，收获更多用户，为开发者创造更多收入；面对网站等众多流量资源方，"有米科技"实现高度精准广告匹配，展示动态轮换广告，把用户流量转化为丰厚收入。"有米科技"的产品和服务不断优化升级，实现了多赢的生态新格局。

对于未来的"有米科技"，CEO 陈第提出了"一横多纵"的战略：将全球化的移动广告平台作为"横"线，布局游戏、电商、金融、教育、O2O 等行业"纵"线，最终形成产业上下游的聚集，打造"有米科技"独有的生态流量网络，布局全球移动互联网。这是"有米科技"站在新的历史起点和平台，对未来的产品和服务新一轮的大布局。

3. "有米科技"商机发现过程的实施成效及成果

随着"有米科技"业务的不断成熟，不少投资机构前来寻求融资合作，由于"有米广告"业绩的快速增长和良好的盈利能力，2013 年，"有米科技"拿到了 1 亿元的 B 轮融资。稍具规模的"有米科技"，继续坚持立足业务，稳步发展。

4. "有米科技"商机发现过程实施经验

"有米科技"团队除把握了行业大方向外，还能从普遍的痛点需求出发，在为自己解决了困境的同时，也为这个新领域打开了一道通向"移动互联广告"的新世界大门。

发现商机只是找到了解决问题的方向，真正把商机转化成满足需求的产品和服务，还需要付出很多努力。首先是在低成本和低风险下对初始产品进行市场测试、调整优化，包括对产品的重新设计。"有米科技"在做了一个初始产品及服务模型后，依托各方资源，在当前好的创业政策和融资环境下，实现了多轮融资，实现了从"原型"到"成型"到"一横多纵"的跨越式发展。

最终经过几轮迭代更新，才能产生真正满足多方需求的模式，成功整合成可以解决痛点问题的、相对完整的产品，这样，商机发现的过程才算结束，其间每个环节的失败都会导致商机的夭折，无功而返。

从严格意义上，"有米科技"在 2015 年上市成功，代表着"有米科技"商机发现的过程圆满结束，但"米族"们却以"这仅仅是开始"作为上市的标语。CEO 陈第提出形成产业上下游的聚集，打造"有米科技"独有的生态流量网络，布局全球移动互联网的"一横多纵"战略，这昭示着新一轮的商机发现过程在一个新的平台又一次展开。我们从理论上也认为，商机发现的过程其实渗透和贯穿在整个商业活动中，从商业活动的初始识别和转化阶段，到后期的不断升级改造阶段，再到公司的规模不断扩大甚至成为全球化的公司的阶段。商机识别理论提供给我们的是商业活动中的一种思考方式和模板，给予创业者和管理者一个解决问题的视角，但真正具体运用时，还需要结合商业环境和特定的企业生命周期。

技能：商机判断力

创业者对商机的评价来自他们的初始判断，很多人的初始判断通常就是假设与简单的直觉商业判断，有时候确实有效，但对于一般创业者而言，这种判断显得有些武断，不够科学。因此需要借助一些工具辅助自己进行判断，形成较为科学的评价体系，对商机进行整体、全面的评价。

互动交流区

运用本节所讲授的技能，对下面的案例进行分析，根据所选择的评价工具来分析该创业想法是否是有价值及可实操的。

项目 1：智膳科技

该项目致力于研究膳食与健康的相关数据。"智膳科技"运用大数据、互联网+、人工智能、计算机视觉、自然语言处理等技术，构建近千万量级的营养健康数据库及专业知识体系。通过自主研发的智能软件，将营养师、健康管理师的工作数据化和智能化，一键生成定制化的营养方案，并将软件底层系统模块化，通过云平台的模块化服务，助力各健康医疗行业功能"前置与升级"，打造开放性的智能营养健康服务平台，从而实现改善国人健康状况的最终目标。

该项目运用自主开发的智能匹配系统，实现了线上出方案，线下匹配营养餐的全流程闭环，并受到深圳教育系统多个校方领导的青睐，计划明年将在深圳大范围内实现学生智能营养配餐。

项目 2：猎头式在线办公灵活用工服务

该项目为企业提供猎头式的灵活用工服务，主要以在线办公的工种为主，包括营销策划、产品开发和运营等；为用户提供安全灵活的就业岗位和资金保障，以及职业发展沉淀。其系统合作方包括腾讯、百度、字节跳动、数据堂、京东、科大讯飞等公司，合作项目超过 70 个（数量还在持续增长中）；用户主要来自大学生社群，超过 8 万人，兼职过的用户超过 1.5 万人，用户年增长率超过 100%；财务数据：每月营收为 15 万元～50 万元，年增长率超过 100%，一直保持高利润及充足现金流，在深圳和中山设有办公室；创始人在腾讯直播项目组从事运营，在阿里巴巴本地生活项目组从事市场开发，有不错的行业资源及市场运营能力。

项目 3：地下泊车系统

这是一项已经取得国家专利授权的项目，其集泊车、充电、收费、车辆管理于一体，巧妙地承接了时下停车、新能源充电桩、5G 物联网、共享汽车、专利保护等热点，能够解决停车难、充电难、车辆乱停乱放等社会治理难题。

项目 4：共享鱼缸

共享鱼缸以小鱼缸作为切入口，以租代售（1 天 1 块钱出租），其产品投放在各大商场，用户以扫码的形式下单。该项目实现了以经营平台的形式来经营人群的目的。

项目 5：悟空直租

悟空直租打通了房东与租客的信息通道，为全国 2.2 亿名租客及房东提供真房源、无中介费的直租信息对接平台，并提供在线选房、签约、支付等一系列数字化租房管理系统及线下代管服务。

实践

运用一种评价方法，对上述项目分别进行评分，并分析它们的商业价值。

定性评价

主要进行对应的参考、反思、启发，帮助团队或创业导师来审视商机。如"中创教育"提出了一套简单、易操作且效果较好的评价体系，经分析，评价商机包括以下五项基本的指标。

（1）商机中不存在致命的缺陷。
（2）产品有明确的市场需求，推出的时机也是恰当的。
（3）投资具有一定的高回报的可能性，从而允许一些投资中的失误。
（4）创业者与商机之间必须相互契合。
（5）投资的项目必须能够维持持久的竞争优势。

以上五项基本指标为商机评价者在应用该工具时提供了基本工作准则，以达成评价的预定目标和可靠结果。

定量评价

采用标准打分矩阵法对上述五个项目进行定量评价并对比，进行商机的优劣排序，如表 2-5 所示。

表 2-5　标准打分矩阵表

指标得分项目	智膳科技	猎头式在线办公灵活用工服务	地下泊车系统	共享鱼缸	悟空直租
易操作性					
质量和易维护性					
市场接受度					
增加资本的能力					
投资回报					
专利状况					
市场大小					
制造的简单性					
广告潜力					
成长潜力					

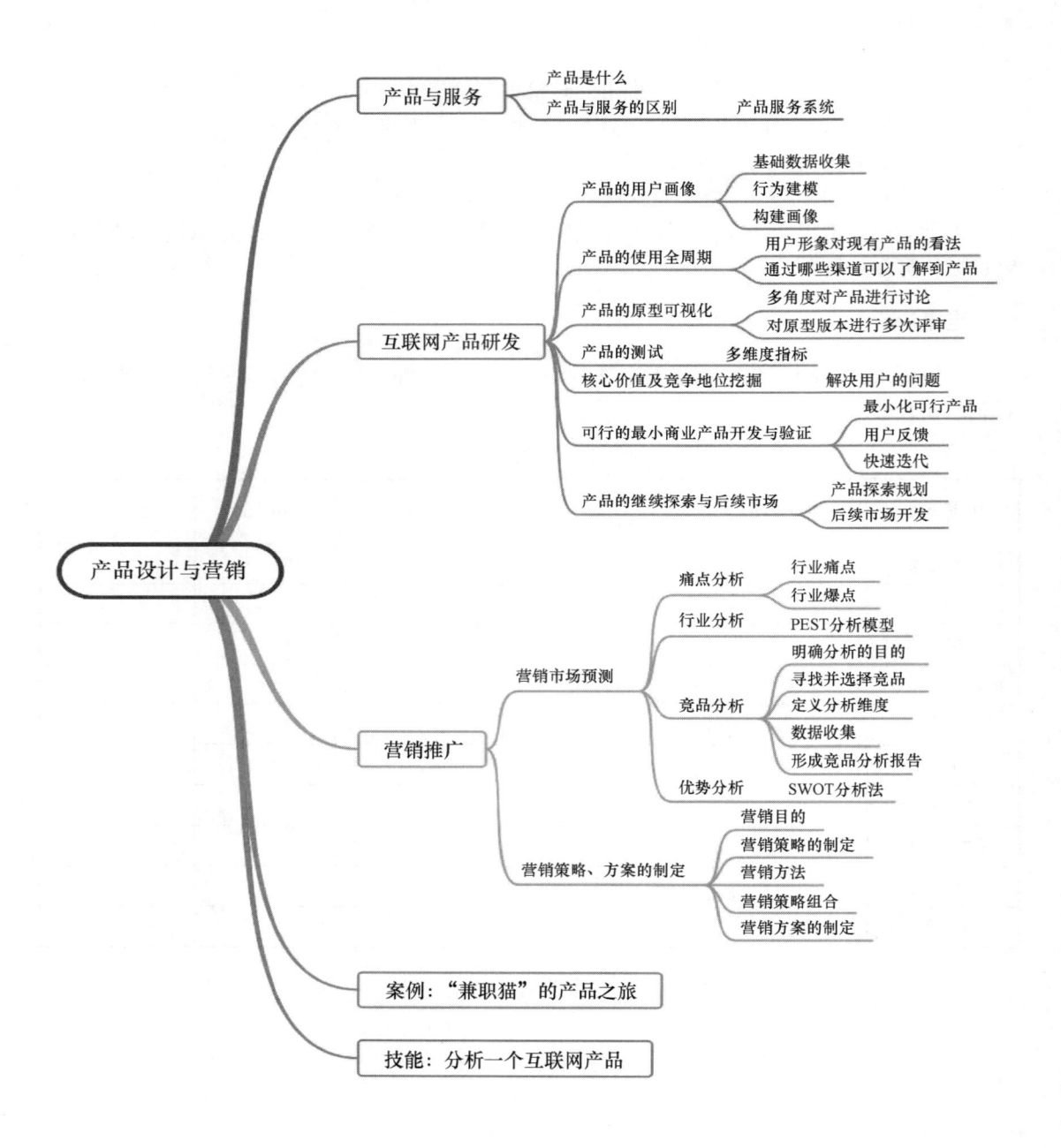

第 3 章　产品设计与营销

- 产品设计与营销
  - 产品与服务
    - 产品是什么
    - 产品与服务的区别 —— 产品服务系统
  - 互联网产品研发
    - 产品的用户画像
      - 基础数据收集
      - 行为建模
      - 构建画像
    - 产品的使用全周期
      - 用户形象对现有产品的看法
      - 通过哪些渠道可以了解到产品
    - 产品的原型可视化
      - 多角度对产品进行讨论
      - 对原型版本进行多次评审
    - 产品的测试 —— 多维度指标
    - 核心价值及竞争地位挖掘 —— 解决用户的问题
    - 可行的最小商业产品开发与验证
      - 最小化可行产品
      - 用户反馈
      - 快速迭代
    - 产品的继续探索与后续市场
      - 产品探索规划
      - 后续市场开发
  - 营销推广
    - 营销市场预测
      - 痛点分析
        - 行业痛点
        - 行业爆点
      - 行业分析 —— PEST分析模型
      - 竞品分析
        - 明确分析的目的
        - 寻找并选择竞品
        - 定义分析维度
        - 数据收集
        - 形成竞品分析报告
      - 优势分析 —— SWOT分析法
    - 营销策略、方案的制定
      - 营销目的
      - 营销策略的制定
      - 营销方法
      - 营销策略组合
      - 营销方案的制定
  - 案例:"兼职猫"的产品之旅
  - 技能:分析一个互联网产品

3.1 产品与服务

3.1.1 产品是什么

产品是指作为商品被提供给市场，被人们使用和消费，并能满足人们某种需求的任何东西，包括有形的物品、无形的服务、组织、观念或它们的组合。产品一般可以分为五个层次，即核心产品、基本产品、期望产品、附加产品、潜在产品。核心产品能够提供给购买者直接利益和效用；基本产品是核心产品的宏观化；期望产品是指顾客在购买产品时，期望得到的一组特性或条件；附加产品是指超过顾客期望的产品；潜在产品是指产品或开发物在未来可能产生的改进和变革。

产品是"一组将输入转化为输出的相互关联或相互作用的活动"的结果，即"过程"的结果。在经济领域中，通常也可理解为组织制造的任何制品或制品的组合。

简单来说，"为了满足市场需要而创建的用于运营的功能及服务"就是产品。产品是以使用为目的的物品和服务的综合体。产品的价值是由用户来衡量的。

3.1.2 产品与服务的区别

产品和服务其实没有很明确的界限，从用户角度来看，看得见、摸得着的就是产品；附加的，看不见、摸不着的就是服务；从公司财务角度来看，一般分为产品销售和服务营收两部分。随着时代的发展，产品变化多样，往往买产品就是买服务。如知名的餐饮——海底捞，很多人去消费不是因为他们家火锅超乎寻常的好吃，而是为了体验其服务的。

但是产品和服务通常是关联在一起的，这里需要介绍一个概念——Product Service System，即产品服务系统，这是 Arnold Tukker 学者在 2004 年发表的论文中提出的。

产品服务系统如图 3-1 所示，它解释了如何从纯产品过渡到纯服务，并做了举例说明。需要解释一下，这里说的产品是指实体，可以是硬件，也可以是软件，而服务通常是指人工的服务，这里的产品加服务，可以视为"大产品"。产品服务系统的五种模式分别如下。

第一种，纯产品（Pure Product，PP）。用户用的是一个实体，不包含任何服务，如一瓶矿泉水、一个汉堡、一个看天气的 App。如果硬要说仅有的一点服务，那可能是"产品说明书"。

第二种，产品导向（Product Oriented，PO）。以实体为主，包含少量服务。服务的目的是让用户顺利使用产品，提供的都是和产品紧密相关的服务。如：

（1）产品相关服务（Product Related，PR）。包括安装调试、保修服务、保养与耗材供应等。例如，你买了空调，就会有人上门给你调试到可以用的状态；买车的时候含"3 年 10 万公里"保修，送几次免费保养和几张机油券。

（2）培训咨询服务（Advice and Consultancy）。例如，公司买了一套 OA 系统（自动化办公管理系统），就会有人来教员工怎么配置、怎么使用，在使用过程中碰到问题也可以向来人寻求帮助；App 里给产品用户提供的一些答疑解惑的课程。

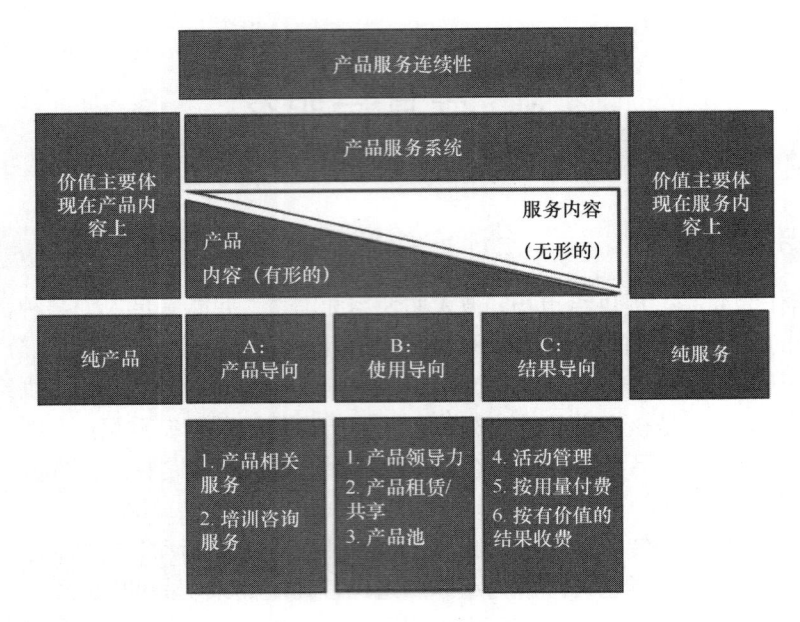

图 3-1　产品服务系统

第三种，使用导向（Use Oriented，UO）。依然以实体为主，和 PO 的区别在于，供给方提供的不是所有权，而是长期独占的使用权，或者是在某种条件下的使用权，如一段时间的使用权，甚至是共享的使用权。使用导向并非买断实体，所以相关的配套服务会跟上，确保使用顺利。

上面提到的，公司购买一套 OA 系统，卖家可以选择完全卖给你（PO），可以按时间卖给你使用权，也可以按使用人数/使用量收费（下面的一种模式，RO）。如果你有骑行需求，满足你的产品服务可以是一辆自行车（PO）；也可以是一辆共享单车的 1 小时使用权。如果你有居住方面的需求，有的情况下需要买房（PO）；有的情况下需要长租，有的情况下需要买酒店里 N 间房的使用权（附带的服务比较多，如打扫、送餐、洗衣等）。如果公司需要打印服务，可以买一台打印机（PO），然后自己买耗材；也可以买一台打印机的长期使用权，加上定期维护、补充耗材的服务。如果需要坐车出行，可以只买一辆车在某一段行程内的一个座位（拼车出行）。

第四种，结果导向（Result Oriented，RO）。到这里，就以服务为主了，你买的不是一个实体，而是一种结果，使用实体是为了达成结果。如：

（1）活动管理（Activity Management）。类似于外包，通常外包合同都包含了对服务质量进行控制的性能指标。典型的案例包括大多数公司会把保洁工作外包出去。

（2）按用量付费（Pay Per Service Unit）。家里用的水电煤都是按用量付费的，相应的服务是为了确保你正常使用。又如，网络广告按点击量、按成交量付费等都是按照用量付费的模式之一。

（3）按有价值的结果收费（Functional Result）。例如，你需要"宜人的办公环境"（结果），而不需要制冷设备或冷气；你需要举办一次提升团队士气的团建活动，而不需要一个教练或几组游戏。相关的还有买保险，你买的是一份保障，可以买不同级别的，其保额不同、条款不同，对应的服务结果也不同。

第五种，纯服务（Pure Service，PS）。即看不见的服务，没有实实在在的产品可以握在手上，像家政行业，用户就是直接购买服务本身的。

其实以上五种模式两两之间的界限也不是严格划分的，但整体上从左到右有一种变化趋势。

（1）从产品导向（PO）到使用导向（UO），造成的必然结果是短期收入减少，资产投入增加，利润减少，但预期利润增加，如果房企不卖房，改做长租生意，那就没有了卖房那一大笔即时收入，在一段时间内的资金压力就很大，这表现在财务报表上略显不足，如果是上市公司，敢不敢做这样的决定？

（2）从纯产品（PP）到纯服务（PS），厂家与用户的关系有越来越紧密的趋势，触点越来越多，用户尝试的成本越来越低。对于纯产品（PP），厂家与用户的关系往往终止在销售达成的一刻；对于纯服务（PS），厂家与用户的关系往往真正开始于销售达成的一刻。在当今时代，这是一种利好，每家公司都应该想一想有没有更依赖于服务的模式。

（3）不同的卖法，规模化的想象空间差别很大。如卖车，难点在于产量，但卖已有车辆的使用权并抽成，难点就有所不同，可以充分利用"价格歧视"。如利用 UO（使用导向）卖软件1年的使用权，就没法向数据量大的用户收更多的钱，这时候改为利用 RO（结果导向），根据数据量收费，既可以让数据量少的用户几乎免费使用，又可以充分赚取大用户的费用，用户也更愿意为好的结果导向付费。

3.2 互联网产品研发

3.2.1 产品的用户画像

在刻画用户形象时，首先要选择最能代表用户特征的用户，然后从中选择一位用户加以描述。为登录市场刻画用户形象可以让目标用户变得更加真实，便于所有企业员工关注同一个清晰的方向，即努力保证目标用户的需求得到满足。换句话说，这样做可以准确回答目标用户的所有疑问，不用再为他们的需求去做无谓的猜测或讨论。

了解营销活动的人可能对刻画用户形象并不陌生。营销团队在描述典型用户的特征时经常用"张三李四营销法"加以总结。著名的 Hubspot 营销软件借助这样的方式取得了显著的效果。虽然采用通用名的方式也很有帮助，但是仍有改善的空间，因为这个形象应当是一个具体个人而不是汇总的形象，应该选择真实的最终用户作为形象，确保用户画像真实可靠，避免盲目猜测。例如，你的目标用户对所在地区的教育状况是否满意？他们是否喜欢养狗？喜欢苹果系统提供的封闭式软件还是安卓系统提供的开放式软件，或他们只是喜欢用手机不时地查看一下邮件？你可以在公司内部对这些问题进行讨论，如果这个形象是真实个体，那么毫无疑问准确答案只有一个。诚然，没有一个企业能百分之百地表现出所有用户具备的特征。在刻画用户形象的过程中，你会发现有些人会吻合大部分特征。因此，你应当根据这个具体形象而不是宽泛的用户特征去开发产品。选择和刻画用户形象是一个很重要的过程，需要调动团队所有成员参与。

一般来说，刻画用户形象的步骤（如图 3-2 所示）如下。

（1）基础数据收集。数据的收集是刻画用户形象时非常基础和关键的步骤。要先了解期望用户画像能达到什么样的运营或营销效果，才能在标签体系构建时对数据的深度、广度及时效性做出合理的规划，确保底层设计科学合理。只有建立在客观真实数据的基础上，生成的画像才是有效的。在收集数据时，需要考虑多种维度，如用户交易数据、用户偏好数据、服务器内行为数据、网络行为数据等，并通过行业调研、用户访谈、用户调查问卷、平台前台和后台数据收集等方式获得。就自身收集到的数据而言，可能存在非目标数据、无效数据或虚假数据，因此需要过滤原始数据。

```
基础数据收集 ← 用户交易数据  用户偏好数据  服务器内行为数据  网络行为数据
     ↓
  行为建模  ← 聚类算法  预测算法  文本挖掘  机器学习  自然语言处理
     ↓
  构建画像  ← 基础属性  社交网络  兴趣爱好  行为特征  心理特征
```

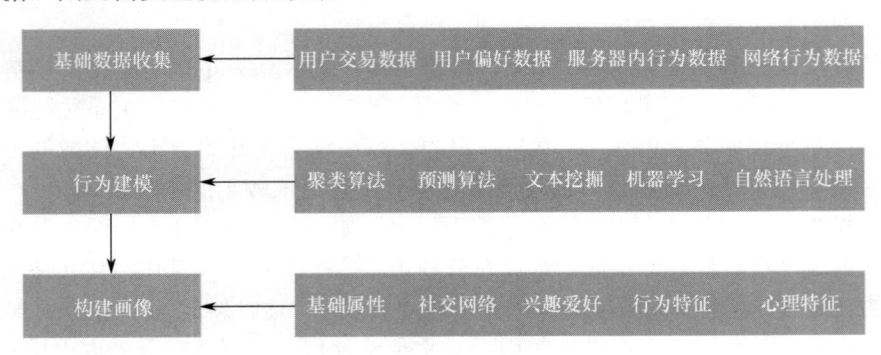

图 3-2　刻画用户形象的步骤

（2）行为建模。将原始数据转化为特征，是转化与结构化的工作。在这个步骤中，需要剔除数据中的异常值（如在电商 App 中，用户可能用"秒杀"方式以几分钱的价格获得一部手机，但用户日常购买该商品的单价都在千元以上），并将数据标准化（如消费者购物所使用的货币包括人民币与美元，需要将货币统一）和判断的标签标准化。将得到的数据映射到构建的标签中，并将用户的多种特征组合到一起。标签的选择将直接影响用户画像的丰富度与准确度，因此在将数据标签化时需要与 App 自身的功能与特点相结合。如电商类 App 需要对价格敏感度相关标签细化，而资讯类 App 则需要尽可能多视角地用标签去描述内容的特征。优先级排序方法主要依据构建的难易程度和各类标签的依存关系进行排序，标签的构建顺序如图 3-3 所示。

（3）构建画像。依据用户画像的数据标签维度，针对每一类数据实体，进一步划分数据维度，形成字段集。标签维度包括以下几个方面。

- 自然属性特征：性别、年龄、地域、教育水平、出生日期、职业、星座等。
- 用户兴趣特征：兴趣爱好、使用的 App/网站、浏览/收藏的内容、互动内容、品牌偏好、产品偏好。
- 用户社会特征：婚姻状况、家庭情况、社交/信息渠道偏好。
- 用户消费特征：收入状况、购买力水平、已购商品、购买渠道偏好、最后购买时间、购买频次等。

数据在模型中运行后，最终生成的画像可以用可视化的形式展现。用户画像并非是一成不变的，因此模型需要具有一定的灵活性，可根据用户的动态行为，修正和调整用户画像。

小案例

用户画像这个理念是由"交互设计之父"阿兰·库珀提出来的。他说用户画像是真实用户的虚拟代表，是建立在一系列真实数据之上的目标用户模型，是根据用户的属性及行为

第3章 产品设计与营销

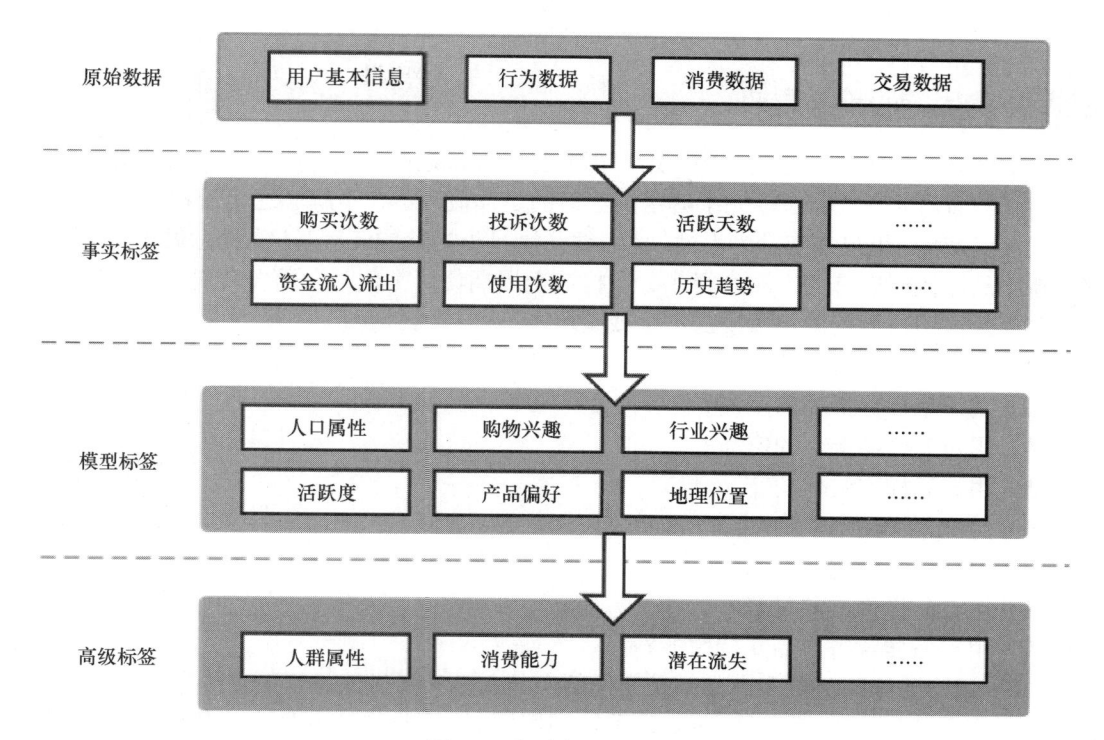

原始数据	用户基本信息	行为数据	消费数据	交易数据
事实标签	购买次数 / 资金流入流出	投诉次数 / 使用次数	活跃天数 / 历史趋势	…… / ……
模型标签	人口属性 / 活跃度	购物兴趣 / 产品偏好	行业兴趣 / 地理位置	…… / ……
高级标签	人群属性	消费能力	潜在流失	……

图 3-3 标签的构建顺序

特征,抽象出相应的标签,拟合而成的虚拟形象,主要包含基本属性、社会属性、行为属性及心理属性。用户画像为企业提供了足够的信息基础,能够帮助企业快速找到精准用户群体及用户需求等广泛的信息。以银行用户画像为例,由于某些银行不会面对面接触用户,缺少触及用户的手段,因此无法了解用户需求。分析用户、了解用户、找到目标用户、为用户设计其需要的产品,成了银行进行用户画像的主要目的。银行的主要业务需求集中在消费金融、财富管理、融资服务,进行用户画像时就要从这几个角度出发,来寻找目标用户。银行用户画像的应用场景如下。

(1)寻找分期用户:利用信用卡发卡机构数据+自身数据+信用卡数据,发现信用卡消费超过其月收入的用户,推荐其进行消费分期。

(2)寻找高端资产用户:利用发卡机构数据+移动位置数据(别墅或高档小区)+物业费代扣数据+银行自身数据+汽车型号数据,发现在本行资产较少,在他行资产较多的用户,为其提供高端资产管理服务。

(3)寻找理财用户:利用自身数据(交易+工资)+移动端理财用户端/电商活跃数据,发现用户将工资或资产转到外部,但是电商消费不活跃的用户,其通过互联网理财的可能性较大,可以为其提供理财服务,将资金留在本行。

(4)寻找境外游用户:利用自身卡消费数据+移动设备位置信息+社交和境外强相关数据(攻略、航线、景点、费用),寻找境外游用户,为其提供金融服务。

(5)寻找贷款用户:利用自身数据(人口属性+信用信息)+移动设备位置信息+社交购房相关信息,寻找即将购车或购房的目标用户,为其提供金融服务(抵押贷款或消费贷款)。

3.2.2 产品的使用全周期

在前面介绍的市场调查过程中，用户可能已经听说过产品，因此应当重点说明的是，他们有何新的看法。在此，必须先了解用户当前的工作流程。在了解了这个流程后，再想办法让他们接受产品。用户都有行为惯性，他们往往满足于当前的流程，不太愿意做出全盘更改，哪怕新产品比他们现有的产品好得多。在描述全周期使用案例时，需要考虑下面的因素。

（1）最终用户如何确定需求的产生或采用不同产品的机会？
（2）用户怎样了解你的产品？
（3）用户怎样分析你的产品？
（4）用户怎样购买你的产品？
（5）用户怎样安装你的产品？
（6）用户怎样使用你的产品？（具体说明，参考后面的 Satisfier 网站案例）
（7）用户怎样确定产品为其带来的价值？
（8）用户怎样为产品付费？
（9）用户怎样获得产品支持服务？
（10）用户怎样购买更多产品或是为你的产品宣传？（最好是正面宣传）

全面周期使用案例非常形象化，你可以利用图表、流程框或其他方式体现其中的顺序。

3.2.3 产品的原型可视化

在这个阶段需要讨论产品的细节，不能太急于进行设计，由于原型版本中不确定的因素太多，因此需要与团队成员沟通才能确定，确定雏形是非常重要的，它决定着后面工作的步骤。团队各个成员需要站在不同的角度对产品进行讨论，领导者一般会以业务为主，注重产品的生产和营销。技术开发人员一般注重产品功能、开发难度、数据库构建等，所以在沟通过程中直接讲功能点更直观。美术 UI 设计人员（也是前端设计者）重视产品的交互、个性化"皮肤"和视觉感受，这方面需根据公司整体希望呈现的理念来设计。运营和销售人员需要深度了解公司业务中的营销活动，配合产品进行操作和制定具体的话术等，因为他们接触用户的机会可能更多，所以对操作流程和企业产品业务对接的细节比较关注。

产品原型并不是经过一两次的讨论就能定稿的，在此过程中会临时增加或删减功能，确定原型并对其进行可视化。

3.2.4 产品的测试

互联网产品测试是产品开发的必要过程，也是对产品的提升做出改进建议的重要基础。产品测试是产品完善的数据基础。很多互联网产品测试只关注单方面的数据，关注单独的注册指标、付费指标或者单独的转化率，但是单一的数据无法表明产品是否符合用户的需求，测试一个产品时需要看多维度的指标，如下所示。

（1）老用户留存：老用户是否会继续使用产品？以下面的付费比例举例，假如老用户付费比例占 80%，如果没有足够的时间和策略提升老用户付费比例，那么造成的结果就是"池子里的水越来越浅"。

（2）付费比例：用户为什么付费？如果不清楚用户为什么付费，那么在获取新用户资源时就会模棱两可，应该厘清获取用户的类型。不然，虽然获取了比较多的用户，但面临用户付费低的问题。

（3）新用户费用：例如，新用户的付费比例是 3%，平均一个用户盈利 2 元，获取一个新用户花费 8 元，那么一个用户亏损 6 元。除非老用户留存比较充裕，否则要慎重。

此外，还要关注其他测试数据，才能综合评定产品的可行性和发展空间。

3.2.5 核心价值及竞争地位挖掘

产品的核心价值是战略层面包含的目标，也是最基本的底层支撑。简单来说，产品的核心价值在于解决用户的问题，只有切实地解决了用户的问题，产品才会有价值，而解决了什么样的问题，怎么解决，那就是产品的核心价值。

明确了这个目标，那么怎样才能找到产品的核心价值呢？第一，综合考量选择最优的功能。如手机，解决用户间远程联系问题，就是其核心价值，也是它的最优功能。第二，基于相同核心价值设计功能，逻辑要统一。手机可以填补人们联系的鸿沟，那么短信、上网等功能也是基于这个核心价值设计的功能，其逻辑是统一的。第三，有单一的核心价值能够让用户对产品产生认知。用户对产品的认知非常重要，将影响产品发展的长度及广度。手机的功能如果仅仅被局限为通话，那就不会有这么多衍生的功能。在设计产品的过程中，通过这三方面来确定自己产品的核心价值，才会有更好的产品定位，也有助于运营人群进行营销。

在设计、营销产品的过程中，以下几方面也是需要特别注意的。首先，解决问题是产品的价值所在，是产品的核心价值。如一款教育培训产品，其目的是让学员通过考试、提高成绩、提升素质等，那么在设计和营销过程中，都要围绕这个核心价值来进行。其次，产品既要对用户有黏性又要提升体验度。不要在加强黏性的过程中牺牲产品的逻辑，以暂时的效果作为目标而牺牲了用户的体验度。如一些营销产品，为了获得用户的一些信息而强制地添加一些流程，牺牲了用户的体验度，影响了口碑。再次，要确保产品真正地解决问题。有些时候，设计人员认为的问题不一定是用户需要解决的问题，双方可能会有不同看法，所以要找对问题。除此之外，用户的量重要，质更重要，创业者需要与用户建立强连接，那就要看是否可以更好、更快、更准地解决用户的问题。最后，要用超预期的方式解决问题。要做好的产品，只解决用户问题是不够的，还需要不断满足用户的需求，超出用户的预期，这不论对于口碑还是对于品牌都是有利的。

3.2.6 可行的最小商业产品开发与验证

在市场不确定的情况下，贸然倾尽全公司之力，投入大量资源大规模进入市场是危险的。验证产品方向是否可行，可以通过"更聪明"的办法来完成。这就是硅谷作家埃里克·莱斯（Eric Ries）在其著作《精益创业》中提出的"最小化可行产品（Minimum Viable Product，MVP）"概念。简单地说，精益创业是指，开发团队通过提供最小化可行产品获取用户反馈，在此基础上持续快速迭代（或谋求转型），直至产品达到 PMF（Product/Market Fit，产品符合市场需求）要求。它包含如下三个要素。

（1）最小化可行产品：是指将产品原型用最简捷的实现方式开发出来，过滤掉高级特性，快速投放市场，让目标用户上手使用，然后通过不断地听取反馈，掌握有价值的信息，由此对产品原型进行迭代优化，尽早达到 PMF 状态。其中，"产品原型"可以是产品界面的设计图，也可以是带有简单交互功能的胚胎原型，甚至可以是一段视频、一个公众号。MVP 的优势在于节约成本、调转灵活，能够直观地被目标用户感知到，有助于激发出目标用户的真实意见。但它并不意味着"便宜""难看"或"核心功能残破"，而是能帮助用户完成任务的最小功能合集。除此以外，对需要认知的内容没有直接帮助的一切功能或流程，都应当暂时放弃。MVP 的目的并不是回答产品设计是否优雅、技术实现是否高效这样具体的功能问题，也不是过度许诺未来将承担的重任，而是用于解答在商业产品开发过程中最重要的两个问题：一是价值假设，这款产品是否能够满足用户的需求？二是增长假设，用户是否愿意为产品买单？

小案例 什么是 MVP 与 PMF

在日常生活中，你会看到身边有不少人穿着有特定图案的 T 恤，如漫画人物、表情包、有趣的文字等，于是蹦出来一个念头，要不做一款支持自定义创建 T 恤图案的产品？那么首先需要验证的就是用户是否真的有这个需求，应该用什么样的解决方案来满足这个需求，我们可以只给一个简单的展示网页，交易采用支付宝转账，商品从淘宝上购买，然后发给用户人；之后需要验证的就是用户是否愿意买单、有多少人会来买、单价是多少、复购率怎样等，这就是 PMF 的验证，即达成了什么样的标准证明了既定的方案是可行的。换句话说，MVP 是你在发现某个问题之后给出的一个解决方案，而 PMF 则是检验你的解决方案用户愿意不愿意买单。

（2）用户反馈：指通过直接或间接方式，从产品的最终用户那里获得针对该产品的意见。反馈的内容包括：用户对产品的整体感觉，是否喜欢/需要某项功能特性，想要添加哪些新功能，某些流程是否合理顺畅等。对精益创业者而言，用户的反馈应当作为产品开发中决策的根本依据。

（3）快速迭代：快速迭代就是要尽早发布产品，并针对用户提出的反馈以最快的速度对产品进行调整，并将其融合到新版本中。尽早发布，意味着产品获得更好的时间窗口和机会，能更快地验证想法并发现错误的部分，避免"隔靴搔痒"和产生战略偏差。不要过于执着于等产品"完美"了再发布，再完美的产品，如果没有人使用，那便不能称为"完美"。快速迭代，就是鼓励开发者尽快将创意呈现在用户面前，而不是沉浸在"闭门造车"的节奏中。相比在实现产品前先口头向潜在用户宣讲你的创意，开发出的 MVP 能够用于实际演示和测试，有助于更直观地让用户感知到产品，继而激发出真实的创意，帮助创业者尽早开启"开发—测试—认知"的反馈循环。

3.2.7 产品的继续探索与后续市场

在出现产品雏形后，我们需要保持对产品的继续探索与后续市场开发，这是保持产品生命力的重要源泉。产品探索规划是重要的，产品探索规划是否详细，取决于公司的文化氛围和产品探索人员的能力。在很多公司（特别是大公司）中，团队需要制订一个产品探索规划，明确项目必须实现的内容、需要的资源，并给出粗略的进度安排。公司应按照规划不断去探索、完善产品的功能。

虽然强调对切入点市场的高度聚焦，但是也要抽出一些时间分析后续市场。这种分析可以是概括性的，不需要很多细节，可以预测一下后续市场有哪些，规模有多大。后续市场开发通常有两种，第一种是，向相同用户销售附加产品或应用的市场，即通常所说的追加销售市场。通过前面的各种调查，你已经非常了解目标用户的需求和问题，这些信息总能帮助你发现应该为用户创造哪些附加产品或实现对用户的重复销售。这种销售方式的利益在于，可以利用现有的销售和分销渠道销售新产品，利用现有投资和与目标用户建立的良好关系，推动新的销售。不过，生产附加产品时，需要在企业核心竞争力的基础上对业务进行延伸，这样做有可能危及你在这些市场中的竞争地位。除非你的核心竞争力与用户相关，否则还是要小心为之；第二种是，创新型企业经常采用的方式，即向毗邻市场销售相同的基本产品。毗邻市场，即那些和切入点市场类似的市场。虽然向这些市场销售产品时需要增加新的产品特性和改变包装、营销口号或定价，但实际上是利用相同的核心竞争力及在切入点市场取得的经验来开发新市场。这种方式的难处在于，必须在每个毗邻市场建立新的用户关系，这样做可能存在风险，而且需要投入不少成本。

估算后续市场的规模是一项快速验证的工作，它能证明你的产品未来会有更大的销售规模和市场，而且能有效激励团队成员和投资人，让他们意识到你的企业同时具备短期和长期发展潜力。

3.3 营销推广

3.3.1 营销市场预测

创业者在对自己的产品或服务进行营销推广之前，需要对营销市场做出预测，只有基于对营销市场的准确预测，才能制定恰当的营销策略或方案。对营销市场进行预测需要创业者明确自己所处的行业环境，明晰用户的深层次需求，进而锁定产品或服务的目标用户、细分市场，对竞争对手要做到知己知彼，对自身要明确优势和劣势。即需要创业者在进行营销市场预测时做好用户痛点分析、行业分析、竞品分析和优势分析。

1. 用户痛点分析

用户"痛点"分析是指，通过行业存在的问题或现象深挖用户需求，找准当前用户的"痛点"或"爆点"，"痛点"或"爆点"代表了当前用户切实的需求，因此迫切需要解决。如果你的产品或服务能够切实满足用户的需求，那么意味着你的企业有光明的市场前景和盈利的潜力。

小案例　别人的网站

位于美国新泽西州的 C&A Marketing (C&A Marketing Inc.)成立了 10 多年，拥有 1000 多个不同品牌的产品，从照相器材、音箱、沙滩产品到厨房用品，品种繁多。这些产品的灵感源自哪里呢？答案是：上其他电商网站看看用户的评论。这是不是很奇怪？C&A Marketing 大概有 100 多个买手，买手们每天都会到亚马逊网站去看用户对产品的评论，他们会从中去挖掘灵感。如有用户在音箱产品下评论：如果这款音箱能够防水，不用直接电源，让我在淋浴的时候也能听广播就好了。C&A Marketing 的买手在看到这类用户评论后，根据自己的判断，同时借助一些大数据分析工具分析这类信息，如果觉得这是个商机，他们就会设计出样品，然后找生产厂商生产出少数产品进行试销。如果试销效果好，那么他们就会批量生产。C&A Marketing 创业项目的来源本质上就是通过观察用户表现出来的"痛点"来实现的。

2. 行业分析

行业分析是指，对企业所处的宏观环境进行分析，得出行业的未来发展前景。初创企业可以利用 PEST 分析模型（如图 3-4 所示），从政治（P）、经济（E）、社会（S）、技术（T）四个维度分析行业的前景。

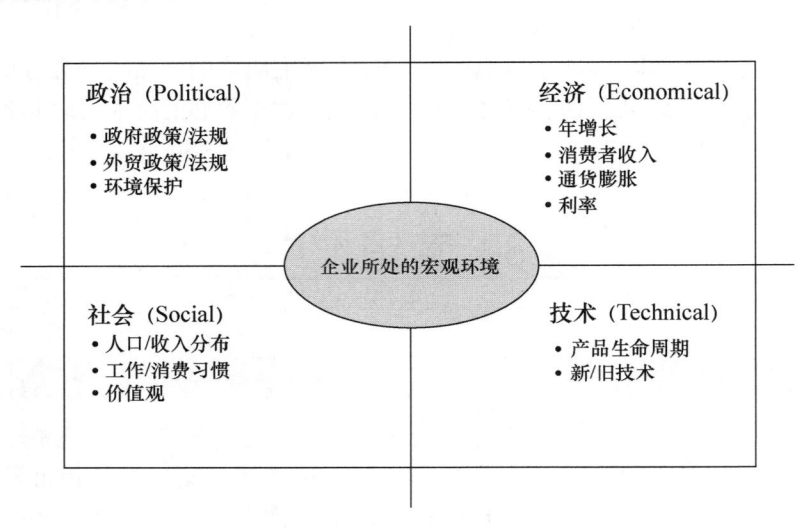

图 3-4 PEST 分析模型

（1）政治因素分析：政治因素影响着企业的运营行为，尤其对企业的长期投资有着较大的影响，分析政治因素就是要了解"国家想让你干什么"，如果你的创业方向带有"政策红利"，那么你成功的概率将会大大增加。

（2）经济因素分析：要识别你所处的经济周期，你目前是处于波峰还是波谷？是上行还是下行？然后顺势而为，在经济拐点到来时，成就一部分企业，如果你的创业方向正好赶上经济周期中的拐点，顺着各种利率和货币政策的导向，那么创业成功不再是小概率事件。

（3）社会因素分析：要把握好你所处的社会环境，包括社会福利、人口结构、潮流与风尚等。当前，随着人口红利逐渐消失，人工成本急剧上升，产品成本急剧下降，利润变得更加微薄，这就要求管理者必须在产品成本和人工成本之间创造新的机遇，否则企业将无法生存。

（4）技术因素分析：5G 时代的来临，用一个字来形容就是"快"，所以，你需要紧跟前沿，注意产品或服务的更新迭代，如果产品不能快速地更新迭代，那么企业就会被市场淘汰。

> **小案例** 利用 PEST 分析模型分析共享单车的宏观环境

（1）政治和法律因素（P）。2017 年 8 月，中华人民共和国交通运输部等 10 个部门制定《关于鼓励和规范互联网租赁自行车发展的指导意见》，同时在国务院的《政府工作报告》中也肯定了共享单车的绿色发展。但是因为早期的城市规划，没有考虑到共享单车的出现，所以各级政府的具体措施落实的速度不快。

（2）经济因素（E）。随着我国供给侧结构改革的不断推进，互联网经济消费不断增加，此时依托于互联网的共享经济的出现，符合时代发展规律。

（3）社会因素（S）。共享单车的出现适应当今交通的发展，缓解了部分交通压力。但是，由于部分素质较低的用户存在乱停乱放、扰乱公共秩序、恶意损坏等问题，因此制约着共享单车的发展。

（4）技术因素（T）。智能手机的普及，以及移动支付技术的发展，给共享单车提供了可行的技术保障，用户通过终端，借助 GPS 定位系统定位单车，通过移动支付完成付款。但同时也可能存在 GPS 定位不准、用户信息保护不严等问题。

3．竞品分析

竞品分析是指，对竞争对手的产品或服务进行分析。在该部分要突出自己的优势或特色，企业可以另辟蹊径或进行模式创新，从而获得投资人的青睐。竞品分析的步骤如下。

第一步，明确分析的目的。在做竞品分析之前，首先要确定分析目的，分析的目的不同，所关注的点和所用的方法也不同。如果产品正准备做，那么分析目的可能是：了解竞品的用户群体与自己目标群体重合的部分，从竞品数据中了解用户的需求和竞品的产品模式、运营模式等，确定产品应该直接借鉴改造成功的竞品还是另辟蹊径；如果产品已经做出来了，那么分析目的可能是：了解产品与竞品的差距、自身优势与劣势、产品的市场份额及竞争力。关注竞品的最新动向，有助于及时调整产品或运营策略，并从中发现新的增长点。

第二步，寻找并选择竞品。可以通过应用商城分类、行业分析报告、行业媒体、网上的竞品分析、各类搜索引擎的关键词搜索等渠道寻找竞品，在找出竞品之后，需要对竞品进行分级，找出直接竞品和间接竞品。

（1）直接竞品：产品功能相似，目标人群重合，解决方案与技术无明显差异的竞品。直接竞品包括重要竞品（做得比较好的产品）、核心竞品（做得比较好，且非常有竞争力的产品）、一般竞品（做得一般的产品）。

（2）间接竞品：产品功能形态和解决方案不同，但用户群体高度重合，解决的用户需求相同，目前不构成直接利益竞争，但未来有很大的竞争风险的竞品。

在确定分级关系之后，在竞品分析过程中，你就需要决定在核心竞品、重要竞品、一般竞品中，对哪些竞品需要花多大力气去研究和分析。一般而言，需要分析的是重点竞品和核心竞品。

第三步，定义分析维度。在选择完竞品之后，需要定义分析维度。如果此时你不知道怎么定义，那么不妨先体验一款竞品，然后采取它的信息维度作为分析维度，再在后面的竞品数据收集时增加或删减维度。下面给一个比较通用的定义分析维度模板（如表3-1所示）。

表3-1　定义分析维度模板

竞品基本信息	竞品所属公司，公司愿景
	竞品公司的核心成员
	竞品公司发展历程
	竞品公司的运营数据
竞品的产品定位	
竞品的目标用户	
竞品的主要功能	
竞品的视觉与交互	
竞品的信息架构	
竞品的运营与推广	

第四步，数据收集。收集的数据可以用截图、Excel 表格、文档等形式记录。收集完数据后，便把它们集中在一起做比较分析。收集数据的具体途径包括：官方渠道（如公司的官网、财报、招聘信息等）、行业研究（如行业分析报告、艾瑞咨询、易观智库、企鹅智酷）、数据平台（CNNIC、DCCI 互联网数据中心、百度指数、七麦指数等）、媒体资讯（行业媒体、论坛）、相关人员（调查核心用户、公司员工）和亲身体验（使用对方的产品、咨询客服和技术问答）。竞品分析的方法包括以下几种。

（1）YES/NO 法。适用于功能层面，将功能点全盘列出，将具有该功能点的产品标记为√，没有的标记为×，通过对比可以清晰地了解竞品间功能点的差异（如表3-2所示）。

表3-2　YES/NO 法

竞品	功能1	功能2	功能3	功能4	功能5	功能6
竞品1	√	√	√	√	√	×
竞品2	×	√	×	√	×	×
竞品3	×	√	√	×	√	√
竞品4	√	×	√	√	×	√

（2）评分法。这个方法在用户研究中常会用到，通常适用于定量研究的问卷调查，即给出 1～5 分的区间，根据产品的某一方面或某个点进行打分（如表3-3所示）。

表3-3　评分法

竞品	特性1	特性2	特性3	特性4	特性5	总得分
竞品1	1	1	1	1	1	5
竞品2	2	2	2	2	2	10
竞品3	3	3	3	3	3	15
竞品4	4	4	4	4	4	20

（3）分析描述法。指将不同的产品特性以比较的形式描述出来（如表3-4所示）。

表 3-4　分析描述法

竞品	特性 1	特性 2	特性 3	特性 4	特性 5
竞品 1	×××	×××	×××	×××	×××
竞品 2	×××	×××	×××	×××	×××
竞品 3	×××	×××	×××	×××	×××
竞品 4	×××	×××	×××	×××	×××

第五步，形成竞品分析报告。针对分析目的，运用上述收集的数据，选择合适的分析方法，制作分析报告，分析报告通常为文档形式或 PPT 形式。

小案例　现金贷竞品分析

（1）明确分析目的。公司准备开展现金贷业务，因此需熟悉现金贷行业的产品模式、行业规则，了解行业巨头是怎么做的，了解其产品模式、用户群体、运营模式是什么样的，并思考我们可以怎样切入市场。

（2）寻找竞品，并选择竞品。例如，可以选择借呗、花呗、微粒贷、京东借条等。

（3）定义分析维度。可以从公司资料（包括所属的公司、公司牌照、股东/融资、核心成员、发展历程、企业文化等）、产品（包括产品定位、产品模式、产品特点、贷款余额等）、用户（包括目标用户群体、用户规模、用户分布和用户特征）及业务属性（包括授信、贷款、借款、费率等）等方面入手。

（4）数据收集和制作竞品分析报告。在收集数据时，主要采用了公司官网、公司年报、使用产品、产品帮助手册、询问产品客服、行业媒体披露、网络检索及其他竞品分析文章中的数据等途径。最后将收集的数据整理分析，进行比较后以 PPT 的形式形成竞品分析报告。

4．优势分析

在商业计划书中，可以利用 SWOT 分析法（如图 3-5 所示）进行优势分析。SWOT 分析，即基于内外部竞争环境和竞争条件下的态势分析，将与研究对象密切相关的各种主要内部优势、劣势和外部的机会、威胁等，通过调查列举出来，并依照矩阵形式排列，然后用系统分析的思想，把各种因素相互匹配起来加以分析，从中得出一系列相应的结论，该结论通常带有一定的决策性。其中 S（Strengths）是优势、W（Weaknesses）是劣势、O（Opportunities）是机会、T（Threats）是威胁。基于 SWOT 分析法，可以从 SW 和 OT 两方面进行分析。

1）SW 分析

每个企业都要定期检查自己的优势与劣势，企业内外的咨询机构都要定期检查企业的营销、财务、制造和组织能力。每一要素都要按照特强、稍强、中等、稍弱、特弱划分等级。

当两个企业处在同一市场中或者它们都有能力向同一用户群体提供产品和服务时，如果其中一个企业有更高的利润率或盈利潜力，那么就认为这个企业比另外一个企业更具有竞争优势。换句话说，所谓竞争优势是指一个企业超越其竞争对手的能力，这种能力有助于实现企业的主要目标——盈利。

竞争优势可以指消费者眼中一个企业或它的产品有别于其竞争对手的任何优越的东西，

它可以是产品线的宽度、产品的大小、质量、可靠性、适用性、风格和形象,以及服务的及时性、热情度等。虽然竞争优势实际上是指一个企业比竞争对手有更强的能力,但是明确企业究竟在哪一方面具有优势更有意义,只有这样,才可以扬长避短或以实击虚。需要指出的是,衡量一个企业及其产品是否具有竞争优势时,只能站在现有潜在用户的角度上,而不能仅仅站在企业的角度上。

由于企业是一个整体,并且竞争优势来源广泛,因此在做优势分析时必须从整个价值链入手去进行判断。

2)OT 分析

随着经济、社会、科技等方面的迅速发展,世界经济全球化、一体化过程加快,全球信息网络的建立和消费需求更加多样,企业所处的环境更为开放和动荡。这种变化几乎对所有企业都会产生影响。正因为如此,环境分析成为一种日益重要的企业职能。

环境发展趋势分为两大类:一类表示环境威胁,另一类表示环境机会。环境威胁是指,环境中一种不利的发展趋势所形成的挑战,如果不采取果断的战略行为,这种不利趋势将导致企业的竞争地位变弱。环境机会是指,对企业行为富有吸引力的领域,在这一领域中,该企业拥有竞争优势。

综上所述,通过 SWOT 分析,可以帮助企业把资源和行动聚集在自己的强项和有更多机会的地方,并使企业的战略变得明朗。

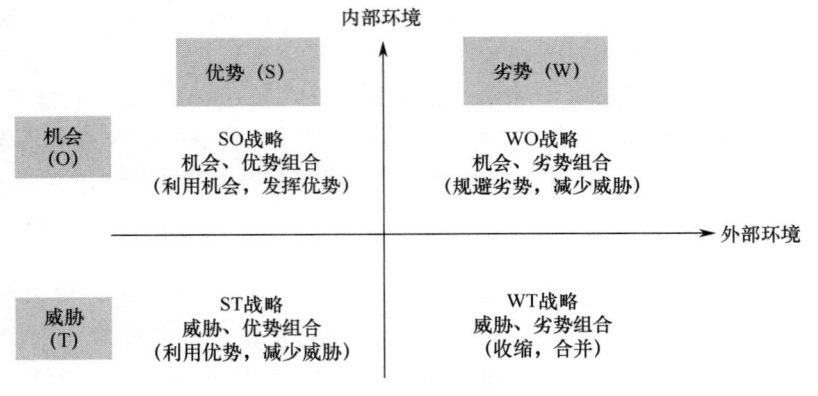

图 3-5 SWOT 分析法

小案例 利用 SWOT 分析抖音

利用 SWOT 分析抖音,结果如表 3-5 所示。

表 3-5 抖音 SWOT 分析

| 优势:S
1.基于大数据的、精准的分发机制
2.音乐选择多样,符合大众需求
3.视频特效和滤镜多样,满足大众猎奇心理
4.全套视频拍摄方式,入门简单 | 劣势:W
1.基于算法机制下,系统推荐的视频比较分散,主播与粉丝黏性不高
2.广告质量良莠不齐,转化率较低
3.普通用户多处于视频观看量较低的状态
4.符合算法机制的视频,内容同质化现象严重,容易产生审美疲劳 |

(续表)

机会：O 1. 互联网的发展及 5G 时代的到来；网速提高（利于视频的流畅观看） 2. 随着人们生活水平的提高，智能手机的普及，人们的生活方式极大丰富，人们与外界交流的窗口和渠道变多 3. 新的传播方式使得流量变现以较低成本可以实现	优势+机会：SO 利用机会，发挥优势 1 网络的便利极大地支持了视频行业的发展，尽可能多地引入跨界内容，加强与各类行业的合作，注入新的流量（如 政府、高校等） 2. 引领群众多多使用视频，探索新玩法，加强用户的黏性，鼓励用户多拍、多玩 3. 在视频拍摄简单的前提下，进一步提升技术，让用户在使用产品的过程中，体验新鲜技术，满足猎奇心理、"炫耀"心理和"攀比"心理	劣势+机会：WO 利用机会，规避劣势 1. 在不影响算法机制的前提下，新增"关注""好友"功能，后台优先推送关注账号的内容等，增强主播与粉丝的黏性，强化熟人圈 2. 内容上，不仅基于算法机制，而且通过 AB 测试和灰度测试，定期对用户标签和搜索信息进行分析，推送内容 3. 优化社区运营，提升广告的转化率
威胁：T 1. 社交功能比较局限，用户缺少互动，黏性不够 2. 优质的热门内容较少，热门内容内容同质化现象比较严重 3. 内容管控审核比较困难，内容审核比较宽松，可能会有内容隐患	优势+威胁：ST 利用优势，减少威胁 1. 视频内容审核机制需加强，对识别出的敏感内容不予发布 2. 为容算法需结合关注人一起考虑，避免内容长期一致导致审美疲劳，可通过增加分组，增加屏蔽某类内容来辅助优化算法	劣势+威胁：WT 收缩，合并 1. 内容需要严格审查，设置惩罚制度，规避风险 2. 优化广告的质量，同时寻找其他的变现方式，避免用户对过多的广告产生反感

（以上文字摘编自知乎，作者雪碧 sister）

3.3.2 营销策略、方案的制定

1．营销目的

营销目的就是"建立起用户对你的产品的认识"，推销就是把产品卖好，营销是让产品好卖，让用户熟悉你，这就是这么多的广告在频繁播放、广告商热衷"砸钱"的原因。也许有人会说，"砸钱"也没有人买呀，其实不是，这是一种建立用户认识的过程，一种让产品变得好卖的过程。营销竞争策略主要分为三类，一是直接竞争策略。适用于具备较强的竞争力的企业；二是去竞争策略，主要采用一些迫使对方投降、让步的方式，使其退出该领域或行业；三是竞合策略。对于实力相当且谋求共同发展的企业来说，该策略是一剂良药，既可以求得双赢，又能增进合作，实现企业盈利。

2．营销策略的制定

新产品的市场营销策略是事业成功落地的关键因素，市场营销具有挑战性，其策略的好坏可以充分展示创业者的能力。企业在制定营销策略时可以从 STP（市场细分、目标市场、市场定位）三个维度进行规划。做好这三个维度的工作，需要把握以下营销要点。

1）市场环境分析

进行市场环境分析的主要目的是，了解产品的潜在市场和销售量，以及竞争对手的产品信息。只有掌握了市场需求，才能做到有的放矢，减少失误，从而将风险降到最低。以凉茶为例，凉茶一直以来为南方人所热衷，这其中有气候特点、饮食习惯差异的原因，因此应该

将主要的营销力量集中在南方城市,如果进行错误的定位,将营销力量转移到北方,即使投入很大的人力、财力,都不会取得好的营销效果。

2)用户消费心理分析

只有掌握了用户会基于什么原因、什么目的去购买产品,才能制定出有针对性的营销创意。营销大多是以用户为导向的,根据用户的需求来制定策略,但仅仅如此是不够的,还需要增加对用户的消费能力、消费环境的分析才能使整个营销活动获得成功。

"脑白金"能够畅销数十年,从它不间断的广告和广告语中就能看出端倪:"今年过节不收礼,收礼只收脑白金。"它正是利用了国人在过节时爱送礼的特性进行营销的,而且作为保健品,两个活泼老人的形象在无形中驱使晚辈在过节时选择"脑白金",相信如果换成两个年轻人在说广告语,其影响力就会下降很多。

3)产品优势分析

这里的产品优势分析包括本品分析和竞品分析。只有做到知己知彼,才能战无不胜。在营销活动中,本品难免会被拿来与其他产品进行对比,如果无法了解本品和竞品各自的优势和劣势,就无法打动用户。在某次营销类课程中就发生过这样的情况,在课程的实操模拟中,两位学员进行销售情景模拟,其中扮演销售人员的学员在整个过程中对本品和竞品都缺乏足够的了解,导致另一位学员只能通过直观的感觉来了解产品特性,最终导致整个销售过程失败。营销的目的也是如此,通过营销手段,让用户了解到本品的优势,进而产生购买欲望,是营销活动中重要的环节。

4)营销方式和平台的选择

营销方式和平台的选择既要结合企业自身的情况和战略,还要兼顾目标用户群体的喜好。例如,针对全国儿童的产品,就可以根据儿童的特点,在央视的儿童频道以动画短片的形式展现出来,这样不仅符合企业战略,将产品传达给全国儿童,还能够吸引儿童的目光。

营销是一个较复杂的体系,但所有的营销活动都应基于以上四点进行,当明确了以上四点之后,想要做出好的营销创意也不再是难事。

3. 营销方法

1)策略一:知己知彼、百战不殆

要与竞争对手过招,知己知彼是关键,了解对手才能有针对性地制定进攻策略,系统地收集竞争对手的信息,分析竞争对手的优劣势,寻找对手的薄弱环节进行进攻。要尽可能多地获取竞争对手的信息。竞争信息系统的建立和实施要做到两个原则:实用、有效。

2)策略二:避实就虚、攻击软肋

在与竞争对手进行交锋时,要选择对方的薄弱环节进行攻击,不要选择竞争对手的强项与其发生正面的交锋,要避实以就虚,在竞争对手控制的市场进攻所需付出的代价往往比在其他市场进攻或防守要高出几倍,因此不宜正面交锋,而是应该针对竞争对手的薄弱环节制定市场策略,避其锋芒、趁虚而入,在提高资源利用效率的同时,有力打击对手。

3)策略三:快速强攻、先发制人

兵法有云:"先发制人,后发制于人。"无论是在产品的卖点、媒体资源上,还是在渠道、终端上,都要先声夺人,先发制人,才能以势压倒竞争对手。

4)策略四:以强攻弱、集中攻击

兵法常讲集中优势兵力,各个击破。历史上曾有过无数成功的战例。兵法如此,商战也如此，要在竞争对手控制的市场中选择集中性攻击策略。

策略五：抢位营销、量力而行

作战讲究量力而行，营销也是一样的道理。之所以要量力而行，就是让优势最终转化为胜势。

4．营销策略组合

营销策略组合有以下三个。

1）4Ps 营销策略组合

20 世纪 60 年代是市场营销学快速发展的时期，突出标志是市场态势和企业经营观念的变化，即市场态势完成了卖方市场向买方市场的转变，企业经营观念实现了由传统经营观念向新型经营观念的转变。与此相适应，营销手段也变得多种多样，且十分复杂。1960 年，美国市场营销专家杰罗姆·麦卡锡（E. J. MaCarthy）教授在人们营销实践的基础上，提出了著名的 4Ps 营销策略组合理论，即产品（Product）、定价（Price）、渠道（Place）、促销（Promotion）。4Ps 是营销策略组合的简称，奠定了营销策略组合在市场营销理论中的重要地位，它为企业实现营销目标提供了最优手段，即最佳综合性营销活动，也称整体市场营销。

2）6Ps 营销策略组合

20 世纪 80 年代以来，世界范围内，市场竞争日益激烈，政治和社会因素对市场营销的影响和制约越来越大。一般营销策略组合的 4Ps 不仅受到企业本身资源及目标的影响，还会受企业外部不可控因素的影响和制约。一般市场营销策略只看到了外部环境对市场营销活动的影响和制约，而忽视了企业经营活动也可以影响外部环境，因此为克服一般营销观念的局限，大市场营销策略应运而生。1986 年，美国著名市场营销学家菲利浦·科特勒（Philip Kotler）教授提出了大市场营销策略，在原 4Ps 组合的基础上增加两个"P"，即权力（Power）和公共关系（Public Relations），简称 6Ps。

科特勒给大市场营销下的定义为：为成功地进入特定市场，在策略上必须协调地使用经济心理、政治和公共关系等手段，以取得其他国家或地方有关方面的合作和支持。此处所指的特定市场，主要是指壁垒森严的封闭型或保护型市场。贸易保护主义的回潮和政府干预的加强，是国际、国内贸易中大市场营销存在的客观基础。要打入这样的特定市场，除了做出较多的让步，还必须运用大市场营销策略，即 6Ps 组合。大市场营销策略的要点在于当代营销者日益需要借助政治力量和公共关系技巧去排除产品通往目标市场的各种障碍，取得有关方面的支持与合作，实现企业营销目标。

大市场营销策略 6Ps 与常规的营销策略 4Ps 相比，有两个明显的特点。

（1）十分注重调节企业与外部各方面的关系，排除人为的障碍，打通产品的市场通道。这就要求企业在分析满足目标用户需要的同时，必须研究来自各方面的阻力，制定对策，这在相当程度上依赖于公共关系。

（2）打破了传统的环境因素之间的分界线，也就是突破了市场营销环境是不可控因素的观念，重新认识市场营销环境及其作用，某些环境因素可以通过企业的各种活动或运用权力疏通关系来加以改变。

3）11Ps 营销策略组合

1986 年 6 月，美国著名市场营销学家菲利浦·科特勒教授又提出了 11Ps 营销策略，即在大市场营销策略 6Ps 之外加上探查（Probe）、分割（Partition）、优先（Priorition）、定位

(Position)和人(People),并将产品、定价、渠道、促销称为"战术 4P",将探查、分割、优先、定位称为"战略 4P"。该理论认为,企业在"战术 4P"和"战略 4P"的支撑下,运用"权力"和"公共关系"这"2P",可以排除通往目标市场的各种障碍。

11P 分别是:

(1)产品。包括质量、功能、款式、品牌、包装。

(2)定价。在产品不同的生命周期内制定相应的价格。

(3)促销。尤其是采用好的广告。

(4)渠道。建立合适的销售渠道。

(5)权力。依靠两个国家或地区政府之间的谈判,打开另外一个国家市场的大门。

(6)公共关系。利用新闻媒体的力量,树立对企业有利的形象,消除对企业不利的形象。

(7)探查。即探索,就是市场调研,通过调研了解市场对某种产品的需求状况,以及有什么更具体的要求。

(8)分割。即市场细分的过程,按影响消费者需求的因素进行分割。

(9)优先。即选出目标市场。

(10)定位。为自己生产的产品赋予一定的特色,令其在消费者心目中形成一定的印象,或者说就是确立产品竞争优势的过程。

(11)人。"只有发现需求,才能满足需求",这个过程要靠员工实现。因此,企业需要想方设法地调动员工的积极性。这里的人不单单指员工,也指用户。用户也是企业营销过程的一部分,如网上银行产品中用户参与性就很强。

小案例 4Ps 营销案例(以"巴雪耳"银耳糖片为例)

(1)产品策略。随着生活水平的提高,人们更加追求生活的质量,对自身及家庭成员的健康更加关注,经济收入的增长为关注健康提供了前提。银耳具有滋阴润肺、生津止咳、清润益胃、补气和血、补脑提神之功效。通江银耳弥足珍贵,其原材料及所含营养元素使生产企业决定走高端产品路线。其包装风格与目标消费者群体的喜好和特征一致,结合目标消费者,企业将包装分为儿童款、青年款、中年款和老年款。目前市场上尚未有针对不同年龄阶段的银耳糖片,因此企业选择以市场补缺者的身份打开市场,实行专业化补缺策略,包括地理市场专业化、产品线专业化、产品特征专业化、垂直专业化、渠道专业化(产品营销策略的选择)。

(2)价格策略。银耳糖片应该采取高价格的策略,因为银耳糖片是针对较高消费层面的消费者进行功能消费而设计的特殊保健品,且产品自身的技术含量高,所以采取高定价策略。

(3)渠道策略。其营销渠道包括三个:①银耳糖片生产企业—零售店—消费者,这是一种相对简单的营销渠道,因此利润空间相对较大。这种模式要求企业拥有雄厚的实力,覆盖面广,其优势为可以减少送货、铺货、回款等工作量。②银耳糖片生产企业—代理商—零售商—消费者,在这种营销渠道中,生产企业通过代理商将银耳糖片转卖给零售商,最后由各零售店销售给消费者。③银耳糖片生产企业—代理商—批发商—零售商—消费者,这是最长、最复杂且销售环节最多的一种营销渠道,虽然流通环节增加了,可能会相应增加流通时间和费用,但它对产品的流通有积极作用。

（4）促销策略。开展促销推广活动（开新品发布会、在高端商场开展新品促销活动及邀请明星代言）、传统媒体的广告投放及开展网络营销（建立电商销售渠道，制作微信二维码，建立网络社交平台及拍摄宣传视频或微视频，投放到各大热门视频网站，促进口碑营销）。

（以上文字摘编自知乎，作者 shmily）

营销拓展计划要分阶段制定，即每个阶段都有对应的营销策略，它可以分为初始阶段、成长阶段和发展阶段，根据各个阶段的实际情况制定相应的营销拓展计划。

影响营销策略的主要因素包括消费者的特点、产品的特性、企业自身的状况、市场环境等。需要企业"因地制宜"地制定营销策略。总的来说，营销策略的制定要分主次、定先后、有缓急、谋长远。

5. 营销方案的制定

营销方案的制定大致包括三个阶段，如图3-6所示，在制定的时候要注意三个阶段前后的衔接。

产品定位及包装 → 市场策略及落地 → 传播策略及落地

图3-6 营销方案的制定

1）产品定位及包装

第一个阶段为产品定位及包装，该阶段包括项目的梳理、产品或服务分析、市场分析、用户调研、产品定位、传播Slogan（口号）和创意展现。

（1）项目的梳理。对自己的项目进行梳理，总结出自己产品或服务的特点、目标人群、主要的竞争产品，制定各个阶段的 Slogan 和最终要达到的目标。需要梳理解决的问题包括我们主要推广什么（What）？推广的时间和节奏如何（When）？以什么样的方式推广（How）？通过什么渠道推广（Where）？

（2）产品或服务分析。需要提炼出自己产品或服务的特点，以及核心利益点。

（3）市场分析。分析竞品的特点、市场背景和传播亮点，可以对我们产品或服务的营销推广起到借鉴作用。

（4）用户调研。调研的对象包括目标用户（竞品用户）和普通用户，两者可以分开进行调研。调研的内容包括用户的属性、偏好、对产品或服务的满意度和期待点。根据对用户的调研结果，将用户划分等级，并描述对应用户的特征；再根据用户的特征及产品或服务的卖点，分析出在营销推广过程中以什么样的切入点可以打动用户；最后结合之前的用户分析，在了解到不同用户会被相对应的产品切入点打动后，进而挖掘出不同用户的心理洞察，心理洞察是指用户内心渴望从产品或服务中得到的体验或感受。

（5）产品定位。产品定位是结合产品卖点、市场区隔点、用户心理洞察三方面所产出的定位，此定位应该是产品或服务在用户面前展示的形象。

（6）传播Slogan。结合产品卖点和用户的情感诉求，设计出传播的 Slogan。Slogan 的要点包括：贴合产品特点、有煽动性、有号召力、易上口、易传播。

（7）创意展现。创意展现的内容要依据实际情况而定，普遍的创意展现形式包括主 KV（阐释传播主题）、系列 KV（产品系列特点 KV）、视频创意和户外创意等。

2）市场策略及落地

在完成了产品定位及包装阶段后，第二个阶段就是市场策略及落地阶段。该阶段包括策略思考、推广规划和具体的市场活动。

（1）策略思考。基于产品的定位、传播的 Slogan 及用户的洞察进行策略思考，得出核心策略和阶段性策略。

（2）推广规划。整体的推广规划包括总策略（用一句话定义）、时间轴（明确各个时间点需要完成的任务）、阶段主题、每个阶段对应的事件、每个阶段主打的用户、推广的渠道，并要得出初步方案，以便于后期在此基础上进行修改。阶段策略包括阶段的主题、目标、事件及目标人群。

（3）具体的市场活动。包括活动的时间、活动的目的、活动内容的概述、活动流程及示例。

3）传播策略及落地

第三个阶段为传播策略及落地，该阶段包括传播规划、传播话题和费用预估。

（1）传播规划。传播规划涉及传播的节点、传播的阶段、传播的话题及所使用的媒介平台，当前比较热的媒介平台包括小红书、抖音、快手等自媒体平台。

（2）传播话题。可以细化为话题的目的、话题的内容、话题的节奏、具体的点位及大流量资源的分配。

（3）费用预估。要对自己的营销推广费用进行合理的预估，制定详细的费用类目表，帮助自己更好地分配资金。

整体来讲，产品或服务的营销方案的制定大致包括产品定位及包装、市场策略及落地和传播策略及落地三个阶段，在撰写的过程中，应该按照这三个步骤确定策略的优先级。

案例："兼职猫"的产品之旅

1."兼职猫"简介

1)"九尾科技"企业简介

"九尾科技"成立于 2013 年 6 月，是国内领先的"互联网+人力资源"服务商，旗下拥有兼职猫、鹿用招聘、云校招 Live、魔灯传媒等产品，主打产品为"兼职猫"。目前，"九尾科技"在北上广深等 9 个一二线城市拥有多家分支机构，300 余名招聘顾问，深耕人力资源市场，在超过 13 个领域为用户提供平台免费招聘服务，全职/兼职 RPO 服务，全职/兼职 BPO 服务，兼职承包制、任务众包校园地推服务，校园雇主品牌服务等业务。在过去几年中，"九尾科技"以"改变中国劳动力市场"为愿景，服务了超过百万家企业，覆盖互联网、新零售、教育、金融等数十个行业，并与 3000 余家跨国集团、国内上市公司、快速成长性企业及非营利组织建立了长期合作关系。

2)"九尾科技"四大产品

"九尾科技"目前已经推出了四大产品，分别是"兼职猫""鹿用招聘""云校招 Live"和"魔灯传媒"。

兼职猫：面世于2013年10月，是围绕企业与个人需求，提供精准匹配、灵活用工服务的平台。"兼职猫"的主要用户是大学生和社会人士，目前平台有3300万个个人用户，100多万个企业用户，是目前国内较大的移动兼职招聘平台。

鹿用招聘：面世于2017年12月，是针对城市新蓝领的全职招聘平台，目前已辐射全国2000万名新蓝领求职者。

云校招Live："云校招Live"是一站式的校园求职招聘平台，主要致力于解决应届大学生的就业难题。平台集合了线上招聘会、线上宣讲会、线上沟通等功能，自2020年4月上线以来，"云校招Live"已经开设了30多场线上招聘、宣讲会，帮助近万名应届毕业生成功求职。

魔灯传媒："魔灯传媒"是"兼职猫"校园推广部的B端服务分支，共享"兼职猫"深厚的校园资源，以数字时代的新营销方式为甲方品牌提供精准高效的校园推广服务。目前，平台拥有遍布全国上千多所高校的校园项目领队，并与全国数千个高校社团有长期赞助合作关系。

3）主要成绩

目前"九尾科技"已经积累了3300万名用户，服务了超过100多万名企业用户，促进了千万人就业，解决了企业招聘、用工难题。同时，2018年，"兼职猫"获得了1.6亿元的C轮融资，成为国内首个获得C轮融资的灵活用工服务平台。

在过去的7年中，"九尾科技"也凭借高成长性及不断创新的科技精神，先后获得了2018年"创业领军团队"、2020年"广东省先进集体"等多个奖项。

作为人力资源企业，"九尾科技"还是广东省人力资源协会的理事单位和灵活用工分会会长单位。"九尾科技"获得多项人力资源专业机构颁发的灵活用工奖项，包括"2019年广东省优秀灵活用工服务商""2019—2020大中华区最佳兼职/灵活用工平台""2018年广东省人力资源服务机构TOP20"等，其综合实力备受肯定。

"九尾科技"的行业增长潜力也受到多个创投媒体的认可，曾获得"2019年i黑马年度最具商业价值企业黑马榜TOP50""2017年胡润百富榜中国最具投资价值新星企业""铅笔道2019年度影响时代准独角兽榜单TOP50"等奖项。

2019年，在HROOT发布的招聘App榜单中，"九尾科技"旗下"兼职猫"连续6个月稳居兼职类招聘App第1名，在HR研究网发布的"2018—2019年度人力资源App综合排行榜单"中，"兼职猫"位列灵活用工细分领域第1名。

2．兼职猫的产品之旅

目前，"九尾科技"以"兼职猫""鹿用招聘"和"云校招Live"三大产品为主，通过"平台+自营"模式高效匹配用工，形成了线上线下一站式服务的商业模式。"九尾科技"利用信息平台进行智能配岗，同时组建专业项目团队，根据企业具体的用工需求给出一套专业的用工方案，帮助企业降低在招聘、培训、基础人事服务、用工风险等方面的综合成本。

1）"兼职猫"的"前世"——从"魔灯传媒"发现用户画像

2012年，还在上大二的王锐旭发现校园周边不少企业都有高校推广的需求，但都苦于没有渠道，敏锐的他发现了其中的商机，决定创立一个校园兼职团队来帮助这些企业进行推广。他一手打造了自己的创业班底"魔灯传媒"，带领着只有6个人的团队做起了校园兼职地推业务。

不到半年，王锐旭就迅速把团队扩充到了 80 个人，并把推广业务做到了广州校园前列。不过，校园传媒业务的利润始终有限，且随着市场渐渐开始饱和，业务推进也变得更加艰难。

在做校园业务推广的过程中，王锐旭发现很多大学生都有校园兼职的"刚需"，有的是想勤工俭学补贴学费；有的是希望提前熟悉社会、了解职场，为今后就业做准备。但是没有有效寻找兼职的渠道，有的同学通过兼职中心介绍，不仅得先交几百元钱，最后还不一定找得到心仪的工作，有的甚至被不良中介或虚假招聘单位欺骗。

2）"兼职猫"创立——大学生兼职平台产品原型的打磨

王锐旭于 2013 年萌生了搭建一个兼职平台的想法，希望能够帮助同学们解决找兼职难的问题。他利用移动互联网的便利环境，很快推出了"兼职猫"App，让同学们在手机上动动手指就能找到附近可靠的兼职工作。

王锐旭通过自己在"魔灯传媒"做推广时积累起来的人脉组建了一个技术研发团队。移动互联网创业注重产品和用户体验，在技术实现方面要突破许多困难。界面设计怎么美观、用户操作怎么简便、程序运行怎么稳定，都是技术团队要绞尽脑汁去思考的问题。当然，初创团队当时面临的最大难处还是运营经费的缺乏。

在"兼职猫"App 刚推出时，王锐旭利用前期校园业务推广攒下来的钱作为启动资金，但是很快钱就不够为团队发工资了。为了给团队的研发人员发工资，当时王锐旭还和团队几个成员在"兼职猫"App 上面找兼职、摆地摊，并用挣到的钱给研发人员发工资。

3）"兼职猫"小试牛刀——产品的原型及市场测试

因为"兼职猫"保障了信息的真实性，击中了兼职行业信息安全的痛点，所以受到了很多大学生用户的喜爱，推出短短半年时间，用户量就达到了百万级。

2014 年，"大众创业，万众创新"开始普及，为了鼓励大学生创业，国家开始举办了一系列的创新创业比赛。为了使公司的产品得到更多的市场认可，王锐旭带领着团队开始参加各类创业比赛，4 月，"兼职猫"获得了"挑战杯·创青春"大学生创业大赛的金奖，9 月，王锐旭又带领着"兼职猫"参加了"第三届中国移动互联网博览会暨创业大赛"，与当时来自中国、美国的 200 支移动互联网创业团队一起竞赛，"兼职猫"一举拿下第一名。"兼职猫"受到越来越多的主流声音的肯定。同年，平台获得了第一笔百万元天使投资，这时候距离王锐旭创立"兼职猫"才刚刚半年。此时，"兼职猫"用户也超过了 100 万个，从一个小平台跨越成为在兼职领域具有一定影响力的用户软件服务平台。

作为优秀大学生创业项目，"兼职猫"在服务青年兼职就业工作中的贡献受到了越来越多的认可。

2015 年，王锐旭作为"90 后"创业代表与姚明、陈道明、王濛等其他 9 位代表一起，被邀请参加了座谈会，与总理面对面讨论关于大学生创业的话题。王锐旭向总理汇报了自身的创业经历，并建议加大对大学生创业的政策扶持力度，为大学生创业者创造实现梦想的条件。"90 后"创业者的标签为王锐旭带来了更多的关注，他们的产品"兼职猫"也获得了更多曝光。

4）"兼职猫"的核心价值——核心竞争力打造

"兼职猫"是一款手机 App，赶上移动互联网的发展趋势，围绕企业与个人需求，为求职者提供零工兼职岗位，为企业提供工作岗位发布、招聘服务。"兼职猫"已建成兼职招聘全流程管理系统、兼职管理和即时通信系统、企业动态用工需求库、兼职分级人才库、"黑中介"智能筛选系统等。同时平台亦提供企业代招服务，覆盖零售、餐饮、房产、教育、金融、旅游等数十个行业，为企业提供移动互联网定制化的精准岗位匹配与快速培训到岗服务。"兼职猫"的核心功能及特点如下。

（1）信息审核：兼职岗位审核，坚决抵制"黑中介"。实现对企业用户的上门认证，同时提供兼职保险，为兼职用户提供工作保障。

（2）"喵"任务：帮助企业解决弹性劳务需求，推出操作简单的网上兼职。

（3）"喵"托管：为企业提供管家式服务，一站式代招代管。

（4）个性推荐：通过数据挖掘等手段，将兼职信息匹配给每一位求职者。接收简历、兼职录用、到岗签到、工资结算、工作评价等招聘流程都可在"兼职猫"完成。

（5）招聘高效：高校用户多，人才储备丰富，职位面向更多求职者，招聘效率高。

（6）企业 SaaS：企业可开通集团号统一管理子账号，构建集团人才库，招聘资源调配合理，人才管理系统有序。

（7）企业专场：企业可一键开通专属招聘主场，可接入对应的官方媒体、公众号等渠道资源，为招聘加速。

5）"兼职猫"的转型——产品的继续探索

2017年，"零工经济"显现出市场潜力，企业服务浪潮来袭。与此同时，人口红利和C端流量的饱和，让兼职招聘市场出现改革契机。王锐旭敏锐地发现了这一企业服务市场需求，毅然带领团队开始转型。

从流量端向企业端转变，这显然是决定企业未来发展的一次重大决定。"要么做，要么死。"王锐旭给自己两个选择。向企业端转型，这是对业务、流程、团队基因的一次蜕变，所面临的挑战不言而喻。

王锐旭带领团队开发了面向企业端的系统平台，并开始对整个公司的人员架构进行调整，人员结构从原来的职能端偏向业务端和销售端。

创新的业务模式和高效的服务水平让"兼职猫"突破了此前的用户增长瓶颈，解决了资金困境，在转型的两年时间里，积累了超百万个企业用户，影响力覆盖全国。

2017年，王锐旭推出了"鹿用招聘"，进军蓝领全职招聘市场。"鹿用招聘"主要面向都市服务业青年群体，覆盖了全职招聘、兼职招聘及新蓝领招聘等领域。

在成立不到两年的期间内，"鹿用招聘"发展迅速，累积了超过2000万个蓝领用户。在2019年HR研究网评出的"2018—2019年度人力资源App综合排行榜单"蓝领招聘App榜单中，"鹿用招聘"成功打入榜单前十，目前"鹿用招聘"已和多家知名企业达成了长期的合作。

2018年，在王锐旭的带领下，"兼职猫"完成了1.6亿元融资，成为首个跨进C轮体量的互联网"灵活用工"企业。

随着产业结构的调整，蓝领招聘市场具有极大的发展空间。随着"兼职猫"产品的成熟，在整个兼职招聘平台的市场比重渐渐稳定之后，王锐旭和团队也开始着力进行灵活用工产品市场的全领域布局——上线"云校招Live"产品，布局走进大学生全职就业市场。2020年，新冠疫情的出现，影响了部分大学生的就业进程，为帮助高校毕业生充分就业、高质量就业，4月，"九尾科技"推出了一站式"互联网+"校园求职招聘平台——"云校招Live"，这也是"九尾科技"面向大学生全职就业市场的一次布局。

技能：分析一个互联网产品

在信息化高速发展的时代，电子商务平台已逐步发展壮大。深耕美妆、时尚等领域，以用户为传播者、网络社区为载体进行"种草式"营销的"小红书"已然成为跨境电商的代表之一。"小红书"是年轻人的生活方式平台和消费选择入口，于2013年在上海创立，致力于令美好生活触手可及。在"小红书"中，用户通过短视频、图文等形式标记生活点滴。截至2022年，"小红书"月活用户数超过2亿，并持续快速增长。请以"小红书"这一互联网产品为例，结合本章内容，对其进行分析。

互动交流区：

请读者运用本章所涉及的互联网产品研发及营销推广的相关内容对"小红书"这一互联网产品进行分析，分析的内容如表3-6所示，但不限于以下内容。

表3-6 "小红书"互联网产品分析

分析维度	分析内容
"小红书"产品研发	"小红书"的发展概况
	"小红书"的特色
	用户画像及使用场景
	"小红书"的功能结构分析
营销推广	用户痛点分析
	电商行业分析
	"小红书"相关竞品分析
	"小红书"优势分析
营销策略与方案制定	"小红书"营销策略与方案的制定
	"小红书"营销策略与方案存在的问题
	针对存在的问题，提出针对性的建议

第 4 章　商业模式

【思维导图】

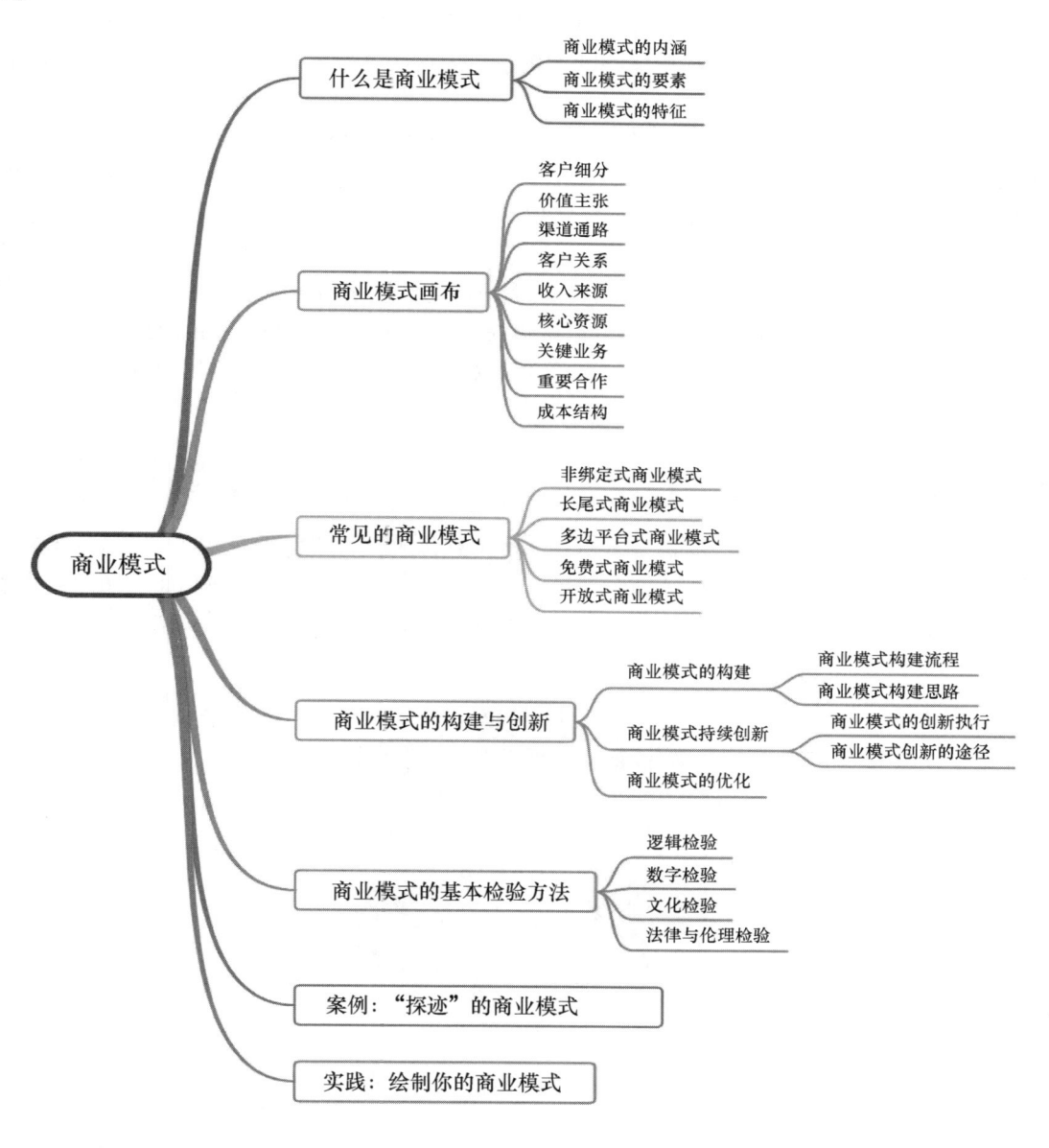

- 商业模式
  - 什么是商业模式
    - 商业模式的内涵
    - 商业模式的要素
    - 商业模式的特征
  - 商业模式画布
    - 客户细分
    - 价值主张
    - 渠道通路
    - 客户关系
    - 收入来源
    - 核心资源
    - 关键业务
    - 重要合作
    - 成本结构
  - 常见的商业模式
    - 非绑定式商业模式
    - 长尾式商业模式
    - 多边平台式商业模式
    - 免费式商业模式
    - 开放式商业模式
  - 商业模式的构建与创新
    - 商业模式的构建
      - 商业模式构建流程
      - 商业模式构建思路
    - 商业模式持续创新
      - 商业模式的创新执行
      - 商业模式创新的途径
    - 商业模式的优化
  - 商业模式的基本检验方法
    - 逻辑检验
    - 数字检验
    - 文化检验
    - 法律与伦理检验
  - 案例:"探迹"的商业模式
  - 实践:绘制你的商业模式

"现代企业管理学之父"彼得·德鲁克说："当今企业之间的竞争，不是产品和服务之间的竞争，而是商业模式之间的竞争。"在 5G 时代下，创业者能否选择合适的商业模式将决定企业是否能顺利成长。那么，究竟什么是商业模式呢？5G 时代的商业模式是否一成不变呢？如何进行模式创新呢？本章我们一起来探索吧！

4.1 什么是商业模式

4.1.1 商业模式的内涵

知名的经济学者郎咸平说过，商业模式是关系企业生死存亡，兴衰成败的大事。不管是处于初创期，还是处于成长期或是成熟期的企业，要想获得成功，就必须从制定成功的商业模式开始。商业模式是企业竞争制胜的关键，是商业竞争的本质。所以想要创业成功，就离不开好的商业模式。

商业模式一词虽然已经出现了很久，但是至今仍没有一个权威的定义。当前对商业模式的理解最受认同的就是：商业模式是描述与规范一个企业创造价值、传递价值及获取价值的核心逻辑和运行机制。简单地说，商业模式就是企业盈利的方式。

商业模式最核心的三个组成部分是创造价值，传递价值，获取价值，三者环环相扣，缺一不可，形成了一个完整的商业模式闭环。首先，创造价值是指企业基于用户需求设计出产品和服务，从而产生价值；其次，传递价值是指通过资源配置、活动安排等过程来交付价值，这是将产品和服务作为商品进行交换的渠道和方法；最后，获取价值是指，通过一定的盈利模式来持续获取利润，完成产品和服务的变现。

4.1.2 商业模式的要素

成功的商业模式一定隐含着商业要素，任何企业在应用商业模式的过程中，只有注意这些商业要素的实现，才有可能提高创业项目的成功率。完整的商业模式包括企业定位、业务系统、关键资源能力、盈利模式、现金流结构和企业价值六要素（如图 4-1 所示）。

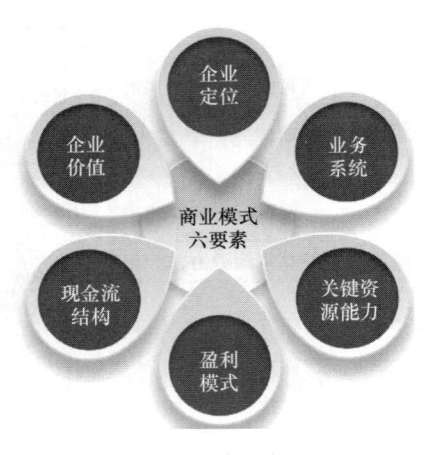

图 4-1 商业模式六要素

（1）企业定位。企业定位是指企业应该提供什么样的产品和服务来满足用户的需求，也是商业模式体系中的起点。信息技术时代到处都充斥着各类信息，消费者获得信息的数量、种类和途径也变得越来越多，要让用户在繁杂的商品信息中快速聚焦本企业的产品和服务，就必须对企业进行精准定位，确定产品和服务面向的主要消费者群体。

（2）业务系统。该系统主要包括营销策划、销售与管理、用户服务与管理及风险防范。企业在传递价值时，需要将企业的产品和服务通过平台呈现给消费者。在这个过程中涉及的人称为利益相关者。如线上购物，商家借助平台展示商品，用户通过平台联系商家，双方完成线上交易后，产品将进入快递环节并输送到用户手中，最后平台完成交易。在这个完整的交易过程中，平台和快递公司便是利益相关者。利益相关者的联系方式、交易的结构和流程、流程的管理和把控，一起组成了业务系统，也是企业利润的核心来源。

（3）关键资源能力。关键资源能力被称为企业的核心竞争力。企业所拥有的关键资源越多，其市场竞争力就越强。一般来说，技术、资金、团队、供应链、稀缺材料等都属于关键资源，企业对关键资源的掌控和使用能力就是关键资源能力。

（4）盈利模式。是指企业如何获得收入、分配成本和赚取利润，是在给定业务系统中各价值链所有权和价值链结构已确定的前提下，在企业利益相关者之间的利益分配格局中，企业获取利益的表现。一个企业可以有多种盈利模式，确定盈利模式时，首先要重视对用户群体的分析，确定是否解决了用户的真实需求，与产品和服务的定位是否一致，然后要评估利润点，注重投入成本的部分。

（5）现金流结构。现金流结构是企业在经营过程中产生的现金收入扣除现金投资后的状况，现金流结构影响企业成长速度的快慢，决定企业投资价格的高低。

（6）企业价值。企业价值即企业的投资价值，是企业预计未来可以产生的价值，它是商业模式的终点。对于上市公司而言，企业价值就是它的市值。

4.1.3 商业模式的特征

时代华纳公司前 CEO 迈克尔·邓恩说："在经营企业的过程中，商业模式比技术更重要，因为前者是企业能够立足的先决条件。"美国埃森哲咨询公司对 70 家企业的商业模式进行了研究，经分析发现，没有一个始终正确的商业模式，但优秀的商业模式具有以下四个特征（如图 4-2 所示）。

1. 灵活性

一个优秀的商业模式应该能适应变化多端的环境，应付多种多样的用户需求，这就需要商业模式能根据各种不确定因素进行灵活调整。随着信息技术时代的到来，过去成功的商业模式不一定适用于现在和未来，如果不进行创新改变，那么其甚至可能会成为企业发展的绊脚石。

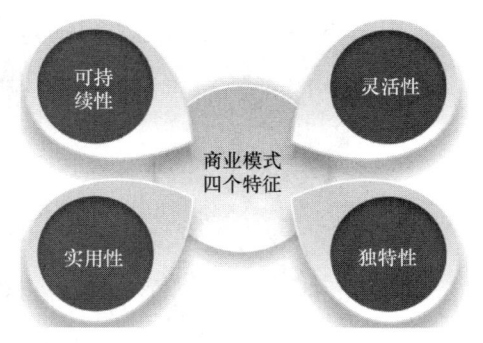

图 4-2　优秀的商业模式四个特征

2. 独特性

商业模式是企业之间竞争的战略要素之一，成功的商业模式需要有自己独特的价值，与竞争对手之间要有较明显的区别，同时，还需要注意营造商业模式的壁垒，使其他竞争对手难以在短时间内复制和超越你。只有这样，企业才能保证具有独特的价值，并在市场竞争中处于不败之地。

3．实用性

商业模式不是简单地拼凑要素，不是玩概念、搞炒作，而是要有内在的逻辑，商业模式的各组成部分需要有内在联系并可以相互作用，共同形成一个良性循环。这就要求企业必须正确全面地了解和把握用户、竞争对手和市场环境。

4．可持续性

商业模式的可持续性是一个很大的竞争优势，因为频繁地调整和更新商业模式不仅会给企业增加时间成本和资金成本，还容易混淆用户对企业文化的认识。

4.2 商业模式画布

商业模式画布是一种用来描述商业模式、可视化商业模式、评估商业模式及改变商业模式的工具。商业模式画布所提供的框架能让创业者轻松描述和呈现商业模式，也可以构建新的战略性代替方案，通过设计一种简洁的可视化模板，展现商业模式的核心内容。它可以将商业模式中的元素标准化，并强调元素间的相互作用。

商业模式画布主要覆盖用户、提供物（产品或服务）、基础设施设备和财务生存能力，这些对于整个商业模式的设计都有着关键性的价值和意义。商业模式画布将商业模式分为9个构造模块来描述，包括用户细分、价值主张、渠道通路、用户关系、收入来源、核心资源、关键业务、重要合作、成本结构（如图4-3所示）。

图4-3　商业模式画布

4.2.1 用户细分（Customer Segments）

用户细分构造模块用来描述一个企业想要接触和服务的不同人群或组织。用户构成了商业模式的核心，如果没有（可享受其收益的）用户，那么企业也就失去了长久存活的价值。为了更好地满足用户，企业把用户分成不同的细分区域，每个细分区域中的用户具有共同的需求、行为和属性。商业模式可以定义一个或多个、可大可小的细分用户群体。企业必须做出合理决策，应该服务哪些用户及忽略哪些用户，对用户做出群体细分，一旦做出了决策，就可以凭借对特定用户群体需求的深刻理解，设计相应的商业模式。

在以下 5 种情况下，用户群体体现为独立的细分用户群体。
（1）需要明显不同的提供物（产品或服务）来满足用户群体的需求。
（2）用户群体需要通过不同的分销渠道来接触。
（3）用户群体需要不同类型的关系。
（4）用户群体的盈利能力（收益性）有本质区别。
（5）用户群体愿意为提供物（产品或服务）的不同方面付费。

对于用户细分，需要创业者关注以下两点：正在为谁创造价值？谁是最重要的用户？

4.2.2 价值主张（Value Propositions）

价值主张构造模块用来描述为特定细分用户创造价值的系列产品和服务。价值主张是用户选择该企业的原因，它解决用户困扰或满足用户需求，这便是其价值。每个价值主张都包含可选的系列产品或服务，以迎合特定细分用户群体的需求。在这个意义上，价值主张是公司提供给用户的受益集合或受益系列。

有些价值主张可能是创新的，并表现为一个全新的或破坏性的提供物（产品或服务），而另一些可能与现存市场提供物（产品或服务）类似，只是增加了功能和特性。

重要的是，这些价值主张要反映在企业的使命、价值理念当中，且要通过产品或服务的新颖性、性能、定制化、差异化、品牌、设计、价格、便利、性价比等体现出来。这些要素有助于为用户创造价值。

对于价值主张，需要创业者关注以下几点：该向用户传递什么样的价值？正在帮助用户解决哪一类的难题？正在满足哪些用户需求？正在提供给用户哪些产品和服务？

4.2.3 渠道通路（Channels）

渠道通路模块用来描述公司是如何接触细分用户进而传递其价值主张的。沟通、分销和销售这些渠道构成了公司用户的接口界面。

渠道通路是用户的接触点，它在用户体验中扮演着重要角色：能提升公司产品或服务在用户中的认知，帮助用户评估公司的价值主张，协助用户购买特定的产品或服务，向用户传递价值主张，并提供相应的售后服务。渠道具有认知、评估、购买、传递、售后这五个不同阶段，在把价值主张向市场传递的过程中，寻找帮助用户的正确渠道组合至关重要。渠道通路分为实体渠道和网络渠道，实体渠道有直接销售、独立销售代表销售、分销商销售、零售商销售等；网络渠道有电子商务（网站平台）销售、手机平台销售等。

对于渠道通路,需要创业者关注以下几点:如何将产品或服务传达给用户?通过什么渠道将产品或服务传达给用户?哪些渠道最有效,其成本效益最好?应该如何整合渠道?

4.2.4　用户关系（Customer Relationships）

用户关系模块用来描述公司与特定细分用户群体建立的关系类型,公司应该弄清楚希望和每个细分用户群体建立什么样的关系。用户关系范围可以从个人到自动化,可以由用户获取、用户维系、提升销售额（用户复购）等几个动机驱动。商业模式所要求的用户关系深刻地影响着用户的全面体验。用户关系可细分为个人助理、专用个人助理、自助服务、自动化服务、社区和共同创作,它们可能共存于企业和特定用户细分群体之间。

对于用户关系需要创业者关注以下几点:每个用户细分群体希望保持什么样的用户关系?哪些关系已经建立?这些关系成本如何?如何把它们与商业模式进行结合?

4.2.5　收入来源（Revenue Streams）

收入来源构造模块用来描述公司从每个用户群体中获取的现金收入（需要从创收中扣除成本）,如果用户是商业模式的心脏,那么收入来源就是其动脉。公司必须问自己,什么样的价值能够让细分用户群体真正愿意付款?只有回答了这个问题,公司才能在用户细分群体上发掘一个或多个收入来源。收入来源可以是通过用户一次性支付获得的交易收入,也可以是经常性收入,即用户为获得价值主张与售后服务而持续支付的费用。

不同的商业模式有不同的收入来源。

（1）资产销售：销售实体产品的所有权,如食品、日用品、家具等,用户购买后可以随意使用、转售甚至破坏。

（2）使用收费：通过特定的服务进行收费,用户使用的服务越多,所支付费用就越高。如酒店根据入住时间来计算收取费用、计程车根据路程来计算收取费用。

（3）订阅收费：销售重复使用的服务,如网络游戏、网站视频节目、资讯订阅等。

（4）租赁收费：针对某个特定资产在固定时间内的使用权授予,对于出租方来说可以多次租借给不同用户,带来长期收益。对于租用方来说可以无须购买商品,仅支付短期租用费就可以获得使用权,如体育器材租用、共享单车、共享充电宝等。

（5）授权收费：该收入是指将受保护的知识产权授权给用户使用,并收取授权费用。该方式可以使版权持有者不需要将知识产权商业化,仅靠版权授予就可产生收入,该类型在媒体行业和技术行业中应用较多。

（6）中介费用：通过提供中介服务收取的佣金。

（7）广告费用：通过为指定产品或品牌提供广告宣传服务产生的收入。

对于收入来源,需要创业者关注以下几点:什么样的产品或服务能让用户愿意付费?他们现在付费买的是什么?他们更愿意如何支付费用?每个收入来源产生的收入占总收入的比例是多少?

4.2.6　核心资源（Key Resources）

核心资源模块用来描述使商业模式有效运转必需的重要因素。每个商业模式都需要核心资源，这些资源使得企业组织能够创造和提供价值主张、接触市场、与细分用户群体建立商业关系并赚取收入。不同商业模式的核心资源也有所不同。例如，微芯片制造商需要资本集约型的生产设施，而芯片设计商则需要更加关注人力资源。

核心资源可以分为实体资产、金融资产、知识资产或人力资源，核心资源既可以是自有的，也可以是公司租借的或从重要伙伴那里获得的。

对于核心资源，需要创业者关注以下几点：企业的价值主张需要什么样的核心资源？渠道通路需要什么样的核心资源？用户关系呢？收入来源呢？

4.2.7 关键业务（Key Activities）

关键业务模块用来描述为确保商业模式可行，企业必须做的重要的事情。任何商业模式都需要多种关键业务活动。这些业务是企业得以成功运营所必须实施的重要的动作。正如核心资源一样，关键业务也是创造和提供价值主张、接触市场、维系用户关系并获取收入的基础。关键业务也会因商业模式的不同而有所区别。例如，对于微软等软件制造商而言，其关键业务为软件开发；对于戴尔等计算机制造商来说，其关键业务为供应链管理；对于咨询企业而言，其关键业务为向用户提供解决方案。

关键业务可以分为以下几类。

（1）制造产品。这类业务活动涉及生产一定数量或满足一定质量的产品，与设计、制造及运输产品有关。

（2）问题解决。这类业务是指为用户的问题提供新的解决方案，咨询公司、医院等其他服务机构的关键业务均属于此类。

（3）平台或网络。以平台为核心资源的商业模式，其关键业务都是与平台或网络相关的，网络服务、交易平台、软件甚至品牌都可以视为平台，此类商业模式的关键业务与平台管理、服务提供和平台推广相关。

对于关键业务，需要创业者关注以下几点：企业的价值主张需要哪些关键业务？渠道通路需要哪些关键业务？用户关系呢？收入来源呢？

4.2.8 重要合作（Key Partnerships）

重要合作模块用来描述使商业模式有效运作所需的供应商与合作伙伴的网络，企业会基于多种原因打造合作关系，合作关系正日益成为许多商业模式的基石，很多企业通过创建联盟来优化其商业模式、降低风险和获取资源。

我们可以把重要合作分为以下四种类型。

（1）与非竞争者之间的战略联盟关系。

（2）与竞争者之间的战略合作关系。

（3）为开发新业务而构建的合资关系。

（4）为确保可靠供应的"购买方—供应商"关系。

以下三种动机有助于创建合作关系：商业模式的优化和规模经济的应用；风险和不确定关系的降低；特定资源和业务的获取。

对于重要合作，需要创业者关注以下几点：谁是重要的合作伙伴？谁是重要的供应商？从伙伴那里可获取哪些核心资源？合作伙伴都执行哪些关键业务？

4.2.9 成本结构（Cost Structure）

成本结构模块用来描述运作一个商业模式产生的所有成本。创建价值和提供价值、维系用户关系及产生收入都会产生成本开销。这些成本在确定关键资源、关键业务与重要合作后可以相对容易地计算出来。然而，有些商业模式相比于其他商业模式更多的是由成本驱动的。例如，那些号称"不提供非必要服务"的航空公司，是完全围绕"低成本结构"来构建其商业模式的。

在每种商业模式中，成本都应该最小化。但是对于低成本结构的商业模式来说，也有比成本更重要的因素。因此，区分这两种商业模式的成本结构类型会更有帮助，即成本驱动和价值驱动（许多商业模式的成本结构介于这两种极端类型之间）。成本驱动的商业模式侧重于在每个地方尽可能地降低成本，这种做法的目的是创造和维持最经济的成本结构，采用低成本的价值主张、最大限度地自动化和广泛外包，如"廉价"航空公司就是以成本驱动的商业模式为特征的；而有些公司不太关注特定商业模式设计对成本的影响，而专注于创造价值，增值型的价值主张和高度个性化的服务通常是以价值驱动型商业模式为特征的，如豪华酒店的设施及独到的服务就属于这一类。

成本有以下四种类型。

（1）固定成本。这类成本不受产品或服务的产出业务量变动的影响而能保持不变，如薪金、租金、实体制造设施等。

（2）可变成本。这类成本会伴随产品或服务产出业务量的变化而按比例变化，如音乐节是以最高比例可变成本为特征的。

（3）规模经济。企业享有产量扩充所带来的成本优势，如规模较大的公司从更低的大宗购买费用中的收益。

（4）范围经济。企业由于具有较大的经营范围，因此具有较大的成本优势，如大型企业的营销活动或渠道通路可以支持多种产品。

对于成本结构，需要创业者关注以下几点：什么是商业模式中最重要的固有成本？哪些核心资源花费最多？哪些关键业务花费最多？

小案例　利用商业模式画布分析 Uber 的商业模式

2010 年夏，Uber 诞生于美国硅谷，它希望为人们提供一种"即时叫车+专属司机"的服务，现已覆盖了 70 多个国家、400 余座城市，成为"共享经济"的代表。下面我们与读者一起，利用商业模式画布分析 Uber 的商业模式。

（1）用户细分：Uber 采用平台型的业务模式，其市场可以分为大众市场和高端市场。大众市场主要提供一些中低端车型，高端市场可以提供高端轿车，甚至飞机的租赁服务。

（2）价值主张：Uber 的宣传口号为"Uber，你的专属司机"，其价值主张体现在，对乘客来说，可以提供更优惠的价格，让乘客等待的时间更短；对司机来说，可以增加司机的收入，帮助司机精准定位乘客的位置，从而提高工作效率。

（3）渠道通路：Uber 最开始是通过出租车司机进行宣传的，以线下宣传为主，后来依靠平台提供的补贴，用户的习惯也渐渐发生改变，越来越多的用户下载 App，由线下渠道转向线上。另外，Uber 还依靠社交媒体、口碑营销、明星效应等进行宣传，拓宽自己的销售渠道。

（4）用户关系：Uber 的用户关系分为"自助服务"和"共同创作"两种。"自助服务"是指用户通过 Uber 官网或 App 办理业务，"共同创作"是指，Uber 根据用户的反馈，逐步完善其服务，保障服务价格透明、司机信息透明，充分保障用户的权益。

（5）收入来源：Uber 的收入主要来源于佣金。值得一提的是，Uber 的动态定价机制，使其可以在用户需求指数上升时或在对价格敏感度放低时，赚取溢价。

（6）核心资源：Uber 的核心资源包括实体资产（如不动产、设备等）、知识资产（如品牌、知识产权等）、人力资源（如私家车司机、专业司机等）及金融资产（如投资人投资、现金池等）。

（7）关键业务：Uber 的关键业务在于提供租赁服务，同时也提供外卖、快递等个性新颖的服务。

（8）重要合作：Uber 与出租车公司、汽车生产厂家、私家车车主等建立起紧密合作。

（9）成本结构：Uber 在运营方面的成本不高，但是前期固定资本的投入及市场营销用了大量的市场费用，这是新行业出现必须要经历的。

4.3 常见的商业模式

商业模式就是企业盈利的途径或方式。商业模式关系到企业的兴衰成败，没有好的商业模式，意味着企业没有找到适合自己的"盈利"方式，会导致企业逐渐失去竞争力从而被淘汰。对于初创企业来讲，要想获得成功，必须从制定适合该企业的商业模式开始。处于移动互联网时代这个多变的市场环境之中，从来不乏盈利的商业模式，也有很多复杂巧妙的商业模式可以创造丰厚的利润，身边那些常见的商业模式往往是能够经得住时间考验的。本节内容旨在为创业者介绍常见的商业模式（如图 4-4 所示），希望创业者能够以此为参考，找到适合自己企业发展的商业模式。

	非绑定式商业模式	长尾式商业模式	多边平台式商业模式	免费式商业模式	开放式商业模式
传统方式	一种包含了基础设施管理、产品创新和用户关系的整合型商业模式	价值主张仅针对大多数有利可图的用户	一种价值主张只针对一个细分用户群体	高价值、高成本的价值主张仅提供给付费用户群体	研发资源和关键业务都被集中在企业内部
挑战	成本太高，多种相互冲突的企业文化被整合到一个实体中，带来不利的权衡取舍	针对低价值的细分用户群体提供特定价值主张，成本太高	企业无法获得潜在的新用户，这些用户更多接触企业现有用户群	高价格挡住了用户	研发成本过高或生产效率很低
解决方案	将业务拆分成三种独立但又相互联系的模型来处理基础设施管理、产品创新、用户关系	针对低价值用户提供新的或附加的价值主张，所产生的累积收入同样可以有利图	增加"接触"企业现有客户细分群体的价值主张	针对不同的细分用户提供几个含有不同收入来源的价值主张，其中一个是免费的或极低成本的	通过利用外部合作伙伴来提高内部研发资源和业务效率，内部的研发成果被转化为价值主张，提供给感兴趣的细分用户群体
原理	IT和管理工具的发展允许以更低成本拆分并在不同商业模式中协作	IT和运营管理的发展，允许以低成本针对数量庞大的新用户发布身定制的价值主张	在两个或多个客户群体之间搭建中介运营平台，这些客户细分可以给最初的模型增加收入来源	付费用户群体为免费用户群体提供补贴，以便最大限度吸引用户	从外部资源获取研发成果的成本会更小，并且可以缩短上市时间，将未被利用的创新在出售给外部后可能带来更多潜在的收入

图 4-4 常见的商业模式

4.3.1 非绑定式商业模式

采用"非绑定"商业模式的企业认为，市场存在三种不同的基本业务类型：用户关系型业务、产品创新型业务和基础设施型业务。每种类型都包含不同的经济驱动因素、竞争驱动因素和文化驱动因素。这三种类型可能同时存在于一家企业里，但是理论上这三种业务"分离"成独立的实体，以避免冲突或不利的权衡妥协。

约翰·哈格尔（John Hagel）和马克·辛格（Marc Singer）提出了"非绑定式公司"的概念，他们认为企业是由具有经济驱动因素、竞争驱动因素和文化驱动因素等完全不同类型的业务组成的，可分为产品创新型业务、用户关系型业务、基础设施型业务。与此相似，特里西（Treacy）和威斯玛（Wersema）建议企业应该专注于以下三种价值信条之一：产品领先、亲近用户或卓越运营。哈格尔和辛格阐述用户关系型业务的职责是寻找和获取用户并与他们建立关系。同样，产品创新型业务的职责是开发新的和有吸引力的产品和服务，而基础设施型业务的职责是构建和管理平台，以支持大量重复性的工作。哈格尔和辛格认为企业应该分离这三种业务，并在企业内部聚焦到这三种业务类型之一。因为每一种业务类型都是由不同的因素所驱动的，在同一组织中，这些业务类型可能彼此之间相互冲突，或者可能产生不利的权衡取舍。

例如，瑞士的私人银行为非常富有的人群提供银行服务，私人银行业一直以来被视为一个保守、缺乏活力的行业。然而在过去十年间，瑞士的私人银行业发生了明显的变化。从传统上来讲，私人银行机构都是垂直型业务模式，其工作范围涵盖资产管理、投资和金融产品设计等。选择紧密垂直型业务模式是有充足理由的。因为外包的成本很高，加上出于保密性考虑，私人银行宁愿将所有的业务都放在自己的体系内部。但是行业环境正在发生着变化，瑞士私人银行业的运作方式已不再是秘密，运作方式已经变得不那么重要了。由于特殊服务提供商的涌现从而导致银行价值链的分离，使得外包变得越来越有吸引力，这些特殊服务提供商包括交易银行和金融产品专营机构。交易银行专注于处理银行交易，而金融产品专营机构则专注于设计新的金融产品。

> **小案例 非绑定式商业模式**
>
> 总部位于苏黎世的私人银行机构 Maerki Baumann 是采用非绑定式商业模式的典范。它们将面向交易的平台业务拆分为驻内银行（Incore Bank）的实体，这些实体为其他银行和证券商提供银行服务。现在，Maerki Baumann 则专注于建立良好的用户关系，并提供咨询服务。位于日内瓦的 Pictet 银行是瑞士最大的私人银行，它们更喜欢坚持"整合模式"。这家有着 200 年历史的金融机构拥有良好的用户关系，处理了大量用户的交易，并且自己设计金融产品。虽然该银行以这种模式取得了成功，但是仍然需要小心翼翼地权衡管理这三类有着根本差异的业务。

4.3.2 长尾式商业模式

长尾式商业模式的核心是"多样、少量"。他们为利基市场提供大量产品，每种产品卖得都较少。利基产品的销售总额可以与凭借少量畅销产品产生绝大多数销售额的传统模式相媲美。长尾式商业模式需要低库存成本和强大的平台，并使得利基产品对于兴趣买家来说容易获得。

长尾概念由克里斯·安德森（Chris Anderson）提出，这个概念描述了媒体行业从面向大量用户销售少数"拳头产品"，到销售庞大数量的利基产品的转变，而每种利基产品都只产生较小销售额。安德森描述了很多由非传统销售所产生的销售总额等于甚至超过由"拳头产品"所产生的收入的现象。安德森认为，有三个经济触发因素在媒体行业引发了这种现象。第一，生产工具的大众化。不断降低的技术成本使得个人可以接触到就在几年前还昂贵得吓人的工具。只要有兴趣，现在任何人都可以录制唱片、拍摄小电影或设计简单的软件。第二，分销渠道的大众化。互联网使得数字化的内容分发成为商品且能以极低的库存、沟通成本和交易费用，为利基产品开拓新市场。第三，连接供需双方的搜索成本不断下降。销售利基内容真正的挑战是找到对其感兴趣的潜在买家。现在强大的搜索和推荐引擎、用户评分和兴趣社区，已经使这些容易得多了。安德森的研究主要集中在媒体行业上。例如，他展示了在线视频租赁公司 Netflix 是如何转向发放大量利基影片授权的。虽然每部利基影片被租赁的次数相对很少，但来自 Netflix 的大量利基影片目录的累计收入可以与大片电影的租赁收入匹敌。与此同时，安德森也证明了长尾理论在媒体行业以外的其他行业同样有效。在线拍卖网站 eBay 也是基于数量庞大的拍卖者交易小额非热点商品而成功的。

小案例　长尾式商业模式

我们都听说过有抱负的作家们用心写作并提交手稿给出版商，希望看到他们的作品被出版，但还是经常被拒绝。这种老套的情节，出版商和作者都已经习以为常了。传统的图书出版模式建立在"选择"的基础上，出版商审查许多作者的稿件，然后选择那些似乎最有可能达到销售目标的稿件。与此相反，希望不大的作者及其作品将会被拒绝，因为编辑、设计、印刷、推广卖得不好的图书可能无利可图。出版商们对那些印刷后可以热卖的图书更感兴趣。"Lulu.com"将传统以畅销书为中心的出版模式转变为提供让每个人都能出版作品的服务。Lulu 的商业模式基于帮助业余作者在市场上推出作品。它通过为作者提供清样、出版和在线商场等分销作品的工具，消除了传统模式的"高进入门槛"，这与选择"市场—价值"的传统模式形成了强烈的对比。实际上，Lulu 吸引的作者越多，就越有可能成功，因为这些作者同时也会成为消费者。简单地说，Lulu 是一个多边的平台，通过用户自主生成利基内容所形成的长尾来连接和服务作者与读者。成千上万的作者都在使用 Lulu 的自助服务工具出版和销售自己的书籍。这种模式之所以能够发挥作用，是因为 Lulu 只根据实际订单来印刷书籍。即使特定主题的作品销售失败也与 Lulu 无关，因为这样的失败并不会给 Lulu 带来太大的成本支出。

丹麦玩具厂商乐高也是采用长尾式商业模式的典型代表，乐高开始是通过许可获得来自诸如《星球大战》《蝙蝠侠》等电影角色的使用权的。虽然这种许可很昂贵，但事实证明这是一种可观的收入来源。后来乐高开始尝试让用户创造内容的模式。它们推出了乐高工厂，让用户组装他们自己的乐高套件并在线订购。通过乐高工厂，这家公司把被动的用户变成了主动设计者，使其参与到乐高的设计体验中来。这种模式要求改造供应链基础设施，但因为用户自己定制的玩具套件订货量都很低，所以乐高并没有完全改造它的支撑基础设施来适应新的乐高工厂模式，而仅仅调整了现有的资源和业务。

就商业模式而言，乐高已经通过进入长尾领域迈出了大规模定制的一步。除了帮助用户设计他们自己的乐高玩具套件，现在乐高工厂也在线销售用户设计的玩具套件了。有些确实卖得不错，有些卖得很少甚至根本没卖出去。对乐高来讲，重要的是用户设计玩具套件扩展了先前卖得最好而品种数量有限的产品线。现在，乐高业务中的这部分收入仅占到乐高总收入的小部分，但这是乐高以长尾式商业模式作为补充模式的第一步，甚至还将替换传统大众市场模式。

4.3.3 多边平台式商业模式

多边平台将两个或更多有明显区别但又相互依赖的用户群体整合在一起。只有相关用户群体同时存在时，这样的平台才具有价值。多边平台通过促进各方用户群体之间的互动来创造价值。多边平台需要提升其价值，直到它达到可以吸引更多用户的程度，这种现象称为网络效应。

多边平台被经济学家称为多边市场，这是一个重要的商业现象。这种现象已经存在了很长时间，但是随着信息技术的发展，其得以迅速兴起。Visa 信用卡、微软 Windows 操作系统、《金融时报》、Google、Wii 家用游戏机和 Facebook 都是应用多边平台式商业模式的成功案例。在这里提到它们是因为它们代表了一种日益重要的商业模式。

多边平台的运营商必须要问自己几个关键问题：该模式是否为平台各边吸引到足够数量的用户？哪边（用户）对价格更加敏感？能够通过补贴吸引价格敏感一边的用户吗？平台另一边是否可以产生充足的收入来支付这些补贴？

多边平台作为连接用户群体的中介来创造价值。例如，信用卡连接了商家和持卡人；计算机操作系统连接了硬件生产商、应用开发商和用户；报纸连接了读者和广告主；家用视频游戏机连接了游戏开发商和游戏玩家。这里的关键是多边平台必须能同时吸引和服务所有的用户群体并以此来创造价值。

多边平台对于某个特定用户群体的价值本质上依赖于这个平台"其他边"的用户数量。一方面，如果有足够多的游戏，一款家用游戏机平台就能吸引足够多的玩家。另一方面，如果有足够的游戏玩家已经在玩游戏了，游戏开发商也会为新的视频游戏机开发更多的游戏。所以多边平台经常会面临着一个"先有鸡还是先有蛋"的困境。

解决这个问题的方法是针对一个群体。尽管多边平台最主要的成本是运营费用，但是运营商经常会通过一个群体提供低价甚至免费的服务来吸引顾客，并依靠这个群体来吸引与之相对的另一个群体。多边平台的运营商所面临的困难是选择哪个群体，以及以什么价格来吸引他们。Metro 是采用多边平台式商业模式的一个例子。这是一份起源于斯德哥尔摩的免费日报。该报创始于 1995 年，很快就吸引了大批读者，因为这份日报在横穿斯德哥尔摩的地铁和公共汽车站免费发放给城市通勤族，这让它能吸引广告商并迅速变得可盈利。另一个例子是微软，微软免费赠送它的 Windows 软件开发工具包（SDK），以此来鼓励程序员为其操作系统开发新应用软件。数量庞大的应用程序把更多的用户吸引到 Windows 平台上来，同时增加了微软的收入。反观另一方面，索尼的 PlayStation 3 游戏机是一个运用多边平台却适得其反的例子。索尼为每一位购买该游戏机的用户提供补贴，希望后面可以收到更多的游戏版税,但这一战略执行得并不成功。

小案例 多边平台式商业模式

作为一个多边平台,Google 有非常独特的收入模式。它从广告商那边赚钱,而同时免费补贴另外两边的用户群体——网民和内容所有者(站长)。这是合乎逻辑的,因为 Google 显示给网民的广告越多,它从广告商那里赚得就越多。反过来,增加的广告收入,愈加刺激了更多内容拥有者(站长)成为 AdSense(由 Google 公司推出的针对"网站主"的一个互联网广告服务)的合作伙伴。广告商不是直接从 Google 购买广告位,而是竞标广告关键词。竞标是通过 AdWords(关键词广告)拍卖服务进行的:越受欢迎的关键词,广告商就要为它付出越高的价格。Google 从 AdWords 赚取的可观收入允许它持续改进自己针对搜索引擎用户和 AdSense 用户提供的免费服务。

(以上文字摘编自百家号《平台式商业模式,为何在普遍烧钱的情况下,还会受到资本的青睐?》)

4.3.4 免费式商业模式

在免费式商业模式中,至少有一个庞大的细分用户群体,可以享受持续的免费服务。免费服务可以来自多种模式。通过该商业模式的其他部分或其他细分用户群体,给非付费用户提供财务支持。

接受免费的东西总是一个有吸引力的价值主张。任何销售商或经济学家都会证明零价格点所引发的需求是一分钱或任何其他价格所引发需求的许多倍。近年来,免费产品或服务呈现爆炸式增长,特别是在互联网上。当然,问题是在系统性地供应某种免费产品或服务时,你还能赚取可观的收入吗?要产生利润,机构团体在提供免费产品或服务的同时,必须以某种形式产生收入。

有些方式可以将免费产品或服务整合到可接受的商业模式中。有些传统的免费式商业模式已经广为人知了,如广告,就是基于前面提到的多边平台商业模式的。有些商业模式,如免费增收式,它提供免费的基础服务,并通过增值服务收费,这种商业模式已经与通过互联网提供的数字化产品和服务同步流行开来。

长尾概念的提出者克里斯·安德森让免费的概念获得了广泛的认可。安德森表示,新的免费产品或服务的发展壮大,与数字产品或服务完全不同的各种经济现象有着密不可分的关系。例如,创作和录制一首歌需要耗费艺术家大量的时间和金钱,但是数字化地复制并通过网络传播歌曲的成本几乎为零。因此,艺术家可以通过互联网向全球听众推广和传播音乐,只要他找到了其他收入来源,如通过举办音乐会或推销广告来收回成本即可。乐队和艺术家们已经在免费音乐上有过成功的实践了,包括 Nine Inch Nails 乐队、Radiohead 乐队和 Trent Reznor。

免费商业模式有三种。每种商业模式都有不同的潜在经济特征,但是它们都有一个共同的特点:至少有一个细分用户群体持续从免费的产品或服务中受益。这三种模式如下。

(1)基于多边平台(广告)的免费产品或服务。

(2)带有可选收费服务的免费基本服务。

（3）"诱钓"模式，即使用免费或廉价的初始产品或服务来吸引用户重复购买。

新闻报纸出版业在免费商业模式的影响下正变得摇摇欲坠，它受到了来自互联网的免费内容和免费报纸的双重夹击，美国有几家传统报纸已经申请了破产。根据 PEW 研究中心的研究，美国的报纸业在 2008 年的时候出现了拐点，在线免费获取新闻的人数超过了付费购买报纸或新闻杂志的人数。传统上，报纸和杂志依赖的收入来源有三个：报摊销售、订阅费和广告。前两个都在快速下降，而第三个增长得也不够快。尽管许多报纸增加了网上在线读者，但没有相应地带来更多的广告收入。确保高质量新闻消息采集和编辑队伍的高昂固定成本也没有发生变化。有几家报纸已经尝试了在线付费订阅，结果好坏参半。当消费者可以在诸如 CNN 或 MSNBC 官方网站上看到类似的免费内容时，报纸就很难再对他们收取费用了。只有很少的报纸成功地促成了读者为访问在线收费内容而付费。

在印刷品方面，传统报纸也受到了来自诸如 Metro 等免费出版物的冲击。尽管 Metro 提供与传统报纸完全不同的格式和新闻质量，并且主要关注那些以前不看报纸的年轻读者，但其仍给有偿服务的新闻供应商带来了越来越大的压力，新闻收费将越来越难。一些传媒企业家正在尝试利用在线空间提供新颖的新闻形式。例如，新闻提供商 True/Slant 在一个网站上汇总了超过几十名作者的文章，每名作者都是特定领域的专家。这些作者的酬劳由 True/Slant 广告产生的收入分成来支付。在收取一定费用后，广告商可以在并列新闻内容的网页内发布自己的广告内容。

小案例 免费式商业模式

有家免费高端家政公司不靠家政服务挣钱，而通过保姆为高端家庭提供生活用品挣钱。该家政公司的老板总结得很精妙："通过保姆建立通向家庭的渠道，一旦这个渠道有了，就可以向其输送相关的生活用品。"换句话说：通过一个免费服务建立信任，以获得更有价值的信息，然后通过附加服务来挣钱，结果收入的量级会高出来一大截，这就是免费商业模式的魅力所在。

4.3.5 开放式商业模式

开放式商业模式可以用于那些通过与外部伙伴系统性合作来创造和捕捉价值的企业。这种模式可以"由外到内"，将外部的创意引入企业内部，也可以"由内到外"，将企业内部闲置的创意和资产提供给外部伙伴。

开放式创新和开放式商业模式是由亨利·切萨布鲁夫（Henry Chesbrough）创造的两个术语，二者都是指将公司内部的研究流程开放给外部伙伴。切萨布鲁夫认为，在一个以知识分散为特征的世界里，组织可以通过对外部知识、智力资产和产品的整合创造更多价值，并能更好地利用自己的研究。此外，切萨布鲁夫还展示了闲置于企业内部的产品、技术、知识和智力资产，可以通过授权、合资或拆分的方式向外部伙伴开放并变现。切萨布鲁夫区分了"由外到内"和"由内到外"两种创新模式。当组织将外部的创意、技术和智力资产引入其开发和商业化流程中时，就是"由外到内"创新。

> **小案例　开放式商业模式**

2000年6月，宝洁的股价不断下滑，长期担任宝洁高管的雷富礼(A. G. Lafley)临危受命，成为这家消费品巨头的新CEO。为振兴宝洁，雷富礼再次将"创新"作为公司的核心。但他不是对研发部门大力投资，而是建立了一种新的创新文化：从关注内部研发到关注开放式研发过程的转变。一个关键因素就是"连接和发展"战略，这个战略旨在通过外部伙伴关系来促进内部研发工作。雷富礼制定了一个雄心勃勃的目标：在现有的接近15%的创新工作比例基础上，将公司与外部伙伴的创新工作提高到总研发量的50%。2007年，该公司完成了这个目标。与此同时，研发生产率大幅提升了85%，而研发成本仅比在雷富礼接任CEO前有略微提高。为连接企业内部资源和外部世界的研发活动，宝洁在其商业模式中建立了三个"桥梁"：技术创业家、互联网平台和退休专家。技术创业家是来自宝洁内部业务部门的高级科学家，他们与外部的大学和其他公司的研究人员建立了良好的关系。他们还扮演了"猎人"的角色，不断寻找外部世界的解决方案，以解决保洁的内部问题。通过互联网平台，宝洁与世界各地的问题求解专家建立了联系。通过像InnoCentives一样的平台，宝洁把一些自己研究上的难题展示给了全球各地的宝洁以外的科学家，并宣布成功开发出解决方案即可以获得现金奖励。宝洁通过YourEncore网站从退休专家那里征求知识，这是一个由宝洁公司专门推出的连接外部世界开放创新桥梁的平台。

4.4　商业模式的构建与创新

创新是推动经济增长和提高竞争力的关键。不同行业、不同企业，甚至不同发展阶段，都会有不同的商业模式，需要我们进行审慎、动态的分析。在多变的市场环境之中，不可能有完美的、固定的商业模式，商业模式只有不断升级进化、持续创新，才能保持企业的竞争力，避免被淘汰出局。

4.4.1　商业模式的构建

如何构建商业模式呢？主要可以分为四个环节：准备、设计、实施、优化，这四个环节并不是以线性方式按部就班地进行的，而是不断更新迭代的（如图4-5所示）。准备和设计环节通常是同步进行的，即先梳理创业初期想法，思考和分析可行性及所需创业元素，然后提炼出商业模型，接着实施创业过程，最后结合市场反馈进行模型优化。

1. 准备

在准备阶段，最重要的是确定创业的目标，规划创业想法，组织团队。准备阶段需要明确创业的想法，也许并不成熟，但是可用于对竞争者进行分析，对用户需求进行分析，对市场及未来发展前景进行分析。了解商业模式中的主要环节构成，了解现今成熟的商业模式，并大胆地质疑，这些都是你获得商业模式创新的灵感来源。

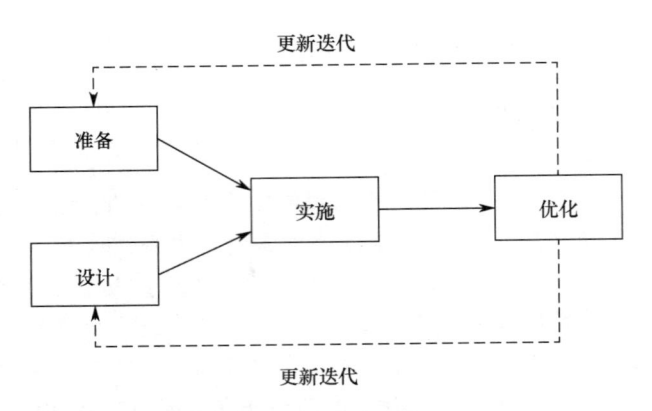

图 4-5 商业模式构建流程

2. 设计

在设计阶段，需要设计适合自己的商业模式。每个公司都有自己的特点，照搬一些成熟的商业模式，有可能会造成"水土不服"，所以应该根据公司特点和文化设计有自己特色的商业模式。这需要与合作伙伴进行商讨，共同设计，在这个过程中不能只关注眼前的问题，还要用发展的眼光，让公司可持续发展。在设计过程中就应该集思广益，大胆发散思维，不要过早地否决一个大胆的想法，因为其有可能促进新模式的诞生。但也不要过快地钟情投入某个想法，设计商业模式需要多对比成熟或失败的模式，多思考整合，扬长避短。

3. 实施

在实施阶段，需要将商业模式落地实施。在具体实施过程中，可能会遇到未考虑过的挑战和问题，需要积极地进行调整，建立团队之间的信任感，积累实施经验；要加强交流和讨论，通过沟通让人们理解商业模式的逻辑。

4. 优化

在优化阶段，需要进行商业模式的更新迭代。在如今的商业环境中，优秀的商业模式不是一成不变地应付所有情况，而是在不断适应着需求进行优化迭代。大多数的商业模式的生命周期都很短，即使是成功的商业模式，也只是昙花一现的。因此需要在实践中不断地思考，思考哪些元素还有价值，哪些需要抛弃。只有保持着创业者的思维模式，不断地审视商业环境和分析商业模式，才能促使企业可持续发展。

结合一般的商业模式构建流程，接下来介绍六种常见的商业模式构建思路。

（1）全盘复制：全盘复制商业模式的方法比较简单，即对优秀企业的商业模式进行直接复制，将较为优秀的商业模式全盘拿来所用，当然有时也需要结合适合企业情况对其略加修正。全盘复制的方法主要适用于行业内的企业，特别是同属一个细分市场或拥有相同产品的企业，同时也包括直接竞争对手之间商业模式的互相复制。

（2）借鉴提升：通过学习和研究优秀的商业模式，对商业模式中的核心内容或创新概念给予适当提炼和节选，通过对照这些创新点与本企业商业模式相关的内容，寻找两者之间的差异性，寻求更符合本企业发展的创新点，并结合实际需要，令这些创新点在本企业中发挥价值。学习和引用优秀商业模式的方法适用范围广泛，不同行业、不同竞争定位的企业都可用。在实际操作中，一般会引用优秀商业模式中的一个创新点，这个点一般会集中在盈利模式上，当然产品模式、业务模式、运营模式的创新点也会被引用。

（3）延伸扩展：一个好的商业模式诞生后，会立刻被竞争对手复制（复制方法如上文所述），这也是一种复制模式，它有可能另辟蹊径，且有可能抢占相关市场的先发优势。其具体做法是，通过对最新商业模式的了解，寻找使用这种商业模式的企业所在行业及其细分市场，通过穷尽分析和专业分析找到同一行业内尚未开发的其他细分市场，将该种商业模式的主体框架率先运用在同一行业的不同细分市场中，使该商业模式的应用范围不断扩展，当然在实际运用中需要针对细分市场进行商业模式优化和调整。这种构建思路的优点是通过对商业模式的研究，寻找到尚未开发的其他有效细分市场，有机会构建先发竞争优势，且使用范围更为广泛，可适用于行业内所有的企业。如果行业外的企业想寻求多元化发展，寻找新的业务发展机会，也可以直接学习或复制这种商业模式，顺利进入该行业。

（4）逆向思维：市场领导者商业模式或行业内主流商业模式如何做，模仿者则反向设计商业模式，直接切割对市场领导者或行业内主流商业模式不满意的市场份额，并打造匹配的商业模式。逆向思维的构建思路主要适用于行业内的挑战者，主要包括处于行业内前五位左右的企业，或某细分市场的领导者。

（5）整合创新：基于企业已经建立的优势或平台，依托消费者对本企业的忠诚度或用户黏度，通过吸收和完善其他商业模式进行整合创新，使自己在本领域拥有产业链优势、混合业务优势和相关竞争壁垒。整合创新模式主要适用于行业领导者或细分市场领导者，其余企业尚不具备整合所需的能力和要素。

（6）颠覆超越：借助行业内技术更新换代的时机，围绕技术变革可能出现的新机会，对现有产品的商业模式进行颠覆性创新，打造在新技术条件下，对现有产品产生替代作用的商业模式，使企业凭借新商业模式实现跨越式超越。实施颠覆超越的企业显然需要具备超强的技术研发实力，所以颠覆超越模式主要适用于行业内的龙头企业或在新技术背景下拥有核心技术的企业，其他企业一般较难实施。

4.4.2 商业模式持续创新

互联网时代会经过不同的发展阶段，而每个阶段也会呈现出各自的鲜明特征，深刻影响着企业的商业思维，商业思维的转变必将带来商业模式的创新。当前社会正在迈入"万物互联"时代，在"互联网"的基础上，将用户端延伸到物品与物品之间，互联网思维由产品互动发展到开放思维、流量思维、大数据思维、跨界思维及平台思维的层面。

1. 商业模式的创新执行

商业模式创新导航（如图4-6所示）是开展商业模式创新的工具，该工具是一个行动导向的方法论，其核心在于，成功的商业模式是可以通过创造性模仿和重组来构建的。

商业模式创新包括以下三个步骤。

（1）启动。企业首先需要分析自己所处的商业生态环境。了解自己现行的商业模式（为谁—做什么—如何做—为何会盈利），了解各类利益相关者和其他多种要素所产生的影响。

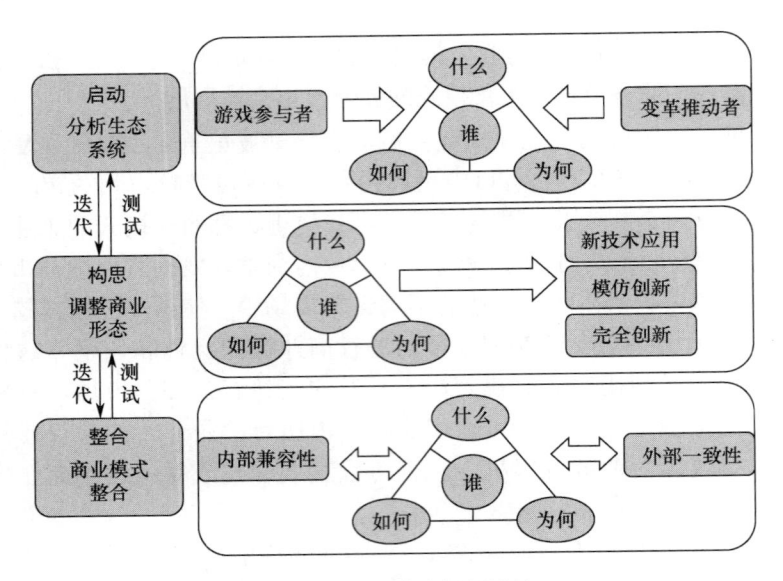

图 4-6　商业模式创新导航

（2）构思。诠释第一步的发现并将其纳入新的商业模式中。模仿创新可以对相关行业的商业模式进行选择，并考虑如何对其进行调整，使其适用于到自己的商业生态。模仿创新有迹可循，适合从事创新活动的新手；完全创新需要考虑各种不可预见的或极端的要素，如把企业的现行商业模式放到完全不相关的行业场景中进行比较，然后分析所涉及的因素对自身商业模式的潜在影响。完全创新打破思维定式，常常会挖掘出意想不到的创新潜力。

（3）整合。在第二步之后，对得到的商业模式设想进行具体的塑造，详细生成一个连贯的阐述：为谁—做什么—如何做—为何会盈利的商业模式。在整合过程中要注意以下两点。

- 内部兼容性是指商业模式中"为谁—做什么—如何做—为何会盈利"是一种连贯且和谐的关系，相互之间匹配良好，能够给企业带来竞争对手难以模仿的优势。
- 外部一致性是指新商业模式能够适应企业的商业生态环境，能够很好地满足利益相关者的要求，也能够很好地应对流行趋势和竞争。

2．商业模式创新的途径

本节结合魏朱提出的六要素商业模式模型（如图 4-7 所示）进行商业模式的创新，使得企业长久地保持竞争力。

商业模式创新可以从以下几个角度出发。

1）基于差异化定位的商业模式创新

首先要明确：企业的业务是什么？企业的目标用户是谁？企业能够提供什么样的产品或服务？基于差异化定位的商业模式创新就是进行企业定位的创新，实现对企业产品和目标用户的创新。例如，王老吉主要创新品牌定位，其聚焦于贩卖品牌历史，由于它有 170 年的历史，用户相信它的品质，因此会吸引用户去购买；星巴克、瑞幸咖啡则有着明确的用户群体定位，从而能够为用户提供良好的服务，因此拥有一大批忠诚的用户群体。

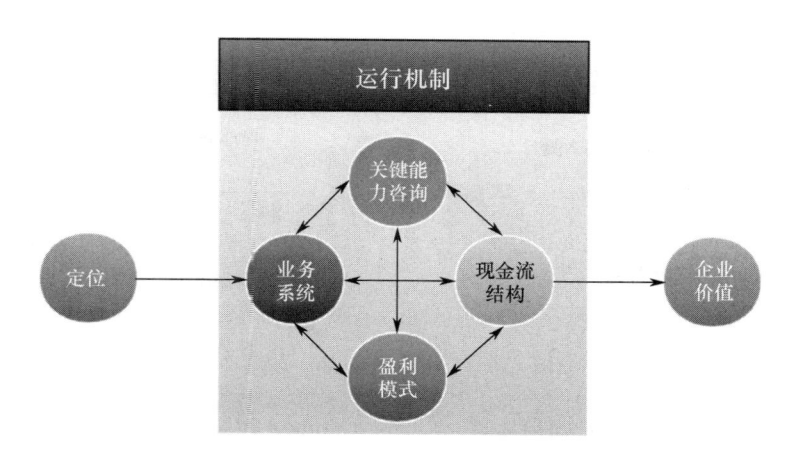

图 4-7　六要素商业模式模型

2）基于业务系统的商业模式创新

企业需要明确：哪些行为主体作为其内部或外部的利益相关者？然后变革利益相关者关系。如蒙牛乳业由以往的农户—奶站—车间—营销的业务系统转变为包括农业服务粮食流通、农畜产品加工、品牌消费者、全产业链服务在内的业务系统（如图 4-8 所示）。

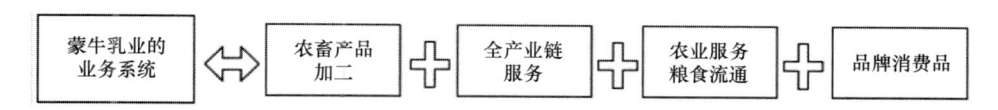

图 4-8　蒙牛乳业的业务系统

3）基于盈利模式的商业模式创新

不同的盈利模式可能会颠覆整个行业，如奇虎 360 的业务模式被称为"免费+增值"服务。它向用户提供免费的杀毒服务，以此获得海量的用户，在此基础上为用户导入浏览器和导航等产品，向广告商收费从而获取收入。

4）基于资源能力的商业模式创新

这种商业模式的创新重在对资源的挖掘和利用，或是充分挖掘现有资源的潜在价值，从而建立起竞争优势。企业可以通过两种途径进行这种商业模式的创新。

（1）围绕新资源构建商业模式。新资源为企业创造新的用户价值提供了潜力，这种商业模式的意义在于将新资源的潜力发挥出来。例如，纽科钢铁公司引入新的炼钢技术，利用废钢生产建筑用钢产品，由于新技术大幅度降低了成本，填补了低端市场的空白，因此企业获得了快速发展。

（2）创造性地利用现有的资源。如麦当劳发现现有的资产没有得到充分的利用，在用餐高峰期会出现人满为患的情况，同时还注意到后厨的食品加工设备和企业供应链管理体系没有发挥最大的价值。于是，麦当劳重新审视这些资源的潜在价值，开发麦乐送业务，将现有资源用新的方式整合在一起，在满足用户需求的同时，也实现了资源价值的最大化和营业收入的增加。

5）基于现金流结构的商业模式创新

现金流结构是企业现金流入和流出的结构及相应的净现金流的形态。下面以"怡亚通"现金流结构为例（如图 4-9 所示），为读者进行阐释。

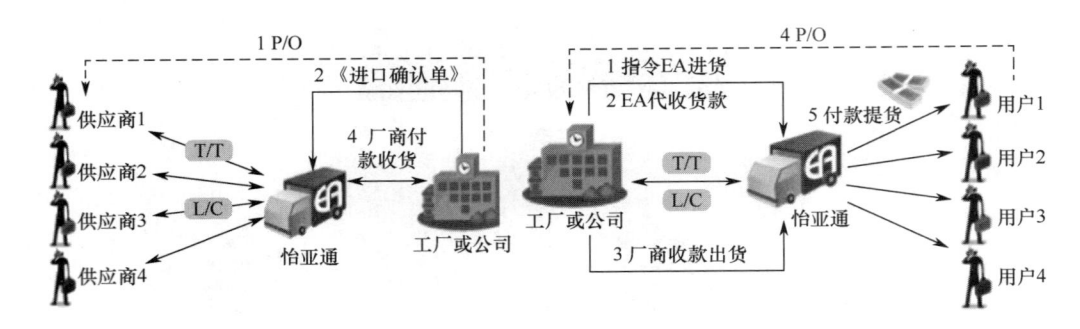

图 4-9 "怡亚通"现金流结构

（1）采购商。"怡亚通"在获得采购商（工厂或公司）的委托合同后，立即在用户的信息资源系统内选择合适的供应商，通过电汇、信用证等方式代用户垫付货款，然后将货物运至用户处，收取货款。

（2）分销商。"怡亚通"在为采购商承运货物时，代其垫付货款，使得分销商（厂商）能够及时回收资金，投入下一轮的生产。

（3）"怡亚通"的代付额度通常占业务总量的 20%～30%。通过代付业务，采购商不仅能及时获得生产所需的物资，还避免了预付大量资金的风险。"怡亚通"代付款项采用以交易额量为基准的浮动收费法，通过提高资金的周转率提升对银行贷款的使用效率。

4.4.3 商业模式的优化

如何保持企业的竞争力，在多变的市场环境中站稳脚跟，避免被淘汰，是企业首先要思考的问题。商业模式创新是推动企业可持续创新的关键因素，重构商业模式已经成为企业持续发展、保持竞争优势的必然选择。

随着中国经济结构的不断调整，商业竞争也已经从产品竞争、企业竞争、产业链竞争过渡到商业模式竞争阶段，企业不仅需要学习如何设计商业模式，还应更好地理解如何从商业模式的设计中为企业找到空白市场，在市场竞争中保持先发优势或构筑结构性壁垒。一般商业模式的优化方法主要包括以下三种。

1. 在商业模式塑造时突出把握全新市场机会

世界经济与技术不断向前发展，不但会产生新的产品，而且会诞生新的行业，伴随互联网的出现，信息网络和传统需求相结合，将衍生出许多全新的行业或市场机会，这也是商业模式更多地被互联网企业所使用的核心原因之一。当我们面对这样的史无前例的市场机会时，由于没有成熟的商业模式可以模仿或借鉴，因此需要创造崭新的商业模式来满足这些市场新机会。此时，商业模式设计的出发点是为了把握这些全新的市场机会，使企业能够有效地捕捉它们，这也是商业模式不断发展的最大动力。

2. 在商业模式再造时突出产业价值链的整合

商业竞争已然进入商业模式的竞争阶段，企业均非常重视商业模式的打造，行业内优秀企业所制定的商业模式往往存在被竞争对手学习或复制的可能性，同时市场竞争和消费者需求的变化也导致商业模式不可能永远保持高匹配度。如果行业内的优秀企业想保持领先优势，避免与其他竞争对手提供相同的产品或服务，就需要阶段性地对现有商业模式进行再造，使自己的商业模式持续处于领先状态，为消费者提供更高价值的产品或服务，从而在战略高度上保持模式领先和构建竞争壁垒。这种商业模式的再造是基于产业链的重新整合式的再造，是从产业链的角度去整合各项要素或资源。这时，对产品或企业内部职能的调整已不能满足企业重获行业整体竞争优势的需要。对企业而言，产业价值链的整合将为企业带来更多的行业机会。

3. 在商业模式调整时突出企业价值链的整合

当企业面对竞争时，商业模式再造虽然能够从战略高度使企业保持全面领先，但并不是所有企业都具备整合创新产业价值链的能力，而一些非领导者企业在竞争时，有时它们的定位并不是为了满足大多数消费者的需求，而仅仅是为了迎合某类细分市场的消费者需求，并尽可能地为其提供更大价值。针对此类企业的商业模式设计，更多的是对企业原有的商业模式进行优化调整，这种调整只针对企业内部现有的价值链，突出为某类消费者提供更有价值的产品或服务，这也将为企业创造更多的新产品和新机会，通过这些局部调整和有针对性的设计，即可为此类企业打造出新的商业模式，进而使此类企业与其他竞争对手形成差异化竞争优势。

需要注意的是，商业模式的构建切莫盲目跟随和生搬硬套，如果我们能够深刻地认知商业模式设计的思想和具体方法，对其进行创新和有针对性的优化，那么企业商业模式的超越相比规模超越和技术超越则更易达成，也更容易使企业获得更多市场机会，并通过对商业模式的设计把握这些新机会，使企业在商业模式竞争阶段获得先发优势和结构性竞争壁垒。

小案例　奈斯派索商业模式创新

当新旧商业模式的市场与战略相似程度比较低，而且两者的组织架构等多方面存在较大冲突时，将两项业务分开，即采用分离策略，是企业应优先选择的执行方式。两种商业模式之间的冲突越大，协同效应就越小，它们整合为一体的可能性就越低，分离策略就越合适。

雀巢在20世纪90年代初期决定启动一项独立的业务单元——奈斯派索精品咖啡店，专卖热咖啡给年轻的都市专业人士。虽然新的业务领域包含了咖啡销售，也成为雀巢在市场上的领军产品，但公司早期在两种业务模式的相似性问题上的认识有些模糊。雀巢是卖速溶咖啡给大众消费者的，而奈斯派索主要针对富有又年轻的专业人士，它的定位是高端品牌；雀巢通过超市销售，而奈斯派索则选择专门的俱乐部作为分销商；雀巢追寻一种快节奏的消费品业务模式，而奈斯派索采用的业务模式更类似于奢侈品制造商。

这两种业务不仅商业模式不同，它们的战略也相互冲突。奈斯派索咖啡事实上在侵蚀雀巢的销售份额，年轻的奈斯派索咖啡的价值定位和销售理念与传统企业的观点是截然不同的。因此，雀巢在瑞典的一个小镇里建立了一个新的业务单位，指派新人作为CEO并且在市场竞争中给其自由和自治的空间。此战略被证明是成功的，奈斯派索现在成了雀巢公司利润最高的品牌。

4.5 商业模式的基本检验方法

一个好的商业模式本身具有非常高的商业价值，具体体现在以下四方面。一是作为规划工具，商业模式的选择可以促使创业者缜密地思考市场需求、生产、分销、企业能力、成本结构等方面的问题，将商业的所有元素协调成一个有效、契合的整体；二是使用户清晰地了解企业可能提供的产品和服务，实现企业在用户心中的目标定位；三是可以使企业员工全面理解企业的目标和价值，清楚地知道自己能做的贡献，从而调整自己的行动，使其与企业目标相吻合；四是可以使股东更清晰、方便地判断企业的价值及其在市场中的地位变化。商业模式是否具有合理性，是企业能否"做强""做久"的基本条件。本节将介绍国内学者郭毅夫提出的几种商业模式的基本检验方法。

4.5.1 逻辑检验

逻辑检验是从直觉的角度考虑故事的逻辑性及其隐含的各种假设是否符合实际或在道理上说得通。如果商业模式所讲的故事没有意义，企业运营中必备的参与方（用户、供应商、分销商）不按照假设行动，那么该商业模式就不能通过逻辑检验。逻辑检验可以通过下面两个标准来验证。一是能否为用户提供独特的价值并与利益相关者实现共赢。商业模式就是从用户角度出发，发挥想象力来看怎样让事情变得更好的过程，其关键在于创造出一种为用户解决问题的方案。能否为用户创造更多的价值应是其成功与否的标准。所以，商业模式的目标是以最合适的方式提供给用户产品或服务，并剔除用户不要的东西。另外，长期而言，为保证企业商业模式的成功，企业需要不断地改善与其利益相关者之间的关系，依法履行社会义务，承担相应的社会责任，实现与利益相关者之间的共赢。二是商业模式是否难以模仿。一个好的商业模式应该能明显地呈现竞争优势，而优势将呈现在差异化，专注于利己市场及以低成本创造高价值的能力。也就是说，一个成功的商业模式能将波特提出的三种创造竞争优势策略，即成本、差异、专注，加以充分地融合运用。总之，商业模式需要显示企业能在利己市场有效率（低成本）地提供差异化产品，创造价值，满足用户需求。

小案例　ITAT 服装连锁案

ITAT 于 2004 年在深圳创立第一家连锁会员店，其"掌门人"欧通国创立了"铁三角"模式，将"服装生产商—ITAT 集团—商业地产商"三者紧密地捆绑在一起，三者以销售分成的模式组成一个利益共同体，被视为对服装业传统模式的最大创新，销售分成比例大概为"服装生产商：ITAT 集团：商业地产商=60：25：15"。ITAT 集团试图将传统的服装业搭上 IT、地产和供应商等资源，借此产生新的商业聚变而使 ITAT 集团的业务模式"飞翔"。按欧通国的思路，服装生产商承担生产领域的风险，主要是库存；ITAI 集团负责销售运营的管理，主要承担推广费用及人员工资等；而商业地产商则承担机会成本。

实际上，这种业态相对于现代百货并无明显的竞争优势。以服装、皮鞋、化妆品为核心内容的现代百货在相当长的时期内依然有生命力。因此，ITAT 在一线城市面临大型购物中心和现代百货的压制（大型购物中心不太可能按照 ITAT 模式与其合作），而在二三线城市将与同品牌专卖店形成竞争。所以，曾经成为投资圈金矿的 ITAT 神话在瞬间破灭。

4.5.2 数字检验

数字检验也称为经济检验，是对市场的规模和盈利率、消费者的消费行为和心理、竞争者的战略和行动进行分析和假设，从而估算出关于成本、收入、利润等量化的数据，评价经济可行性。当测算得出的损益达不到要求时，该商业模式就不能通过数字检验。

商业模式追求的是资源投入的更高价值与效益，实践效果自然包括经济效果。在生产领域，利润标准和生产率标准更是数字检验的主要标准。商业模式既然是企业价值创造的核心逻辑，那么判断其优劣的标准就是创造价值的效率。优秀的商业模式占用（消耗）一定资源，可以为社会提供更有价值的产品或服务；或者具备优秀商业模式的企业为社会提供一定的产品或服务，会占用（消耗）较少的资源。当决定企业的成本结构与盈益模式时，也决定了企业能拥有多少价值，而这也是商业模式是否可以存续的最关键因素。当然，为用户创造价值不代表企业就能够获利，利润要在供应商、用户、竞争者、替代品、互补品之间相互协调才能决定归属。决定企业的利润时，还需要考虑以下因素：专用性资源、资源稀少性、资源替代性、能力不可捉摸性、网络外部性、时间困难性、运用战略对抗模仿、整合关联资源等。在考虑利润的同时需要注意成本，利润是指收益与成本之间的差额，能降低成本即表示利润可进一步提升。

在企业实践中经常可以发现，创业者或企业所提供的产品或服务并不是用户的真正需求。摩托罗拉曾经几乎是手机行业缔造者的代名词，这家以技术领先著称的公司曾经为全球的通信技术带来了一场又一场的革命。但是，对技术的过度偏执恰恰也成为摩托罗拉的梦魇：1999 年铱星计划惨败，证实了一味追求技术领先而忽略与市场有效匹配的沉重后果，摩托罗拉先后投资的数十亿美元化为乌有。

4.5.3 文化检验

不同行业和不同性质的企业生存和发展的环境不同，意味着没有哪两个企业会有着完全一样的商业模式，一个企业的商业模式应当仅仅适用于自己，不可能被其他企业原封不动地照搬。企业需要分析其运作的流程，结合自身的资源、能力，打造出自己独特的商业模式。人文资源把文化价值、审美价值、生态伦理价值等要素融入商品的开发设计和市场推广中，促使其优化升级，实现质变，通过提供创新的深层动力和智力保证，使新的产业形态得以构筑。新经济时代的经济产品也是文化产品，其兼具经济性和文化性。从文化中折射出经济的要素、商品的属性。文化差异主要是指企业在开展全球化经营的过程中，对商业模式进行创新时需要考虑文化上的差异，使创新与当地的文化契合。

4.5.4 法律与伦理检验

当前人们一直把创造利润的多少作为商业模式成功与否直接且唯一的判断标准，这是不完整的。一个好的商业模式当然应关注利润，但同时应兼顾能否为用户带来更大价值，能否给社会带来好处。在当今时代，如果企业只追求利润而不考虑伦理，那么企业的经营活动将会越来越为社会所不容，必定会被时代所淘汰。也就是说，如果企业在经营活动中没有必要的法律意识和伦理观，经营本身也就不能成功。如百度公司的盈利模式是竞价排名，这一点曾经备受争议。搜索引擎本应该是一个第三方的中立平台，它必须有一个公正的信息甄选机制，这是搜索引擎赖以存在的根本。而搜索功利化的强化使得竞价排名抛弃搜索引擎应有的道德准则，脱离道德的约束，从而导致了人工过多地干涉搜索结果，产生垃圾信息，涉及恶意屏蔽，被指为"勒索营销"，并引发了公众对其信息公平性与商业道德的质疑。

西方国家有个理论：政府只能做法律限定的行为，而公民可以做法律没有禁止的事。于是在经济腾飞时期就会有各种各样的冒险家，为了追求利润而孤注一掷甚至铤而走险，或者不断地行走在政策的边缘"打擦边球"。在进行商业模式创新时，类似的举动应该是值得注意的。进行商业模式创新的创新者应深谙法律精神，不仅只是做到遵守法律条款，符合社会伦理要求，而且要深深植入社会责任，创造一个真正长期有效的、能被整个社会所接受的商业模式。总之，商业模式创新仅仅是一种工具或途径，支撑它不断向前的是那些长期以来被人们忽视的伟大力量，比如梦想、家庭和爱。

任何商业模式终究是要放到现实中去盈利的，实践是检验真理的唯一标准，只有在实践中我们才能看到一种商业模式是否有价值，是否值得我们关注，所以想了解一种商业模式是否有价值，就从它的受众口中去获取信息，看用户用后的反馈，看能否满足用户的体验及其能够给用户带来的价值，当年的"支付宝"就是把战略重点放在了"支付宝"规模的扩张上，所以导致后来用户的增长并没有达到所预期的目标，后来彭蕾担任"支付宝"CEO，他把战略重点转移到用户的体验上，我们才能享受"支付宝"带来的便利，所以一种有价值的商业模式一定会在用户体验和用户价值模块做得非常好。

小案例　Soda Stream 的成功

可口可乐是"美国梦"的代表，中国也希望能打败可口可乐，建立自己的品牌。过去的几年涌现了许多可乐企业，如非常可乐、纷煌可乐等，但最终没有一个做得很成功。然而，在可口可乐的本土——美国，有一家以色列公司 Soda Stream 把可口可乐打得"心服口服"。

这家企业这样做：弄来一台机器，旁边有个水瓶，还有苏打粉。当需要做汽水时，按一个按钮，苏打粉就会和水发生化学反应变成汽水。每个人喝汽水的口味都不一样，有的喜欢柠檬味，有的喜欢草莓味。这台机器里还有浓缩液，能够根据你的需求个性化定制，调成不同的味道。后来这家企业做得很成功，在美国纳斯达克上市了。

企业一上市就抢了可口可乐不少份额，可口可乐已经开始关注它了。后来这家企业还做了一个广告，在一面墙上放了许多瓶瓶罐罐，而在另一面则放着它的一台机器，广告词写着：一个家庭 5 年内需要消耗 1 万多个瓶瓶罐罐。如果你是个环保人士，看到这则广告就会想要买台机器取代瓶子，而不是消耗那么多瓶瓶罐罐污染环境。

后来可口可乐开始研究这则广告，试图找些疏漏。最终可口可乐的人发现，广告上把可口可乐的商标露了出来，这就构成了侵权，属于不正当竞争。于是可口可乐就起诉这家企业，结果这家企业竟然还股票大涨。这是因为这家企业原本是在小范围内出名，可口可乐这样的大公司一起诉，其反而成了大家茶余饭后的谈资。后来大家试用了它的产品，觉得还不错，它就更加出名了。

可口可乐只好不起诉了，改成私下收购，然而这家企业不接受收购。这个消息一经传出，企业的名气更大了，股票又大涨。

这给了我们一些启示。

（1）中国各种饮料（如凉茶）做得都不错，但唯独可乐做不起来。这是因为中国可乐在与可口可乐竞争时，使用的都是一样的商业模式，这意味着接触的都是同样的利益相关者。当你还是小企业时，用大企业最熟悉、最擅长的套路来竞争是很难赢的。

（2）以色列公司 Soda Stream 用的是与可口可乐不一样的商业模式。当它卖了它的机器后，它还能够持续卖苏打粉、浓缩液等耗材。它的商业模式不一样，意味着接触的利益相关者也与可口可乐不同。原先可口可乐在电视等渠道上所积累的优势，在面对这家小企业时，也就不存在了。因为可口可乐的优势是基于自己的商业模式所形成的，当两者的商业模式不一样时，其优势就无效了。这就是通过商业模式设计可以达到的效果。

这种商业模式在可乐这个行业，称得上创新，但是放宽到整个商业范围，其在咖啡行业比比皆是。这就是跨界打击，即把其他行业做得非常好的模式应用到本行业中。所以，在研究商业模式时，不妨多借鉴其他行业，多尝试跨界，将竞争对手的优势无效化。

案例："探迹"的商业模式

1. "探迹"简介

探迹科技（TUNGEE）（简称"探迹"）是领先的智能销售服务提供商，致力于用大数据和人工智能（AI）技术帮助企业全面提升销售效率。"探迹"的商业模式如图4-10所示。

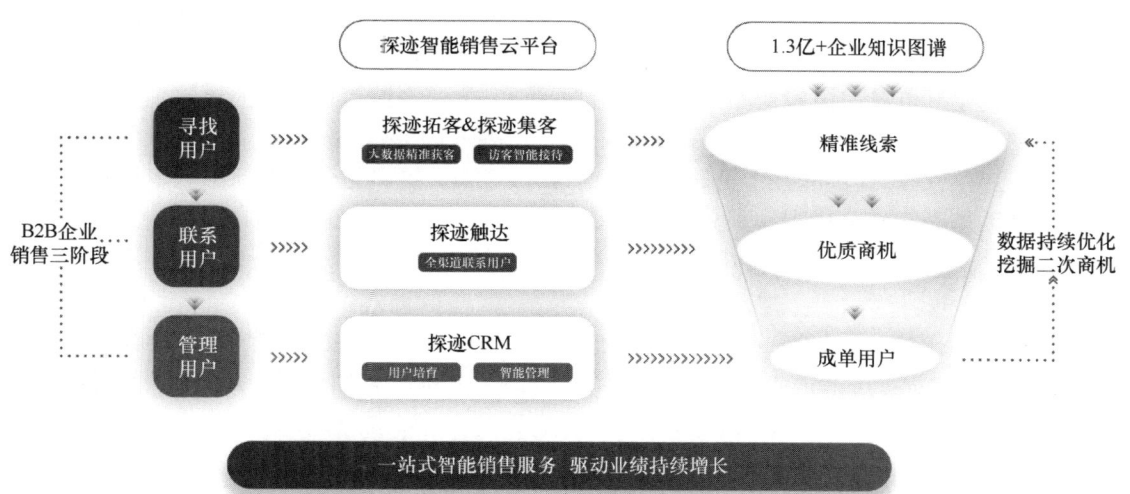

图4-10 "探迹"的商业模式

"探迹"成立于2016年，通过不断挖掘和分析全网信息，"探迹"已构建出覆盖全网超1.3亿家企业的全量知识图谱，并在此基础上结合 NLP（Natural Language Processing，自然语言处理）、机器学习算法等人工智能技术，为 ToB（To Business）企业提供从线索挖掘、商机触达、用户管理到成单分析的全流程智能销售服务，帮助 ToB 企业解决在寻找、联系、管理用户时遇到的销售难题，让企业高效地获取精准销售线索，降低获客成本，从而全面提升销售效率和业绩。

目前，"探迹"总部位于广州，在北京、上海、深圳、杭州等多个一二线城市设立了分支机构，公司团队逾千人。"探迹"作为中国智能销售领域的开创者，以"天下没有难做的销售"为使命，截止到 2020 年，已助力十多个行业、超过 5000 家企业通过智能销售模式找到新的增长点，其中包括阿里巴巴、浪潮、分众传媒等行业巨头。与此同时，"探迹"还获得了阿里巴巴、红杉资本、启明创投等顶级资本的投资。

2. "探迹"产品图谱

"探迹"具有完备的智能销售服务产品矩阵，既有能快速部署应用且标准化的 SaaS（Software as a Service，软件即服务）产品"探迹智能销售云平台"，又有强大的商业化数据定制服务"探迹智能销售解决方案"。

"探迹智能销售云平台"结合中国 B2B 企业获客模式与赢单实践，帮助企业一站式实现销售线索从获取、跟进、转化到留存的全生命周期管理。通过拓客 SaaS、集客 SaaS、触达 SaaS、CRM（Customer Relationship Management，用户关系管理）SaaS 等标准模块灵活配置，在销售的每一个关节点提升效率，逐步提高销售数据的价值密度，输出高质量商机，帮助企业销售快速成单。

"探迹智能销售解决方案"为企业构建以数据为核心的 B2B 销售市场体系，分别从全量线索公海、CRM 用户评分模型、智能销售数据平台等方面定制方案和服务。

"探迹"利用涵盖 1.3 亿市场主体的企业知识图谱，快速构建符合用户定位的全量优质线索公海，大幅节省销售寻找线索的时间成本，实现企业拓客的精准出击和市场的快速覆盖。

通过数据建立评级模型，对 CRM 的存量用户或即将进入 CRM 的用户进行自动评分和排序，快速甄别优质线索，拒绝劣质线索录入，提高销售跟进效率。利用大数据和人工智能技术，为企业打造覆盖销售全流程的智能数据平台，加速企业销售漏斗的流转，全方位提升销售效率和销售业绩。

"探迹"给用户提供的并不是简简单单的 SaaS 工具，更多是一种全新的获客模式，帮助大家从被动型获客转变成主动型获客，帮助中小型企业快速成长。

3. 获得荣誉

在过去 4 年里，"探迹"在高速发展的同时，也获得了不少社会荣誉和成绩。2018 年，"探迹"荣获"高新技术企业"称号，同年，"探迹"入选微软加速器，2019 年，创始人兼 CEO 黎展与创始人兼 CTO 陈开冉同时入选福布斯亚洲"30 位 30 岁以下精英"榜单，并于 2018 年及 2019 年分别入选"胡润 30×30 创业领袖"榜单。

同时作为人工智能领域的 SaaS 产品，"探迹"多次获得该领域的知名奖项，包括入选铅笔道·真榜"人工智能领域最具潜力创新公司 TOP 10"榜单（2019 年）；荣获中国数字化年会"2019 年度人工智能创新产品奖"（2019 年），连获两届小蛮腰科技大会"年度最佳智能销售 SaaS 产品大奖"（2020 年）等。

4. "探迹"的创业历程

黎展与陈开冉是中山大学软件工程专业的学生，两人是大学同班同学。在大学期间，两人进行多种技术研究，包括数据挖掘和人机交互等前沿的技术，为日后两人的创业奠定了基础。毕业后，两人继续从事自然语言处理、机器学习等相关方面工作，这一步巩固了两人在大数据和人工智能方面创业的技术基础。

1）2016—2017年：ToB创业黄金时代，从最难的地方开始做起

2015年被称为中国企业服务元年，很多人把目光放在企业服务市场。其实，中国互联网进入下半场，ToC（To Consumer）的场景入口几乎都被巨头占领了，ToB领域却方兴未艾，中国企业级SaaS市场规模达到127.5亿元，以每年近30%的速度在增长。黎展和陈开冉通过分析全球领域的上市公司，特别是对比美国企业服务市场，发现中国ToB市场的发展有巨大的空间，因此他们把目光投向了ToB赛道。

2016年，黎展和陈开冉在销售行业发现了商机，一同创立了探迹科技，共同向自己熟悉的大数据和人工智能技术方向拓展。创业初期，他们在海珠区的一个小别墅里面工作，随着企业的发展，他们回到了大学城，一个他们梦想起航的地方。

刚开始"探迹"并不提供SaaS服务，但是由于懂技术、算法和数据，"探迹"开始为阿里巴巴等大公司定制服务，从最难的地方开始做起，去"啃最硬的骨头"。

在"探迹"刚成立的前半年，他们构建数据库，搭建底层的架构，包括去搭建一些销售预测的模型，验证用数据赋能企业的可行性，帮助一些大型企业去做定制化的服务，并沉淀经验。

2）2017—2018年：商业模式得到验证，获得阿里巴巴战略投资

后来，团队发现国内大部分中小企业对精准线索有强烈的需求，但对销售的智能化运营知之甚少。面对大量冗杂的互联网数据，在有限的人力和资金投入下，销售人员需要浪费大量时间去搜索和进行人工联系甄别，导致销售效率非常低下。

每家成熟的ToB公司，往往有30%的业绩来源于被动获客，另外70%的业绩需要通过主动获客获得。被动获客主要通过广告投放进行，而主动获客此前则没有一个很成熟的工具去满足市场需求。

黎展和陈开冉敏锐地发现了中小企业庞大的市场需求，毅然带着团队开始转型，填补这一块的市场空白。他们从为企业提供销售预测解决方案着手，把企业拓客流程等逐渐体系化。

2017年年底，"探迹"形成了标准化的产品——"探迹智能销售云平台"，该产品开始是从线索的角度去切入的，也就是拓客模块，因为拓客问题确实是销售最迫切需要解决的。它解决问题的途径就是帮企业通过大数据和人工智能的方式，寻找到互联网上最有价值和最有可能成交的那部分线索和用户。

凡事都是一把双刃剑，有利便有弊。进入新兴领域的尝试是机遇，同时也带来了挑战，陈开冉认为"中国企业数量多，数据规模非常大，遇到的最大困难便是对数据的整理与整合。"但办法总比困难多，黎展和陈开冉擅长应用算法，将自身所学应用于商业领域对他们而言是一个很大的突破。

2018年，通过两年的不懈努力和深入探索，"探迹"已经帮助了1000多家中国企业实现了业绩突破，同时也实现了自身的高速发展。

后来，团队发现企业不仅要获得全面优质的销售线索，还要把用户的全生命周期连接

起来，真正实现线索发现、触达到管理用户的核心诉求。这就说明只单纯解决某一方面销售问题的工具型产品（如传统的 CRM、呼叫系统等）已经无法满足"智能销售"的时代需求。

"探迹"基于销售流程又进行了更多的延展。2018 年，"探迹"开发了"触达"模块帮助企业销售人员更好地去跟用户建立联系，这就是"探迹智能销售云平台"2.0 版本。到 2018 年年底，产品推出短短一年时间，用户数量已经突破 3000。

2018 年是"探迹"关键的一年，"探迹"首先在行业推出完整的智能销售闭环解决方案。探迹产品和解决方案矩阵将具备全网化、智能化、个性化、企业级四大特点。

（1）全网化——最全的企业知识图谱。"探迹"有超过 1.3 亿家企业及超过一万个分析维度的全国企业知识图谱，每天抓取数亿个页面，再通过机器学习和 NLP 将上亿个非结构化数据变成结构化数据。独特的业务标签体系和严格的数据管控体系使"探迹"的知识图谱远远领先于其他的竞争对手。

（2）智能化——领先的人工智能技术。"探迹"拥有 PB 级别的数据处理、NLP、机器学习算法等多项核心技术专利，以过硬的人工智能技术持续领跑中国智能销售 SaaS 服务赛道。

（3）个性化——成熟的行业预测模型。通过基于不同行业的业务背景和平台积累的数据，对接到企业的用户关系管理系统，构建了众多不同行业的用户预测模型，为 ToB 企业提供线索推荐和评分排序等功能。

（4）企业级——完备的产品矩阵和解决方案。"探迹"提供了线索平台、销售预测模型等多个极具竞争力的产品和解决方案，为企业打造了一个完整的智能销售闭环，帮助企业实现从线索挖掘、商机触达、用户管理到成单分析的全流程智能销售解决方案。

2018 年，"探迹"获得 4000 万元 A 轮融资，由阿里巴巴和启明创投联合投资。阿里极少在 A 轮去投资销售 SaaS 领域的公司，目前"探迹"也是阿里在整个销售 SaaS 领域里面投资的唯一一家公司，这更加坚定了团队当初选择 To B 销售 SaaS 这个赛道的信心。

2018 年 12 月，"探迹"入选微软加速器，从数千支创业队伍中被选中，为接下来在商业模式上的突破奠定了基础。

3）2019—2019 年：快速响应市场需求，产品体系不断完善

随着云、大数据和人工智能等新技术的发展，"探迹"作为销售 SaaS 领域全新一代产品也进入了快速发展时期。

2019 年 3 月，"探迹智能销售云平台"3.0 版本上线，对用户管理 CRM 模块进行了补充和搭建，让整个销售流程变得更加完善。

2019 年 8 月，"探迹"受到顶级资本——红杉资本的青睐，启明创投继续加持，完成 1.2 亿元 B 轮融资。

2019 年 10 月，"探迹"继续丰富整个产品的形态，推出"探迹集客"。通过"探迹集客"，把用户与企业联系的触角和渠道都汇聚在一起，形成了 outbound 跟 inbound 两个非常全面的获客体系，解决了用户获取精准线索的问题，形成了一体化的解决方案。

4）2020 年至今：高速发展，拓展行业广度和深度

在 2020 年的新冠肺炎疫情影响之下，各行各业都遭受了冲击，但对于"探迹"而言，这既是挑战，也是机遇。"探迹"帮助了许多企业转变获客方式，在逆境中实现业绩增长，同时也促进了"探迹"自身业绩的快速增长，实现互利共赢，"探迹"先后在佛山、深圳、

上海等城市建立分公司，团队规模迅速扩展。

目前，"探迹"已是智能销售 SaaS 赛道的领军者，并已进入良性发展循环。首先，用户数量增加，扩张速度加快。其次，用户反馈使得产品功能和体验不断完善，产品边际成本低。最后，积累的业务数据不断丰富，数据价值被挖掘和利用，带来多营收发展的可能性。"探迹"已经构建了行业最完整的产品矩阵，未来将朝更加行业化的方向发展，帮助更多中小企业快速成长。

技能：绘制你的商业模式

互动交流区

根据你的商业模式，尝试去绘制一幅属于你的商业模式画布，上传与别人分享吧！也可以根据你的理解来与其他创友们评论互动哦！创友们在制作时，可以运用绘图工具或者直接手绘，也可以融入你的设计想法。

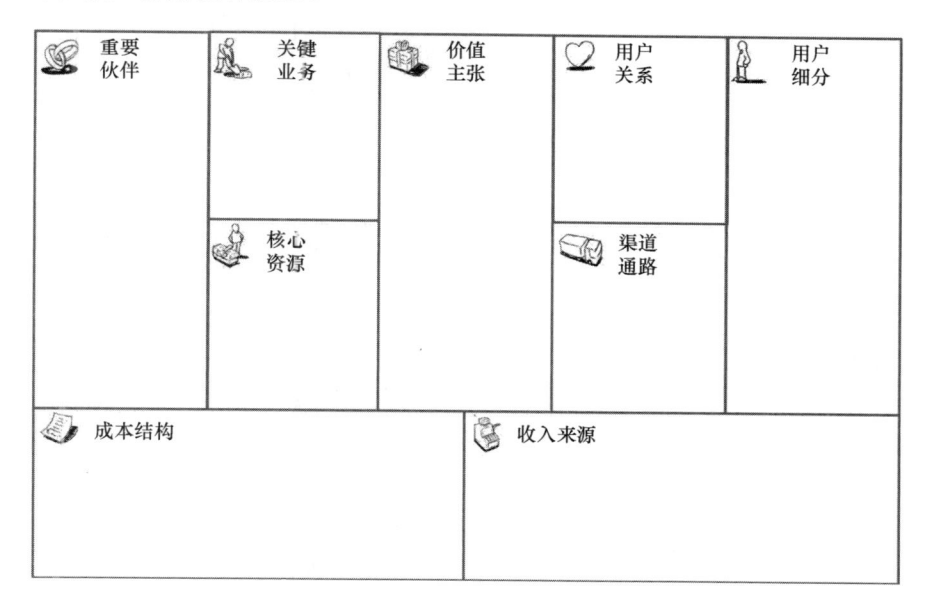

重要伙伴	关键业务	价值主张	用户关系	用户细分
	核心资源		渠道通路	
成本结构				收入来源

第 5 章　创业团队

【思维导图】

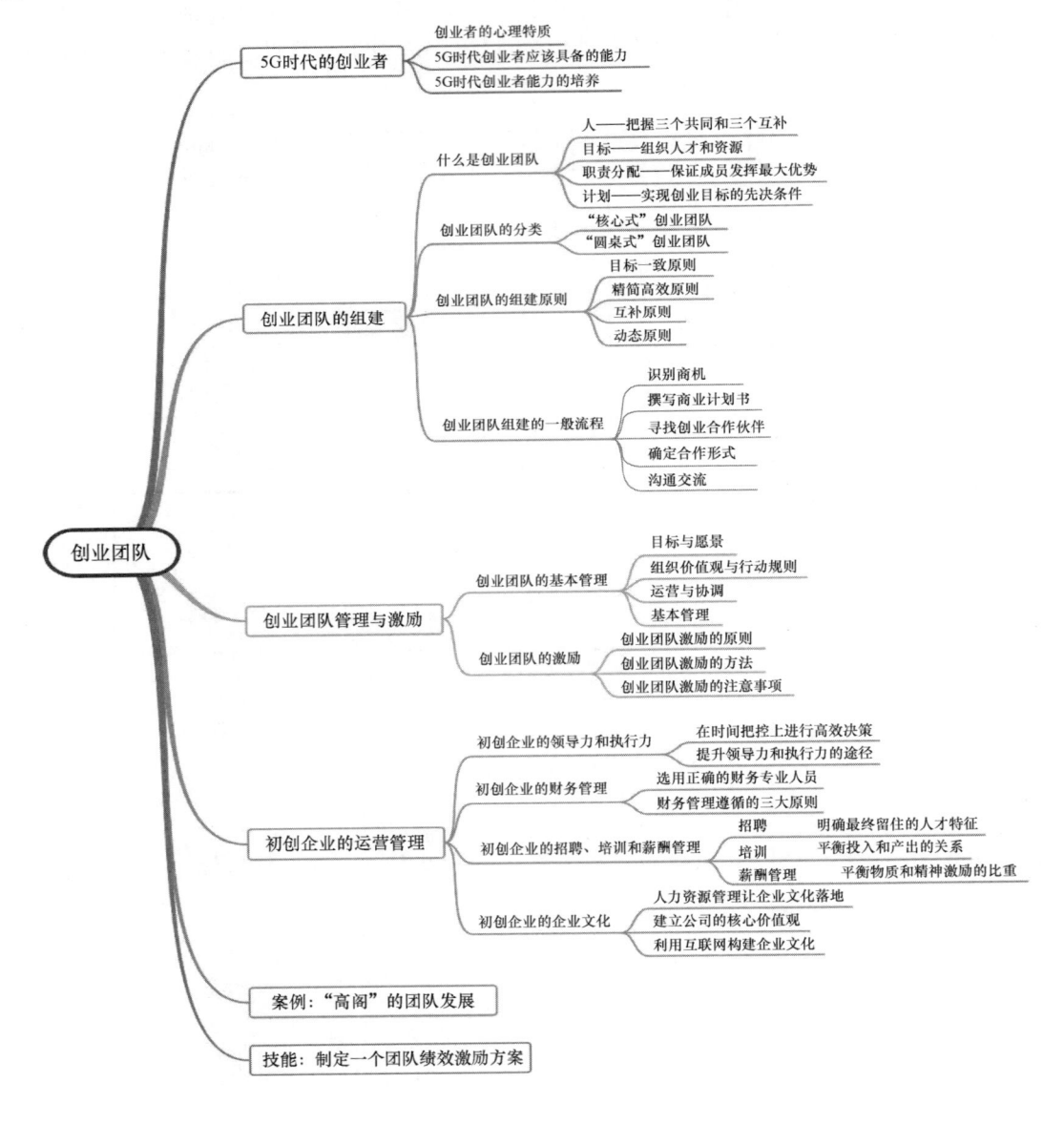

- 创业团队
  - 5G时代的创业者
    - 创业者的心理特质
    - 5G时代创业者应该具备的能力
    - 5G时代创业者能力的培养
  - 创业团队的组建
    - 什么是创业团队
      - 人——把握三个共同和三个互补
      - 目标——组织人才和资源
      - 职责分配——保证成员发挥最大优势
      - 计划——实现创业目标的先决条件
    - 创业团队的分类
      - "核心式"创业团队
      - "圆桌式"创业团队
    - 创业团队的组建原则
      - 目标一致原则
      - 精简高效原则
      - 互补原则
      - 动态原则
    - 创业团队组建的一般流程
      - 识别商机
      - 撰写商业计划书
      - 寻找创业合作伙伴
      - 确定合作形式
      - 沟通交流
  - 创业团队管理与激励
    - 创业团队的基本管理
      - 目标与愿景
      - 组织价值观与行动规则
      - 运营与协调
      - 基本管理
    - 创业团队的激励
      - 创业团队激励的原则
      - 创业团队激励的方法
      - 创业团队激励的注意事项
  - 初创企业的运营管理
    - 初创企业的领导力和执行力
      - 在时间把控上进行高效决策
      - 提升领导力和执行力的途径
    - 初创企业的财务管理
      - 选用正确的财务专业人员
      - 财务管理遵循的三大原则
    - 初创企业的招聘、培训和薪酬管理
      - 招聘——明确最终留住的人才特征
      - 培训——平衡投入和产出的关系
      - 薪酬管理——平衡物质和精神激励的比重
    - 初创企业的企业文化
      - 人力资源管理让企业文化落地
      - 建立公司的核心价值观
      - 利用互联网构建企业文化
  - 案例:"高阁"的团队发展
  - 技能:制定一个团队绩效激励方案

5.1 5G 时代的创业者

创业绝对不是一个人的事情,也并不适合所有人,要想成为一名合格的创业者,应该具备哪些特征呢?

5.1.1 创业者的心理特质

成功创业者的心理特质可概括为:成就需要、内控倾向、风险承担倾向和自我感知能力。

(1)成就需要,是指争取成功、追求优越感、希望做得最好的需要。研究表明,很多成功创业者都有高成就需要,正是这种需要,使他们常常考虑如何把事情干得更好。企业中这种类型的人越多,成功的可能性就越大。

(2)内控倾向,是指个体相信通过他们的行为能够控制事件的发生。有内控倾向的人认为自己是个人行为的主宰者,自己可以影响行为的结果。这种类型的人更具有自觉意识和自主精神,执着于自己的事业和理想,不轻易为环境变故所动。他们也更适合做管理者,更容易获得个人成就。

(3)风险承担倾向,是指创业者愿意承担较高的风险与不确定性。承担风险意味着把握机会,高风险可能伴随着高回报。当然成功的创业者不是盲目的风险承担者,他们通过调查、评估等手段可以合理规避和控制风险。

(4)自我感知能力,是指创业者对自我的认识与评估能力。自我感知能力在创业者的行为抉择方面起着重要的作用,人们都倾向于选择他们能够很好控制的形势,而避免不利于控制的形势。研究表明,创业者的自我感知能力明显高于非创业者,并且自我感知能力会影响创业绩效。

5.1.2 5G 时代创业者应该具备的能力

创业者除了需要具备一定的心理特质,还需要具有区别于一般人的素质,它是成功创业者在创业实践中做人、做事、生存、发展、创造等能力的有机结合。

有的人大局观好,但是积极性不够,这些人适合当指挥者和管理者去组织工作,如唐僧。有的人个人能力较强,但是只知道一味地向前冲,不知道兼顾其他部门,这样的人适合去独立完成一项任务,不适合与别人搭档,孙悟空就是这样的人。有的人任劳任怨,能力一般,但是忠诚、踏实,这样的人适合去做后勤工作,如沙悟净。一般而言,成功的创业者至少具有以下六大能力(如图 5-1 所示)。

1. 信息洞察力

对于创业者来说,洞察市场比学习市场营销更加重要。洞察市场就是寻找用户的普遍共性。产品源于用户,创业源于洞察。创业首先要学会抓住机遇,当一个机遇来临时,无数心怀远大梦想的创业者虎视眈眈,一旦发现机遇就立马一拥而上,那时你即便行动了,可能也已经晚了。创业者必须要有看清未来的洞察力,只有能够预测未来社会发展变革的趋势,才能够及时抓住商机。

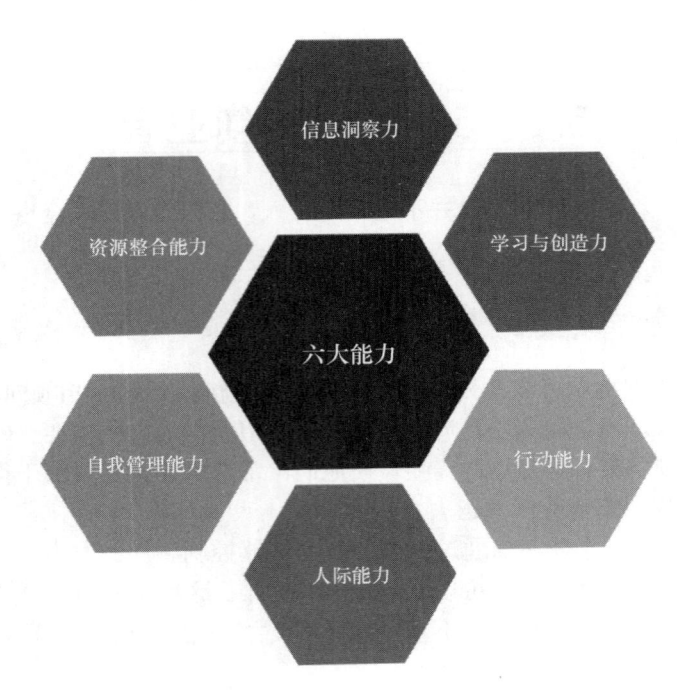

图 5-1　成功的创业者具备的六大能力

2．学习与创造力

创业者的真正价值在于他们能够根据社会的需求和变化有所发现和创造，从而对社会做出贡献，并实现自身价值。"对周围的事情要感兴趣""要善于发现问题解决问题""做事要有始有终"等，虽然很多人都明白这些道理但很难实践。表面上看起来好像是教育的问题，但说到底应该是个人态度的问题。一个立志成为创业者的人，首先应该从改变思维模式开始，使其异于常人。如果做不到这一点，不如干脆放弃创业，好好研究一下在公司中生存的立身之道。

3．行动能力

创业领域一直流传着这样一句话：创业，99%的人会失败，但所有人都会认为自己是那1%。规划写在纸上，那就永远只是规划，它成不了现实。"纸上得来终觉浅，绝知此事要躬行。"只有通过执行，规划才能变成现实。成功没有捷径，所有的事情都需要自己不断地探索，不断地改进，只有通过自己执行总结出来的，才能称为经验。因此，如果想要成为那1%，那么你就必须拥有比别人更强大的执行力，花更多的时间，做更多的事情，只有这样你才能超越他人。

4．人际能力

创业者资源可分为外部资源和内部资源两种。内部资源主要是创业者个人的能力，包括其所拥有的生产资料、知识技能及家族资源等。拥有良好的内部资源，对创业者个人来说无疑是重要的，但外部资源同样不可或缺，其中最重要的一点是人脉资源，即创业者构建其人际网络或社会网络的能力。在美国，有句流行语："一个人能否成功，不在于你知道什么，而在于你认识谁。"一个创业者如果不能在最短时间之内建立自己广泛的人际网络，那他的创业一定会非常艰难，即使其初期能够依靠领先的技术或自身素质（如吃苦耐劳或精打细算）获得某种程度上的成功，也可以断言他的事业一定做不大。

斯坦福研究中心一份调查报告的结论也能证明人际交往对成功的重要性：一个人赚的钱，12.5%依赖其掌握的知识，87.5%依赖其人际关系网。人际交往能力强的人，可以在关系网络中穿梭自如，解决别人难以解决的问题，大大提高工作效率，也能与周围的伙伴愉快地合作，从而产生强大的凝聚力。因此，一个成功的创业者或将来能够成功创业的人必定是一个有着良好人际关系的人。

5. 自我管理能力

现代管理学之父彼得·德鲁克曾说过"在知识经济中，成功属于那些善于自我管理的人。"作为一个成功的创业者，不仅需要有管理他人的能力，还需要善于自我管理。自我管理的能力包括对自我情绪进行管理，情商高的人可以控制、化解不良情绪。在成功的路上，最大的问题其实并不是缺少机会或资历浅薄，而是缺乏对自己情绪的控制。在愤怒时，不能遏制怒火，会使周围的合作者望而却步；在消沉时，放纵自己的萎靡，会把许多稍纵即逝的机会白白浪费。

6. 资源整合能力

创业者能否发现机遇，进而推动创业活动向前发展，通常取决于他们能掌握和整合的资源，以及对资源的利用能力。许多创业者早期能获取与利用的资源都相当匮乏，而优秀的创业者在创业过程中体现出的卓越创业技能之一，就是创造性地整合和运用资源，尤其是能够创造竞争优势和能带来持续竞争优势的战略资源。

小案例 从流浪汉到百万富翁

冯志久原是一名流浪汉，到处漂泊，身无分文。1990年，冯志久跟随数百万淘金者涌到珠江三角洲，却发现这里早已人满为患，他想到工厂打工，但因年龄大，无技术，工厂不收他。冯志久百无聊赖，便在各工厂区转悠，看到工人们下班后都端着饭盒往街上的小饭店跑，他脑子一转，怎么不开一个供打工者吃饭的小店呢？凭借他敏锐的洞察力，他决定租一间民房作为厨房，每天中午和晚上担起两桶饭菜，在人群中推销，一天的利润有30元，很快他凑足37000元资金，充分利用自己的人际关系，整合各种资源，在广州黄埔大道边租了一间5平方米的店铺，办理了营业执照，把鞭炮一放，快餐店就开业了。冯志久的饭店一经开业，就像鲜花引蝶似的引来了众多的顾客，他经营的优势，就是收费低。那时广州的快餐时价最低是2元，而他把快餐价格一律定为1元。他说道"这是没有本钱的创业，1元钱吃饭谁不来？"冯志久辛辛苦苦忙了一个月，结账之后，除了开支，竟赚了2000元。后来他又增添了桌凳餐具，雇了临时工，扩大门面，每天早餐卖粉、中晚餐卖饭，一律一元一份。这样，每天的顾客少说有500多人，最多达1000多人。每份1元的饭菜其实利润很低，但精打细算也可以赚几角钱，如果每天能卖1000份，就可挣300元，一个月就是9000元。几年下来，冯志久已身家上百万元，人称"1元钱大亨"。

（以上文字摘编自知乎，作者金米 vlog）

5.1.3　5G 时代创业者能力的培养

1．勤于思考，善于观察，不断提高自己的信息洞察力

提高信息洞察力首先要摒弃套路或思维定式，不应该怀有寻找确定因素、固定规律、期待可重复实现的思想，不要把商业研究当成经典物理学研究。影响创业成败的因素难以穷举，有时即使条件完全一样，结果也会不同，所以不可完全复制商业模式。

这就需要创业者学会观察生活，了解大多数人的需求是什么。5G 时代开拓了很多细分领域，需要创业者具备敏锐的洞察力，深耕各个细分领域的用户需求。胡炜炜正是看到了人们坐公交车不能解决最后一千米的问题，才有了做共享单车的想法，成就了后来的"摩拜"单车（现美团单车）；"饿了么"创始人正是看到了人们不想出去吃饭的需求，搭建了网上订餐平台，挣了个盆满钵满。

2．终身学习，形成良好的知识结构和思维模型

在知识和信息急剧膨胀的 5G 时代，创业者想要立足于竞争环境中并取得成就，就必须掌握大量的专业知识和信息情报，了解国内外的经济状况及社会发展动态。而这些知识的获得和情报的准确捕捉，除理论的知识外，更多的是要依靠自己去学习和揣摩。因此，成为一个成功的创业者不仅要勤于学习，更要善于学习，培养终身学习的能力。

3．从实践中学习

实践是一个认识自我、发现自我的过程。人怎样才能认识自己呢？除了通过思考，还要通过更多的实践。经过实践的知识，不是枯燥乏味的，而是被赋予了灵性的，实践使得它更加具有生命力。实践能加深人对知识的理解，在不同情景和视角下，让人重新审视知识的内在价值，不是生搬硬套知识，而是灵活应用知识。

4．充分发挥技术的优势

5G 时代的到来使得移动互联网和有线互联网彻底融合，使万物互联成为可能。并且将推动 VR、物联网等相关技术飞速地发展，作为创业者，应充分发挥技术的优势，提高资源整合的效率、企业管理的效率，提升产品及服务的质量，促使企业在行业内能快速站稳脚跟。

5.2　创业团队的组建

随着"大众创业，万众创新"成为一种时代潮流，越来越多的人加入了自主创业大军。但很多创业者很快就会面临一个困境：个人经验、实力及经济能力等欠缺，难以支撑企业的快速发展。俗话说，"三个臭皮匠顶过一个诸葛亮"，一个人的力量总是有限的，要想成就大业，就必须依靠团队的力量，因此，更多的创业者选择以团队的方式开展创业活动。本节内容将为读者介绍什么是创业团队及创业团队的分类、组建原则、组建流程。

5.2.1 什么是创业团队

创业是一个复杂的系统工程，不管是做产品还是做服务，都需要各方人才共同努力，一个优秀的创业团队是创业成功的关键。在一个优秀的团队里面，只有成员之间能够互相协作、优势互补，发挥出"1+1>2"的效果，才能使团队具有强大的战斗力。

创业团队是指有共同目标、共同创业收益，共担创业风险的一群人，他们一起经营新成立的营利性组织（如企业），提供新产品或服务，新增或创造社会价值。冷兵器时代是个人英雄的时代，只要你练就一身好武艺就可以行走天下，行侠仗义。而现代社会是团队的时代，科技发达，竞争激烈，一个人纵然本事再高，能力再强，也越来越无法以一己之力成就一番事业。即便是在个人才华起决定性作用的艺术、文娱领域也是如此。一个完整的创业团队应具备四个要素（如图5-2所示）。

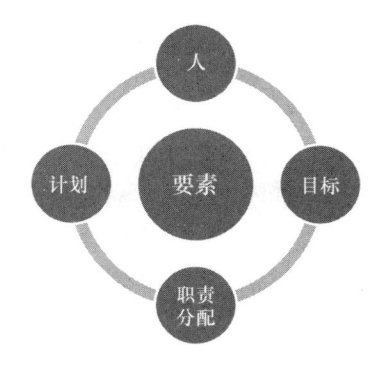

图5-2 创业团队具备的四个要素

首先是人。团队或企业的既定目标需要由个体来实现，人是整个创业团队中最核心的部分，因此选择团队中的人需要十分慎重。对于一个创业团队而言，成员之间除拥有共同的创业理念和目标之外，还需要有互补点。一个企业的创立需要很多层面的擅长者，如决策者、管理者、宏观把握者、制定计划者、对外沟通者等。这些引领企业发展的初创成员必须在团队中寻找一个平衡点，并尽量保持创业团队成员的多元化，让成员之间的优势处于一种互补而非叠加的状态。因此，创业团队在成员在构成上要把握三个"相同"和三个"互补"。三个"相同"，即创业理念和目标相同、金钱观相同、价值观相同。三个"互补"，即资源互补、性格互补、能力互补。

其次是目标。对于一个创业团队来说，重要的是必须拥有共同的目标。一个优秀的创业团队，必须有明确的创业目标和方向，只有这样才能促使团队成员紧紧围绕目标，积极把握时机和商机，在创业路上群策群力。没有目标的创业就像一艘没有舵的船，最终只会迷失方向。除此之外，明确的目标能够使创业团队清楚知道自己需要哪方面的人才和资源，在寻找合作伙伴或雇佣员工时都能事半功倍，从而提高团队的综合实力。

再次是职责分配。创业团队的必备条件之一是合理的职能分配。创业团队成员都必须有清晰的职责分配，职责就是每个成员在团队中所负担的责任及拥有的权利。职能分配要根据每个成员的特长和优势来确定。这样才能保证每个成员都发挥自己的最大优势。除此之外，创业团队还须明确每个成员的权利，在进行决策时，对成员进行适当地分权有助于更快速、更准确地做出决定。

最后是计划。创业成功的前提是制定详细可行的计划，这是实现创业目标的先决条件。在制定计划时，不仅要充分考虑企业内外部环境，还要分析企业自身的优劣势等因素，从而有利于制定企业短期、中期和长期的发展计划。明确的目标、合适的成员、清晰的职责分工，都需要周密的计划来引导。一份合理详尽的计划能为企业经营活动提供可靠的依据，使创业目标和发展始终保持一致，促使企业在正确轨道上不断前进。

创业者要把创业团队当成一个组织来培养，在组织框架中发挥其团队力量，柳传志先生曾经说过："是否有一个优势互补、紧密配合、把公司当作命根子来做的班子是一个公司成败的关键。"另外，做成一件事首先要考虑机制问题，其次是班子问题，再次才是个人能力问题，因此，创业团队的培养需要成熟的管理机制来支撑。初创时期的创业团队组建是为了能够成功地创办企业，但是随着企业的发展和成长，创业团队中的成员可能会发生一些变化。为了延续创业团队，可能会有新的高层团队，使企业的事业领域得以开拓。创业团队的成员一般都处于企业高层的位置，企业的重大问题，也是由创业团队的成员进行商讨和决策的，他们做出的决定常常影响企业的存亡。

创业团队与一般团队在组建目的、基本特征、管理模式等方面都存在差异，一般团队的组建通常只是为了解决某一特定问题或完成某一特定任务，当问题或任务得到解决时，团队可能就解散了，团队里的绝大多数成员并不处于企业的高层位置。创业团队一般都要求成员拥有股份，而一般团队未必要求成员拥有股份，其对公司的情感性承诺、连续性承诺和规范性承诺一般不高，通常只是关注战术性或执行层面的问题。相反地，创业团队较一般团队而言，对公司的感情更为浓厚，成员对企业组织的认同感更高，对企业投入而产生的机会成本也较高，受社会规范影响而离开企业组织的可能性小。

5.2.2　创业团队的分类

按照不同的维度，创业团队可以有不同的分类。按照资源优势不同，创业团队可以分为资金主导型、技术主导型、市场主导型和综合型；按照组成结构不同，创业团队可以分为"核心式"和"圆桌式"。接下来按照组成结构的划分方式，介绍两种创业团队。

1. "核心式"创业团队

"核心式"创业团队（如图5-3所示）一般是由一名核心成员发起和主导而形成的，组建这个团队的核心成员，往往是想到了一个商业点子或者抓住了一个商机，核心成员一般都是团队主导人，也就是企业的创始人，其他成员必须围绕着这个主导人运转。例如，太阳微系统公司（Sun Microsystem）的创业者维诺得·科尔斯勒最初确立了多用途开放工作站的概念，接着他又找来了两名软件和硬件方面的专家，分别是乔伊和贝克托克姆，协助他创业的还有具有实际制造经验和公关能力的麦克托里，于是，这个创业团队就诞生了。

图5-3　"核心式"创业团队

这种创业团队有四个明显的特点。

（1）权力过分集中，容易决策失误，风险较大。

（2）当团队成员之间产生矛盾时，特别是主导人与某一团队成员之间发生冲突时，可能由于主导人的特殊权威影响到其他成员，在冲突激化时，成员一般都会选择离开团队，对组织的团结性影响较大。

（3）由于主导人的领导关系，组织的结构较为紧密，向心力和凝聚力强，主导人在组织中的行为对其他个体的影响力大。

（4）决策程序由主导人占主要引导位置，相对一般团体而言，其决策程序更为简单，在一定程度上可提高组织效率。

2."圆桌式"创业团队

"圆桌式"创业团队（如图 5-4 所示）也称群体性团队，一般是由几个志趣相投的人组成的团队。这种创业团队的成员之间可能因为经验、专长和共同目标等因素走到了一起，他们之间起初并没有核心，但通过一起发现商机和发挥各自的专业优势后，组成了创业团队。通常群体性创业团队的成员都能充分利用团队内部分工，呈圆桌形状参与到团队活动之中，这些参与者都具有较大的发言权，相互具有平等关系和团队协作关系。例如，雅虎的杨志远和斯坦福电机研究所博士班的同学大卫·费罗，惠普的戴维·帕卡德和他在斯坦福大学的同学比尔·休利特，微软的比尔·盖茨和童年玩伴保罗·艾伦等都是基于一些创意点子，或者由于关系密切、兴趣相投而合伙创业的。

这种创业团队有四个明显的特点。

（1）当组织决策时，一般采用集体决策的方法，需要采集大量的成员意见并进行烦琐的沟通讨论才能达成一致意见，决策效率相对较低。

图 5-4 "圆桌式"创业团队

（2）团队中没有明显的核心人物，容易造成结构松散的局面。

（3）由于团队成员在团队中的地位相似，在团队中形成多人领导的局面，当意见不一致时容易产生争执。

（4）当团队成员之间发生冲突时，一般采取积极的态度去消除冲突，并进行有效的沟通和协商，团队的成员不会轻易离开。但是当成员之间的冲突进一步激化时，若某些成员撤出团队，很容易导致整个团队涣散。

5.2.3 创业团队的组建原则

假设有四类人，A 是一个"英雄"，什么都能干。B 是"领袖"，可以与很多有才能的人合作，并且这些有才的人都愿意听他的。C 是"领导"，能带领他人，并给以指导。D 是"领头"，有执行力，能把事情做好，或者说可以领着一帮人把事情做好。

先了解了自己是哪一类人，再了解如何组建一个团队。团队创业成功的概率要远远高于个人，一个团队提供的技术、经验、人脉或声誉等都大于个人能够提供的资源。建立一个志同道合、优势互补的团队是创业成功的前提。柳传志先生认为，人是第一位的，合适的人是阿拉伯有效数值的 1，后面带一个 0 是 10，带两个 0 是 100，带三个 0 是 1000，没有合适的人做 1，再多的 0 也没有用。在组建创业团队的过程中，最担心的往往是风险，而风险的本质就是信息不足和控制失效。团队形成的目的是通过互补,增加信息量来解决信息不足的问题,而失效层面则包括了运营、利益分配、战略及人事方面的控制等。

实际上,如同每个人都有个性,每个公司都有其经营风格,每个创业团队都有其固有的基因,团队的基因决定了团队的擅长领域及劣势领域,而这个基因多半是由创始人在创业开始时注入的,同样的业务,有的团队做得得心应手,有的团队做得一败涂地,其差别正在于团队的基因不同。创业者若想组建一个优秀的创业团队,首先应该明确一些基本原则。

1. 目标一致原则

在创业初期,创业团队的核心人物和群体中的各个成员应经过商讨,确定企业的发展目标及愿景,并明晰企业的奋斗方向。在订立目标时也需要一定的技巧,具体应切合企业的实际情况,订立可实行的合理目标。切忌好高骛远,在创业初期设定团队难以达到的目标不能真正地激励企业前进。一个团队的战斗力不是由最聪明的那个人决定的,而是由战略的正确性和团队的执行力决定的。聪明人对团队的贡献在于其创造力带来的鲶鱼效应,但鲶鱼只能"敲边鼓"不能"挑大梁"。作为领袖,要特别关注对聪明人的管理,用好了"鲶鱼"可以让团队有紧迫感、动起来,否则就会"兵荒马乱"。

2. 精简高效原则

为节省创业初期的投资,以少投入、多产出的方式获取成果,创业团队成员应当根据企业的具体规模谨慎选择成员数量。当企业初创并且规模不大时,团队人员过多会加大创业的难度和企业的负担。因此创业团队应在保证企业正常运营的情况下尽量精简,同时避免责任分散。

3. 互补原则

创业者之所以选择以团队的方式创业,是因为创业团队成员之间可以互相取长补短,让问题得到更好的解决。只有当团队成员各自发挥专长时,企业在运营过程中所需要的经验、技术、知识等才能够得以满足,并且发挥出"1+1>2"的协同效应。事实证明:性格互补的团队组合模式是最好的,当一人想法考虑不周时,另一人则会提出建议,企业发展才能取得平衡。世界上有很多著名的公司,创业初期都组建了非常优秀的团队。

4. 动态原则

企业在初创期间充满了不确定性,刚创立的团队也欠缺稳定性。因此在团队成长和企业刚开始发展的阶段,团队成员可能由于内部因素或外界环境因素等的影响有所变化;观念不同,可能导致成员离职;团队壮大,可能引进新的成员。所以团队在组建过程中必须坚持动态原则,把合适的人留下,不合适的人送走,使团队时刻保持团结、健康和积极向上的状态。

5.2.4 创业团队组建的一般流程

创业成功的一个至关重要的因素就是组建一个核心团队。当创业者拥有创业想法后,就可以开始进行创业团队的组建了。由于不同创业者创立的企业类型不同,团队的类型也随之具有差异性,组建流程也不相同,概括来说包括以下几步(如图5-5所示)。

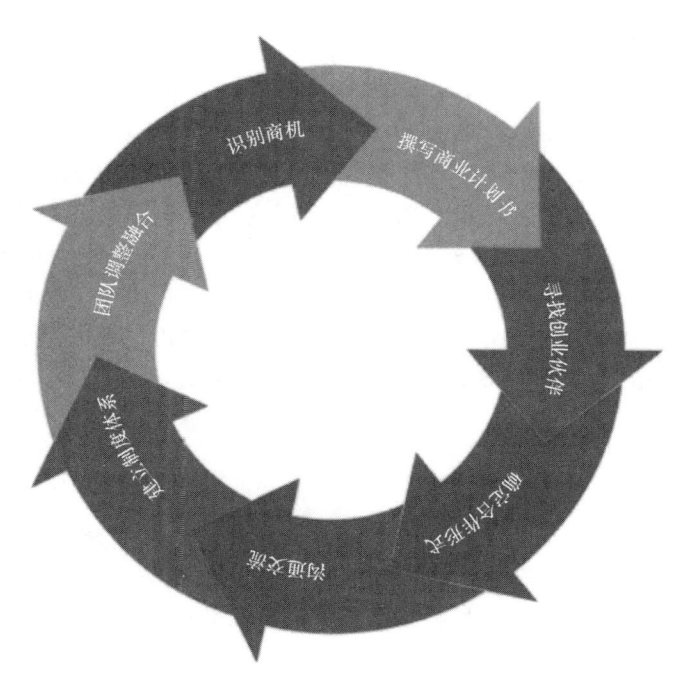

图 5-5　创业团队的组建流程

1. 识别商机

商机的识别是整合创业团队的起点。创业者将识别什么样的商机,直接关系到创业者需要整合怎样的人才共同创业。如果商机的市场层面特征拥有充分的优势,创业活动的方向是积极推进市场开发的,那么创业者就更加需要寻找更多的技术人才共同推进产品开发。因此,为了组建创业团队,创业者需要首先关注商机在人力资源方面的支持要素。在此基础上,形成团队构建的目标。

2. 撰写商业计划书

明确创业团队的总目标,把企业从无到有逐步建立起来。起初必须通过初创阶段的技术、市场、组织、管理、规划等工作,对企业需要做什么、怎么做等问题进行详细的探讨和计划,拟订一份可行的商业计划书。在确定了阶段目标和总目标之后,要根据不同目标制定行动计划,确定不同创业阶段需要完成的阶段性任务。商业计划书是创业成功的基石,也是合作伙伴选择加入创业团队的判断依据。

3. 寻找创业伙伴

合适的创业合作伙伴是创业团队组建的重要因素。创业者要在考虑了创业团队的互补性和规模后,再对人员进行招募和筛选。创业者可以通过媒体广告、亲戚朋友介绍、各种招商洽谈会、互联网等方式对创业团队成员进行招募。

成员数量适中能够保证团队正常地运作,减少沟通障碍,过多或过少的成员都会影响创业团队的工作效率。一般认为,创业团队的规模控制在 3~5 人为佳。公司在规模化之前,应该建立一个稳定的核心小团队,成长型企业遭遇困境的原因之一就是团队规模不合理。面对认知负荷和组织复杂的挑战,维持小而灵活的团队是最佳的做法。

有很多证据表明,一个团队的成员如果超过 5 人,甚至接近 10 人,那么事情就会变得很糟糕,队员会发现自己花费了越来越多的时间在协调上,而真正用在工作上的时间则越来越少。队员也会面临各种人际交往的问题,因为他总是要尽力去关注其他人的性格和情绪。当美国甲骨文帆船队开始为参加美洲杯而训练时,他们把船员人数从 5 人扩大到 11 人,结果一团糟。船上的所有人都戴着耳麦,这样可以彼此交谈,但环境变得非常吵闹。他们在一条 72 英尺(约 21.9 米)长的船上,迎着 25 级的海风,以 25 英里(约 40 千米)的时速航行,几乎听不到任何人的声音,也无法专注于任何事情。在摘掉一半队员的耳麦之后,事情才好转,队员没有了那么多的交叉干扰,才可以配合他们附近队友的节奏。在他们所处的环境下,坚决剔除烦琐的方式并保持小团队才是正确的策略。

小案例

作为国内最大的英语培训机构,新东方声名赫赫。十几年来,它帮助数以万计的年轻人实现了出国梦,莘莘学子借此改变了自己的命运。有人评价说,"在中国,任何一个企业都不可能像新东方这样,站在几十万青年命运的转折点上,站在东西方交流的转折点上,对中国社会的进步发挥如此直接而重大的作用。"俞敏洪说自己最成功的决策,就是把那帮比他出息的海外朋友请了回来。1995 年底,积累了一小笔财富的俞敏洪飞到美国,这里曾是他魂牵梦绕的地方,当年就是为了凑留学的费用,他放弃了北大的教师职位。在俞敏洪的鼓动下,昔日好友徐小平、王强、包凡一、钱永强等人陆陆续续从海外赶回加盟了新东方。经过在海外多年的打拼,这些"海归"身上都积聚了巨大的能量。这批从世界各地汇聚到新东方的桀骜不驯的人,把世界先进的理念、先进的文化、先进的教学方法带进了新东方。俞敏洪笑言自己是"一只土鳖带着一群海龟奋斗。因为这些人的到来,我明显地进步了,新东方明显地进步了。没有他们,我到今天可能还是个目光短浅的个体户,没有他们,新东方到今天可能还是一个名不见经传的培训学校。"

4. 确定合作形式

创业者可以根据自己的情况和创业企业的类型,选择有利于自身企业和团队发展的合作方式。在创业合作者的选择方面,能与自己形成形式互补的成员较佳。为保证创业团队的有效工作,在团队内进行明确的分工是至关重要的。在进行分工时应注意以下两点:一要避免职权和责任的重叠和交叉;二要避免责任无人承担而引起的工作漏洞。由于创业初期面临的外界环境十分复杂,团队内部因素也不够成熟稳定,因此通常会不断出现新的问题,对于团队成员的离开和加入,应及时做出调整并快速适应,创业团队成员的职权也应根据变化进行不断调整。

小案例 初创企业"股权分配"

郭广昌在《赢在中国》现场告诉创业者:"既然一起创业,肯定不是雇佣和被雇佣的关系,当然要有股份了。如果不是在股份合作这个层面的话,就不存在一起创业的问题。至于怎么分,我觉得你要将心比心,很好地跟你的团队去沟通,这也是合作中最重要的一点,我觉得关键不是你看不看得到对方的长处,而是你能不能容忍对方的短处。如果怎么分变成一个很大问题,可能你们之间的默契还有问题。就以我们自己为例,怎么分从来没有成为问题。"

在个人创业的初始阶段,一定要具有"群做群分"的意识,这里所指的"群做群分",是指创业主导者来寻找一些志同道合的人一起合作,并且做到清晰且无争议的利益分配。在创业团队中,无论有几个合作者,在所持有的股份上可以做到大家平均,但在统一规划方面必须得确立一个主导者,不然就很容易出乱子。俗话说:"亲兄弟,明算账"。凡涉及权利义务与利益分配的问题,还是要一切先说清楚、讲明白,不能感情用事,也不能回避不谈。团队成员的股权分配是创业规划的一项重要工作。创业契约是创业者在找到创业伙伴后必然要思考、讨论、制定、执行的公司的第一份契约。合伙人要想成功、合作愉快,必须在合伙之前签好创业契约。有了创业契约,大家各司其职,那么最后可能成为一辈子的兄弟、伙伴。没有创业契约,那么最后很可能失败。

另外,企业的股权结构不能太复杂,或者说不能在开始阶段赋予别人太多权利,因为后续的投资人特别是风险投资人,会关注公司的股权结构,如果股权结构太复杂,那么谈判就很难进行。

5. 沟通交流

在找到有相同意愿的创业伙伴并做出相应的职权分工后,为保持团队的稳定,应就创业计划、股权分配等事宜进行深层次和多方位的沟通。只有创业团队成员之间保持充分的沟通和交流,才能及时地了解到对方对于企业建设、团队建设的想法。通过团队成员之间的互相学习和互相交流,能够减少矛盾的冲突,避免出现因沟通不足引起的解体,并能依据成员意愿共同朝着正确的方向开展企业的建设工作。

6. 建立制度体系

建立和完善企业规章制度是一个企业发展、强大的重要保证。规章制度的建立和完善,不仅对一些具体的和工作中的薄弱环节起到了制度化形式管理和推动,同时进一步挖掘了员工的潜能,调动了员工工作的主动性。

企业要建立一套健全的规章制度,正如一个人要有健全的四肢及协调性,各司其职,按章办事。一个企业更是如此,管理制度是否健全这尤为重要,制度是企业发展之根本,一个企业如果没有健全的制度其发展空间是非常狭隘的,因此,建立一套健全并行之有效的企业管理制度是企业发展的法宝。

需要注意的是,企业基本制度应保持一定的稳定性,不能频繁更换。企业不能今天上一套制度,过几天又换一套制度,应按照企业发展的需要有针对性地去补充完善制度,而不能动不动就推倒从来,制度没有延续性不利于基层管理有效推进。

7. 团队调整融合

在团队运作过程中,团队组建时在人员匹配、制度设计、职权划分等方面的不合理之处会逐渐暴露出来,这时就需要对团队进行调整融合。因此团队的调整融合应该是一个动态持续的过程。例如,小米公司由雷军创办,共有7名创始人,如今,小米已经上市,合伙人有走有留则是企业发展的必然。团队形成的威胁是团队成员之间的差异。不同成员来自不同组织,拥有不同的工作方法与行事风格,进而形成了不同的人生价值观。因此,在团队调整融合的过程中,首先要注意加强对团队成员的价值观、人生观、道德观的教育和社会责任感的培养，其次要加强对团队成员创新意识和创新精神的培养，努力提升创业团队成员的创业技能，明确大家一致的创业目标，制订大家认可的创业计划，实现团队成员齐心协力，推动企业的持续发展。

5.3 创业团队管理与激励

5.3.1 创业团队的基本管理

1. 目标与愿景

相信很多创业团队在某些阶段都会有这样的体会：不同部门的领导在忙着各自的业务，对其他部门的发展漠不关心，原本需要更多互相协作的部门，彼此之间成了"最熟悉的陌生人"，每个部门都在忙忙碌碌，却没有统一的终极目标，几乎所有人都感觉到企业发展缓慢……

当出现这些状况的时候，说明企业已经非常危险，部门之间目标不统一，企业内外部资源分散，这会严重影响团队成员的士气，急需采取一些必要的管理手段，来统一所有成员的目标，迫使企业重返正确的方向。简单来说，创业团队管理的目标就是保证团队工作的顺利运行，实现团队工作利益最大化，团队目标是创业团队的灵魂。

2. 组织价值观与行动规则

十人公司、百人公司和千人公司，其团队管理方法是完全不一样的，但对管理的最低要求是一致的。当有十个人的时候，可能只需要人治，以情谊为纽带就能带好团队。当有一百人时就必须开始讲管理、讲法制。人数到了一千时，公司就必须讲企业文化和价值观了，否则公司的组织可能随时面临崩溃。很多人不理解阿里巴巴为什么这么重视价值观，其实如果去除那些理想主义的因素，价值观是企业最有效的管理工具。阿里巴巴的使命、愿景和价值观，是阿里巴巴最大的核心竞争力。

使命和愿景绝对不是随便说说的口号，而是在生死关头要起至关重要的指路作用的。如当创业团队在赚钱途径方面发生分歧时，就要遵循使命和愿景。价值观也是一样的，能够在企业面临选择时起到指导作用。当上千人趋同于共同的价值观时，会带来两个显而易见的好处：一是沟通成本降低了，对问题的看法基本一致；二是管理成本降低了，让自底向上做事变成了可能。所以，团队价值观是创业团队生存发展的意志力量。

关于行动规章，除了通常的管理规章，创业团队还要注意以下几点。

1）决策统一，确立领导力

不管创业团队由多少人组成，公司都需要一个核心领导人。很多创业团队都是相互熟悉的朋友一起合伙组建的。在初始阶段，为了充分尊重创业伙伴的想法和意见，公司若有什么问题，都是一起讨论和做决定的。事实上，这样的做法会导致团队的执行力直线下降，特别是当公司管理层有不同意见时，下面的员工就不知道该怎么办事了，这将严重损害公司的正常运营秩序。

试想在创业初期，如果公司几个合伙人针对某一个项目提出了各自不同的想法，而且各有各的道理，最后不得不采取了折中的办法，那么结果可能一团糟。因此，比较合理的做法是，在讨论问题时，集思广益，一起积极参与，毕竟团队的力量是巨大的，但是在最终做决定时，一定要坚持由创业团队核心领导人来拍板，这才能确立其统一性和领导力。

2）团队精力，适当集中

不管是一个人，还是一个团队，其精力总是有限的，尤其是在未知的领域里。如有些创业者在创业初期为了寻找一个合理的办公场地，就经常会犯这样一个典型的错误：出于资金紧张，不想花一笔服务费，几个人便自己去找，但是在一段时间之后，仍然找不到合适的写字楼。这可能就会打击一些团队成员的信心，个别创业伙伴甚至会因此而离开团队，造成资金链更加紧张。试想如果创业团队能早点寻求业内人士的帮助，创业历程也许会变得顺利一些。所以说，一个团队的精力要集中在一个熟悉或相对熟悉的领域里，而不要肆意浪费在未知的领域。

3）个人利益服从团队利益，团队利益趋向创始团队

创业团队应该认定公司利益大于个人利益。由于你是公司发起人，你的搭档追随你而来，因此你应该在公司创始阶段与各位创始人讲明创业团队将来的利益分配问题，因为由利益分配问题而导致搭档关系破裂的例子不在少数。如果有可能，在利益分配方面，要尽量为团队成员多考虑一点。

4）创业团队归属感，身体力行做表率

创业团队要有归属感，每个初创成员都应该认同创业是自己努力奋斗的事业。有时在创业过程中可能会得到朋友的帮助，他们可能会对公司的发展很上心，也像创始人一样努力，但要记住，这仅仅是朋友之间的帮助，他们不属于创业团队的成员。如果创业者有幸遇到这样的朋友，应该心存感激。当然并不是每个创业者都是这么幸运的。最终企业的发展都要依靠自己的创业团队，核心领导要想方设法地让创业团队产生归属感，让每个人都认定这是共同的事业，并对事业成功有信心，不断激发他们的内在动力。还有一点，在创业路上会有很多想不到的坎坷，可能会有团队成员坚持不下去的情况，这种情况会很影响创业团队的士气，这时候创始人怎么办呢？创始人要做的是尽量让这位成员愉快地离开，并继续给剩下的成员打气。创业团队很多都是追随创始人，被创始人个人魅力所吸引的，所以创始人对创业团队很重要，创始人也要身体力行地给团队做表率。

3．运营与协调

1）创业团队的沟通

人与人之间最宝贵的是真诚、信任和尊重，人与人之间的桥梁是沟通。只有关心员工，善于听取员工的意见和建议，才能充分发挥其聪明才智，调动其积极性。企业决策时应广泛征求员工的意见，参与的员工越多，获得员工的支持就越多。沟通的目的是从心灵上挖掘员工的内驱力，为其提供施展才华的舞台，缩短员工与管理者间的距离，使员工充分发挥能动性，使企业发展贡献强大的动力。

团队沟通是指团队成员合理利用个人或团队的现有资源，处理团队内部各种人员关系与事务，调动团队成员的积极性，以实现团队的共同目标和团队的和谐发展。团队可通过电话、互联网等多种有效途径争取在消息的传达、商业信息的报告和运营报告等方面做到沟通顺畅，使下层员工能够很好地明白上层员工下达的任务和命令，上层员工能够很好地了解公司的运转情况。

2）创业团队分歧与冲突的解决方法

一个团队必须时时刻刻保持适当的张力，只有从外部引入竞争、引入冲突、引入动力，才能发挥其最大的整体效能。在团队出现分歧时，要总结每个人的观点，对其进行整合、归类，并采用全体成员投票表决和核心领导决策相结合的方法来解决问题。

在遇到冲突时，首先要对每个成员进行劝说，让成员换位思考，以使其能理解别人、认同别人。如果劝说无效，且冲突在一定程度上影响了任务的完成和计划的正常进行，那么可根据利益关系和规章制度，以及考虑团队将来的发展规划，对有错的一方给予处罚。

3）创业团队的管理风格

采取权力集中制的管理办法，下设立管理小组，小组成员由各部门的经理担任，管理小组采用总经理一人领导，部门经理协助的方式组建，各部门依次以类似的方式设立管理小组，各部门可以按照各自的情况做出相应的调整，在向最高领导层报告问题时逐级上报，如遇紧急情况，可以直接向部门经理和最高领导层报告。

4. 基本管理

1）明确创业目标

创业团队的总目标就是要通过解决创业阶段的技术、市场、规划、组织、管理等各问题来实现企业从无到有、从起步到成熟。在确定总目标之后，为了推动团队最终实现创业目标，需要再将总目标加以分解，设定若干可行的、阶段性的子目标。

2）制定创业计划

在确定了阶段性的子目标及总目标之后，紧接着就要研究如何实现这些目标，这就需要制定周密的创业计划。创业计划是在对创业目标进行具体分解的基础上，以团队为整体来考虑的计划，创业计划确定了在不同的创业阶段需要完成的阶段性目标，通过逐步实现这些阶段性目标最终实现创业目标。

3）招募合适的人员

招募合适的人员也是创业团队管理中关键的一步。关于创业团队成员的招募，主要应考虑两方面问题：一是互补性，即考虑其能否与其他成员在能力或技术上形成互补。这种互补性的形成既有助于强化团队成员间彼此的合作，又能保证整个团队的战斗力。一般而言，创业团队至少需要管理、技术和营销三方面的人才。只有在这三方面的人才形成良好的沟通协作关系后，企业才可能实现稳定高效的发展。二是规模适度，适度的团队规模是保证团队高效运转的重要条件。团队成员太少无法展现团队的功能和优势，而过多又可能会产生交流的障碍，团队很可能会分裂成许多较小的团体，大大削弱团队的凝聚力。一般认为，创业团队的规模控制在3～5人之间最佳。

4）职权划分

为保证团队成员能够执行创业计划、顺利开展各项工作，必须预先在团队内部进行职权的划分。创业团队的职权划分就是根据执行创业计划的需要，具体确定每个团队成员所要担负的职责及相应所享有的权限，团队成员间职权的划分必须明确。

5）构建创业团队制度体系

创业团队制度体系体现了创业团队对成员的控制和激励能力，主要包括团队的各种约束制度和激励制度。一方面，创业团队通过各种约束制度（主要包括纪律条例、组织条例、财务条例、保密条例等）指导其成员避免做出不利于团队发展的行为，实现对其行为的有效约束、保证团队的稳定秩序。另一方面，创业团队要实现高效运转就需要有效的激励机制（主要包括利益分配方案、奖惩制度、考核标准、激励措施等），使团队成员能看到随着创业目标的实现，其自身利益将会得到怎样的改变，从而充分调动成员的积极性、最大限度发挥团队成员作用。要实现有效的激励，首先就必须把成员的收益模式界定清楚，尤其是关于股权、奖惩等与团队成员利益密切相关的事宜。需要注意的是，创业团队的制度体系应以规范化的书面形式确定下来，以免带来不必要的混乱。

6）团队的调整与融合

完美组合的创业团队并非在创业一开始就能建立起来，很多时候都是在企业创立一定时间以后随着企业的发展逐步形成的。随着团队的运转，团队组建时在人员匹配、制度设计、职权划分等方面的不合理之处会逐渐暴露出来，这时就需要对团队进行调整融合。由于问题的暴露需要一个过程，因此团队调整融合也应是一个动态持续的过程。在完成了前面的工作步骤之后，团队调整融合工作应该专门针对在运行中出现的问题，不断地对前面的步骤进行调整，直至满足实践需求为止。在进行团队调整融合的过程中，最为重要的是要保证团队成员间经常进行有效的沟通与协调，培养强化团队精神，提升团队士气。

5.3.2 创业团队的激励

激励，即为了特定目的去影响人们的内在需要或动机，从而强化、引导或改变人们行为的反复过程。激励存在于人力资源管理的每个环节，每个环节又都体现员工的价值。创业团队要想吸引和留住优秀的人才，离不开有效的激励。有效的激励能让员工感到下一步还有新的机会。创业团队激励的作用在于吸引优秀的人才加入团队中，使团队不断发展壮大，加强组织凝聚力，开发成员的潜在能力，提高成员素质，促进团队成员充分地发挥其才能和智慧，保证工作的有效性和高效率，留住优秀人才。德鲁克认为，每个组织都需要三方面的绩效：直接的成果、价值的实现和未来的人力发展。因此，每一位创业团队的管理者都必须在这三方面有所贡献。在这三方面的贡献中，对"未来的人力发展"的贡献就来自激励。要提高团队成员的自觉性、主动性和创造性，就需要造就良性的创业环境。科学的激励制度包含一种竞争精神，它的运行能够创造出良性的竞争环境，进而促进创新思维的产生。在具有竞争性的团队中，成员会感受到来自环境的压力，这种压力将转化为不断创新工作的动力。

创业团队成员本身具有分离倾向，团队管理稍有松懈就可能导致团队绩效大幅下降。如果缺乏有效的激励，团队难以长久，有效激励是企业长期保持团队士气的关键所在。有效激励即给予团队成员以合理的"利益补偿"，"利益补偿"往往分为两种形式：一种是物质条件，如金钱、工作环境；另一种是心理收益，如工作成就感和社会地位，使其感受到尊重、认可和友爱等。

1. 创业团队激励的原则

第一，树立正确的理念，坚持以人为本的原则。正确的理念简单来说，就是要形成分享财富的理念，与帮助企业创造价值和财富的人一起分享财富。

第二，了解团队成员的利益需求，坚持个性化激励原则，进行有针对性的激励。正确判断创业团队成员的利益需求是有效激励的前提。马斯洛的需求层次理论指出，人类的需要是分层次的，由低到高，它们是生理需求、安全需求、社交需求、尊重需求、自我实现需求。

每个成员都是带着自己的需求走进这个团队的，只有了解他们的需求才能有效地调动他们的积极性。不同的成员或同一成员在不同的时间和环境下都会有不同的需求。如有的成员比较重视拥有自主权及创新的工作环境，有的成员比较重视创业初期的工作与私生活的平衡及事业的发展机会，有的成员则比较重视工作的稳定性及公司的利润。因此，创业团队的领导者必须加强与团队成员的交流，既要考虑物质层面的激励，也要考虑精神层面的激励，针对各成员的情况采取合理的激励措施。

第三，实施合理的分配方案，制定科学的、公正的、有效的激励机制。激励机制一定要体现公正的原则。把报酬和绩效挂钩，不过要注意的是，绩效并不是只指某一个阶段的业绩，而是指企业早期运作的整个过程的业绩。同时要体现出差异化，在早期股份配置时，应严格避免平均分配合伙人股份的情况出现。随着公司和项目的发展，不可避免地会需要引进一些新的管理人才。因此在早期进行利益分配时，并不需要一开始就把股权分得干干净净，可以留下余地，给后来的人一定的空间。具体的操作方式是，可以设置员工期权池。此外，还要充分考虑灵活性。各团队成员在某个既定时间段的贡献也有大小之分，而且会随着时间而发生变化，团队成员也可能会由于种种原因必须被替换。灵活的报酬制度包括股票托管、提取一定份额的股票以备日后调整等，这有助于让团队成员产生一种公平感。

2．创业团队激励的方法

1）合理利用经济利益进行激励

创业企业的产权一般比较明晰，机制灵活，所以对创业团队成员来说，可以把期权激励作为经济激励的一项重要内容来实施，把传统的以现金为代表的短期经济激励和以期权为代表的长期经济激励结合起来，体现人力资源的价值。在企业创立初期，团队内部应该签署协议，明确每个团队成员的名义股份及按服务时间逐步释放的原则。例如，技术总监的名义股份为10%，则这些股份应该在工作3年且发挥相应作用后完全授予。一开始其能得到该名义股份的34%，以后每工作满一年时，能够得到22%。如果工作满两年，那么将得到10%（34%+22%+22%）= 7.8%的股份，剩余2.2%将添加到由CEO代持的预留股份中，名义股份的具体调整可以在工商行政管理部门变更工商章程时得以实现。由于期权激励工具都对激励对象利益的兑现附带有服务期的限制，因此这种做法较好地实现了对团队成员的持续激励，对稳定团队的作用也比较明显。

此外，可建立鼓励团队合作的奖励机制。可将个人的一部分报酬，尤其是浮动薪酬，与团队成果有机地结合起来。同时在进行年度固定薪酬调整时，可考虑个人在团队合作方面的表现。例如，在个人全部的现金收入中，75%为固定薪酬，25%为浮动薪酬。在25%的浮动薪酬中，其中70%与个人业绩挂钩，以奖励创业团队成员在个人业绩及坚持团队价值观和团队文化等方面的出色表现，另外30%与团队成果挂钩，只有团队达到既定目标，个人才能得到这部分的浮动薪酬，以此鼓励队员协同合作，将个人利益与团队利益有机地结合在一起，为实现团队的共同目标而努力。

2）合理授权进行激励

通常，创业者具有极强的进取精神，创业团队又是高知群体。他们不仅为追求经济利益而进行创业活动，还为了得到成就感及社会地位上的满足。《成就激励论》中指出，在人的基本需要得到满足的情况下，人们还有权力需要、友谊需要和成就需要。对于有成就和权力需要的人来说，从成就和权力中得到的激励远远超过从物质中获得的激励。但是，从团队的生命周期来看,当团队发展到追逐权力的阶段时,团队冲突增加,矛盾加剧,团队效率降低,部分核心成员可能选择离开团队。研究表明,约有80%的团队在"争权夺利"这个阶段就停止了发展。因此,在运用授权进行激励的过程中,需要设置目标,目标设置必须同时体现企业目标和个人目标。另外,需要对团队的每个员工做详细了解和分析,包括其职位、性格、能力、家庭背景、学历、个人喜好、职业生涯规划等,在此基础上一对一地做好相应的激励措施。

3)自我成就价值

自我成就价值对于每个创业者来说都是可遇不可求的,其重要性有时甚至超过了金钱与权力。NBA对球技出众的球员会设计出很多精神奖励规则,如季前赛MVP、季后赛MVP、全明星赛、名人堂等。球员若能够获得这些奖励,则代表得到了无上荣誉,这些荣誉不仅给其带来名气增长,还给其带来场内场外收入的不断增长。所以,在团队内部设立某些荣誉奖项,如销售能手、业绩冠军、优秀团队等,有时对激励创业成员能起到意想不到的作用。

4)团队文化的激励

团队文化是固化剂,团队凝聚力的培养离不开团队文化的建设。团队文化对团队建设的积极作用主要表现在团队通过营造一种积极向上、相互尊重、相互信任的文化氛围来协调企业内外的人际关系,通过调动成员的积极性、主动性和创造性来增强团队的凝聚力和竞争力,使团队成员与整个团队同呼吸、共命运,把领导者、团队成员与团队整体紧紧连接在一起。团队文化的精髓就是强调合作精神,只有团结合作才能成就共同的目标,从而满足团队成员各自的需求,为团队营造一种快乐和积极进取的氛围。要形成真正良好的氛围,关键在于彼此信任,没有信任就没有尊重,也就没有相互关怀和支持。创业团队成员之间的信任程度,将在一定程度上决定团队的沟通程度,进而影响整个团队的凝聚力。

3. 创业团队激励的注意事项

创业团队的激励需注意以下几方面。

(1)允许失败也是激励。允许失败是积极向上和富有创新精神的环境的典型特征之一。创业的过程是一个不断试错的过程。管理者应让一切具有创新精神,因遭受挫折而感到沮丧的员工都知道,只要他的方法是正确的,那么即使结果失败,也是值得鼓励的。

(2)从完整意义上来说,激励应包括激发和约束两层含义,奖励和处罚是对立统一的。美国的心理学家斯金纳提出了激励的强化理论,包括正强化和负强化,也就是说激励并不全是鼓励,它也包括许多负激励措施,如罚款、降职、降薪甚至淘汰。因此,创业团队的管理者在设计激励机制时,不能只考虑正面的奖励措施,而轻视约束和处罚措施。创业过程虽然艰辛,成员付出心血,但也要奖罚分明。

(3)创业团队的利润分配体系必须体现出个人贡献价值的差异,且要以团队成员在整个创业过程中的表现为依据,而不是只考察某一阶段的业绩。其具体分配方式要具有灵活性,既包括诸如股权、工资、奖金等物质利益,也包括个人成长机会和相关技能培训等内容,且能够根据团队成员的期望进行适时调整。腾讯公司马化腾的创业团队多年来十分稳定,这与其利润分配机制的有效性是分不开的。虽然腾讯公司的股权多次转让,但是它的5位创始人一直共同持有公司的大部分股份,公司的上市更是使创业团队的成员均成了亿万富翁。

总之，创业团队对于一个刚刚起步的公司来说是非常重要的，所以一定要做好员工激励，否则公司很容易"夭折"。创业团队的领导者必须深入地进行调查研究，不断了解员工需要层次和需要结构的变化趋势，与时俱进，有针对性地采取措施，才能收到实效。

5.4 初创企业的运营管理

企业的运营管理涉及企业文化的建设，企业的财务管理、人力资源管理，包括员工的招聘、培训和薪酬等，创业者在创业初期，由于资源缺乏，常常身兼多职，兼顾战略制定、人力资源管理、团队建设、财务管理、市场管理、业务与技术管理等工作，经常遇到形形色色的管理问题和困惑，这对创业者而言是不小的挑战。本节将初创企业的运营管理分为领导力与执行力、财务管理、人力资源管理、企业文化四大模块，并分别进行论述，探讨初创企业运营的解决方案。因这四部分涵盖的内容极其广泛，本节不可能面面俱到，所以重点挑选出创业者最关心、最迫切想解决的运营管理问题。同时，每个创业者在运营管理时面对的具体情景不尽相同，在管理实践时要学会见招拆招，不拘泥于现成的教条知识，遵循"管理是特定情景下的实践"这一原则，多思考、多尝试，不断总结经验、提高自身解决问题的能力，建立适合自己企业的企业文化和运营模式。

5.4.1 初创企业的领导力和执行力

创业者需要不断提升自己的领导力和强化团队的执行力。创业的领军人物在企业战略、组织团队、融资等这些关键方面都要依靠自己，不能指望别人。创业的领军人物必须有远见、胸怀大志，既要懂得战略也要懂得战术，说到底，企业的一切事项都是他的责任。因此，创业者要培养自己的领导力，除此之外，还要有强大的心理、勇于冒险，具备百折不挠的精神，这些都是领导力的展现，是鼓舞和带领团队不断前进的动力。

初创企业的管理者每天都会面临大大小小的公司事务，显然，他不可能同时对所有的事情进行决策，这就需要根据事情的重要程度和时间的紧迫程度来进行区分，分清哪些是应优先处理的事情，哪些是可以暂缓处理的事情。根据事情的轻重缓急，可以将事情分成四类。

（1）重要且紧急的事情。这类事情是管理者应该高度重视的，需要投入最大限度的资源来解决，如果解决不好，会影响公司工作的开展。

（2）重要但非紧急的事情。管理者应该集中精力解决这类事情，由于时间十分充裕，因此可以充分地安排完成的时间和资源配备，及时将这些事情解决。

（3）非重要但紧急的事情。管理者应该将这类事情加入日常的工作规划，这类任务一般需要的资源较少，只要及时地督促任务的执行进度，一般情况下都能够顺利地完成。

（4）非重要非紧急的事情。这类事情可以稍微放下，可以暂且不管，集中精力解决好其他的事情，等有多余的精力再来解决这些问题。

时间管理的出发点在于，学会确定处理事情的优先次序，考虑事情的轻重缓急，要提前做那些重要但不紧急的事，这样可以减少重要又紧急的事情发生。

管理者除了需要在时间把控上进行高效的决策，还需要掌握决策的相关知识和信息，具备敏锐的直觉和深入的洞察力，协调好各利益群体的分歧。5G 时代加快了信息的传输，减少了公司的层级，形成了极度扁平的组织结构。这样的结构能够减少层级之间由于互相汇报而浪费的时间，同时企业管理者也会获得更多来自一线的消息，但这也会产生由于信息过多而难以决策的情况。因此管理者既要保持扁平的组织结构来维持信息传达速度，又要学会信息筛选的方法。

企业管理者可以通过以下途径提升领导力和执行力。

（1）加强沟通。管理者每天约花费70%的时间在协调沟通上，协调沟通成为日常管理最重要的环节。最有效的沟通是直接面对面交谈，但也要把握好谈话的技巧，如可以在谈话正式开始之前，先岔开话题，缓解一下气氛，让对方觉得你们是在平等的基础上进行交流的，放松地吐露自己内心的真实想法。当双方有争执时，适当地退让来显示你的风度，也能防止事态升级，但一定要落落大方。加强与员工的沟通，可以建立企业的进言文化，形成民主和谐的氛围。同时，管理者也要认真听取员工的建议，将员工视为重要信息的提供者，倾听他们的意见并加以深思熟虑。最后，管理者要将自己的决策结果加以公示，说明在进行决策时考虑了多方的意见。

（2）控制与授权。充分的授权是提高下级执行力的有效方式，随着公司事务的增多，管理者可以将自己手中的权力授予属下最信任的人，自身保留决策权。员工不应仅仅被告诉做什么，也应被赋予权力和明确需承担的责任。在这个过程中，最重要的是要做到奖罚分明，若无一套奖惩制度，那么属下便会随心所欲地行使手上的权力，影响绩效目标的达成。

（3）选对有执行力的员工。员工能力与任务要求不匹配会导致执行力低下。企业要合理配置员工，一方面，让员工了解岗位的能力需求标准，对岗位所需要的核心技能、必要技能有明确的阐述；另一方面，建立评价选拔机制，通过内外部竞争的方式挑选合适的人选，进而提高执行力。做到用人时量才适用，把合适的人安排在合适的岗位上来充分发挥其能力。

5.4.2 初创企业的财务管理

对于公司创始人来说，为了准确评估公司的现状，要能理解最基本的财务语言，识别关键财务指标，看懂财务报表，如资产负债表、损益表、现金流量表，了解重要的财务名词，如资产/负债、账面价值/市场价值、收入/支出等。

小案例　常见的公司财务报表

1）资产负债表

可以把资产负债表简单理解成一个盘点表，是指对特定日期（如季度、年末或任意一天）企业所拥有的资产、负债和所有者权益的统计，反映企业的日财务状况，初创企业的管理者只需要了解资产负债表里的每个科目统计、归类的是什么就可以了。资产负债表满足恒等式：资产=负债+所有者权益，所有者权益=资产-负债，对于企业来说经营就是为了盈利，盈利的结果最终都会反映在所有者权益增加里。举例说明：企业刚刚开业，什么都没有，只有股东的实缴资本，假设只有一个股东实缴了100万元，那这个股东拥有这家企业，他的所有者权益就是100万元，所有者权益100万元的表现形式就是100万元的银行存款。反映在报表上就是，银行存款100万元，实收资本100万元，即所有者权益（100万元）=资产（100

万元）-负债（0元）；企业开业，业务开展了，A员工借出备用金5万元出差，B员工花费0.5万元购买电脑。那么就是银行存款减少5.5万元，其他应收增加5万元，固定资产增加0.5万元。因为A员工的5万元还没花出去，B员工购买的电脑又是公司的固定资产，所以对于股东来说，没有费用的产生，也没有收入，所以他的所有者权益并没有任何变化，还是100万元，只是100万元的表现形式为5万元的其他应收，0.5万元的固定资产及94.5万元的银行存款。

2）利润表

利润表可以视为考核表，反映企业经营了一段时间后赚了多少钱，反映的是企业在一定会计期间（如本月、本季、本年）的经营成果，这个经营成果最终会反映到未分配利润里，影响所有者权益的变动。收入-成本-费用=利润。接前面的案例，若A员工出差，5万元的备用金花掉了，其中2万元用于业务招待、2万元用于机票、1万元用于住宿，然后谈成了一个30万元的单子，下月付款。对于企业来说，5万元已经形成了费用，花掉了，同时也产生了30万元的收入。那么本阶段的经营成果就是盈利25万元。反映在资产负债表里就是5万元的其他应收转化为费用，应收账款增加30万元，未分配利润增加25万元。

3）现金流量表

现金流量表可以视为对公司银行账户里进进出出的钱进行分类的表，如经营、投资、筹资，这样就能知道收入是通过经营赚的还是别人投资的，有助于评价公司的支付能力、偿还能力和周转能力。例如，公司账上的钱很多，乍一看还以为公司盈利不错，可是一看现金流量表才发现原来这些钱都是别人投资的，这一年公司主营业务基本没怎么赚钱。又如，只看利润表发现公司主营业务收入1000万元，可是再看现金流量表经营活动产生的现金流入还不到100万元，这主要是因为在财务上，大部分营利性公司都采用权责发生制，简单来说就是发生了就入账，即你出货，但是钱还没收，实际上这项交易已经完成，那你就要计收入，没收回的钱放在应收账款里面管理。所以主营业务收入1000万元，而现金流量表里的经营活动产生的现金流不到100万元，这个时候就要考虑公司的持续发展可不可靠，考虑其出货多久才能回款。企业管理者需要了解现金流量表里的每个科目统计、归类的是什么。

无论如何，管理者自身很难成为一个财务管理专家。优秀的财务管理人员对企业的发展至关重要，他本身不但要具备极高的专业素养，还要能为企业经营提供专业的分析和建议。因此，选用正确的财务专业人员，是管理者解决财务技能不足问题的捷径。

初创企业在进行财务管理时要遵循以下原则。

（1）加强管控。加强管控以降低成本，提升利润空间。如在桶装水生产企业，单桶成本价为最重要的因素，公司就应下大力气，控制采购等各个与成本有关的因素，以求事半功倍。

（2）建立内部核算体系。在创业初期，核算不一定要标准化，提高管理效率是首要的。

（3）学会看财务报表。一般人只看利润表，比较简单，一目了然。但对创业者来说，现金流量表最为重要，只有纸面的利润而没有实际现金的流入，事业很快就会"枯萎"。

除此之外，还要注意原始资料要保持完整；与用户的账要搞清楚，特别是明细账；自己要核对银行对账单；有关差旅的费用要先确定限额及报销方法等。

5.4.3 初创企业的招聘、培训和薪酬管理

1. 招聘

对于招聘,首先,初创企业要明确应该招聘什么样的人才;其次,要明确合适的招聘方式;最后,要明确确定通过哪些途径留住人才。

1)初创企业应该招聘什么样的人才,不宜招聘什么样的人

初创企业由于刚刚起步,应选择工作效率高、可用性强、不断自我提高、包容性强、不畏失败、有想法的人才;不宜招聘与企业文化不契合、频繁跳槽的人及职业经理人,他们往往只注重短期的利益,缺少主人翁意识,不利于企业的发展。

2)如何利用合适的方式进行招聘

初创企业可以以内部招聘和外部招聘相结合的模式进行招聘,且内部招聘应为主要的招聘方式。外部招聘不确定性多、风险大,因此,外部招聘最好是在内部招聘已经无法满足企业的招聘需求时才使用。企业应不遗余力地进行内推,让每个人都参与其中;在外部招聘的过程中,管理者应亲自面试每个候选人,既保证人才素质高,又能向候选人展现自己的诚意,留住人才。

3)如何留住人才

对于并非抱着十足的创业心态而来的员工,他们认为工作仅仅是工作,相比于领导口中的梦想,他们更关心下个月涨多少工资,对这样的员工,管理者应尽可能满足他们的需求,如果他们执意离开,那也不必多方挽留。

管理者真正要留住的是真心为了企业发展而工作的人才。首先,管理者应明确这样的人才有什么特征。观察发现,这样的人才往往有着事业心和使命感,他们看中了初创企业的成长性,坚信能够在企业的成长过程中收获一番属于自己的事业;其次,要留住这样的人才,就要让他们认同企业的愿景和使命。在日常的管理工作中,管理者要多与这样的人才进行交流,谈谈自己未来的规划,如果条件允许,可以让他们参与到企业的决策过程中,让他们意识到自己在企业中的重要性;此外,管理者可以有意识地将自己的企业打造成一个有理想、有创造的社群,让员工在这样的社群中工作,交流彼此的价值观和想法,让企业成为员工提升自我的平台。

2. 培训

无论是新技术的研发还是新市场的拓展,员工的素质都起到决定性的作用。然而,现在的很多初创企业不重视培训模块,认为这一模块投入和产出的周期过长,实属不明智的投资。因此,可以选择合适的培训方法,设置"柔性"的培训体系,以平衡投入和产出的关系。

初创企业由于资源有限,没有足够的预算请外部讲师给员工进行培训,因此挑选优秀的员工作为内部培训师是比较实际的做法。初创企业在开拓市场的过程中充满未知性,企业的战略往往需要不时地调整,这使人才的缺口难以预测,从而难以使培训达到预期的效果,这就需要建立"柔性"的培训模式,其关键步骤如下。

(1)锁定关键人才,形成"专家发展中心",以完善人才储备。

（2）聚集企业内部的各类问题，打造"实践平台"，这一步将会积累"实践机会"这类培训资源。

（3）提炼组织内的各项知识成果，形成"学习平台"，这一步将会积累"组织知识"这类培训资源。

"柔性"培训体系通过两个人才流动的循环解决了人才快速培养的问题。第一个循环是在"实践平台"和"专家发展中心"之间的，后者向前者输送人才，而前者则通过时间打磨出人才成品，将其送回后者；第二个循环是在"学习平台"和"专家发展中心"之间的，后者向前者输送人才，而前者通过各种人才培训项目完成知识灌注，将其送回后者。

3. 薪酬管理

初创管理团队往往会发现，员工在开始时工作积极性很高，用"梦想""愿景"为员工描绘美好的未来就能让员工动力十足地工作，但时间一长，创业的新鲜感和热情消退，员工的积极性就会被严重挫伤。因此，物质激励和精神激励缺一不可。关键是如何平衡两者在激励过程中所占的比重，如何以正确的方式调动员工工作的积极性。

对员工的激励方式要根据不同成熟度的员工区别开，切不可"一刀切"或盲目对员工进行激励。对于刚毕业的学生群体，他们普遍处于工作成熟度和心理成熟度不高的阶段，实践能力不足，若管理者强制压迫，员工的绩效和效率就会降低，对他们采取晋升和加薪的制度，就能提升员工的归属感和忠诚度，自觉地为实现组织目标而奋斗。而对于心理成熟，具有较高的自信、能力来承担工作的员工，他们往往是核心人员，管理者不应过多干预他们的工作，而应充分地授权，激发员工的奉献精神和主人翁精神。

5.4.4 初创企业的企业文化

1. 人力资源管理让企业文化落地

1）招聘与企业文化相契合的人

在设计招聘政策时，招聘人员要通过有目的的公关活动和广告宣传，让应聘者了解企业文化，特别是企业的核心价值观，招聘人员还要开发合适的测评工具，只录用与企业文化契合度较高的人员。

2）利用培训来让员工了解企业的文化

企业文化认知培训不是发放一本文化手册就完成了，还要反复在培训过程中加强，让新员工持续认知企业的愿景、使命、核心价值观等文化理念。同时在企业的架构、各职能部门、员工的规章制度、岗位介绍等方面对员工进行培训，让员工既能快速地适应工作，也能从中了解企业文化。当然，理论的讲解必须与实际操作相结合，例如，公司的费用报销流程培训，可以让新员工模拟填写票据并用胶水粘贴。另外，在说明个人办公要求后，可以安排新员工和管理者进行对话活动等。

3）沟通是建立良好员工关系的强力纽带

良好的员工关系管理有助于团队凝聚力的提升和企业文化的积淀。沟通是员工关系建立的通道，企业毕竟是一个群体性组织，要建立良好的关系，关键是常沟通。双向沟通是一种有效的形式，沟通不仅代表着信息的发送和接收，更重要的是代表着信息的反馈和确认。管理层可以通过各种灵活务实的沟通机制，让所有员工都能理解企业的价值观，从而让员工心目中真正地形成对企业的认同感。

2. 建立企业的核心价值观

优秀企业的核心价值观具有以下特征。
（1）符合企业发展战略与总体利益，并非是直接嫁接其他企业的价值观。
（2）简单凝练，获得企业全体员工的普遍认同，成为日常工作的行为准则。
（3）在企业内传播广泛，能够有效促进员工的沟通，减少分歧和冲突。
（4）端正员工的工作作风，提高员工工作的积极性。

当然，如果仅仅是将核心价值观作为口号放在宣传手册上，便会大大降低核心价值观的作用，这就要求企业能够将核心价值观实实在在地在员工的日常工作中践行，在反复践行中让价值理念深入人心。

3. 利用互联网构建企业文化

匿名绩效反馈系统是一个基于网络的员工绩效考核平台，它不仅能考核员工的绩效，还能传递一种竞争、相互帮助的企业文化，把绩效考核、企业文化和社交活动结合起来，可增强工作的趣味性。

企业微信号可以承担企业的部分营销功能，也可以提供信息查询、移动办公、员工考勤等功能，还可以创建"服务微课堂""营销微课堂"应用，及时发布培训资料及宣传资料。企业可以通过使用"微课堂"的功能，进行企业文化方面的培训和宣传，承担其文化导师的职责。

随着 5G 时代的到来，企业培训中会植入互联网文化。培训内容要丰富、个性化，如在给员工提供沟通技巧培训课的同时，还可以提供摄影艺术、烹饪美食的培训课。也可以引入游戏元素，或者添加一些新手段，如微信签到、移动学习、课程众筹等，让企业显得与时俱进。企业也可以利用社群运营的模式来进行培训，让每个员工贡献自己的智慧，而不只是由企业单方面输出，如搭建类似"知乎"的平台，让员工之间互相解决疑难问题。企业社群之间频繁地互动，传递彼此的价值观和思维方式，有助于构建企业分享、学习的文化平台。

小案例　如何培育企业文化

B 公司是一家制造业企业，主要生产耳机，其合作单位都是世界 500 强企业。B 公司从小作坊开始做起，该企业的员工离职率是同行业内较低的。B 公司的企业文化相对简单，本书重点讲解以下三方面，因为这三方面能够改善企业员工工作态度，减少离职率，解决招人难的问题。

（1）企业愿景和价值观的塑造。首先是让中层管理者和带班长必须要清楚企业价值观，并且能清晰地讲出企业为什么树立这样的价值观，然后把价值观慢慢渗透给员工。

（2）福利。说到福利，很多企业的福利可能就是聚餐或节日礼品，但是 B 公司做得好的一点就是其根据季节天气为员工提供所需，如在夏天，企业就会安排分发冷饮、藿香正气水、安排食堂煮绿豆汤；遇到恶劣天气，企业会要求管理者和主管保证员工上下班安全，安排车送或提供雨具。福利往往体现的是企业平日对员工的关注和关爱，能够让员工感恩企业。

（3）业余文化。对于业余文化，很多企业做得相对较少。如果业余文化既能给员工增加一小部分收入，又能提升员工的能力，还能为企业寻找和培养人才，减少离职率，那么该怎么做呢？就是企业把奖金分出一部分来用另外一种形式奖励给员工，让员工慢慢发现自己无论在工作上还是生活上都有很大的改变，对待工作的态度就会有很大的改变。企业在发展过程中，要善于用各种奖励方式激励员工，造就了员工对公司的信任度和依赖感。

（以上文字摘编自知乎，作者善护念）

案例："高阁"的团队发展

广州毛毛虫网络科技有限公司，是一家新型商业场地运营公司，专注于高校闲置活动场地的整合及业务场景开发，对内解决高校场地资源大量闲置浪费的问题，实现"以馆养馆"，提高场馆的经济与社会效益；对外通过精准配置需求，制定价格为市面对标场馆 7 折的高性价比场地解决方案。

公司针对高校场地闲置问题，坚持"合理配置供需"的核心理念，解决了高校场馆开放的校园安全、商业与学术平衡、经营效益三大重点问题，从而创造了更具性价比案例："高阁"项目团队的组建与激励。

"高阁"团队创始人陈祺环出生于广州商人家庭，受父母影响，从小便对商业有着浓厚的兴趣，并从大一正式开始了其创业之旅。

在创业早期，由于经验与资源的不充足，其四处碰壁，频频受挫。多次的创业失败经历不但没有磨掉他的意志，反而开拓了他的视野，让他积累了资源，最重要的是，他找到了一群志同道合的人，组成了一支强大的团队。

终于，在大三那年，通过常年对校园市场的调研，他发现了校园具有大量闲置的场地资源可供社会进行会议、广告展示和发布会等这一商机，但由于中国早期高校的封闭，因此发现这一商机的人数非常有限。

但现在高校闲置场馆开放符合政府资源集约型发展的思路，高校的开放程度正逐渐提高。同时，经过全球会务行业数据显示，在国外已经有 21.1% 的会议是在学校中进行的，而早期的中国由于教育体制封闭导致该比例不足 1%。

凭着敏锐的嗅觉，陈祺环和他的团队没有放过这巨大的潜在市场空间与合适的时机，于是以"整合与开发闲置高校场地，以促进场地资源利用优化"为使命，以"颠覆与差异"为基因的广州毛毛虫网络科技有限公司成立了，"高阁"网络平台也应运而生。

1."高阁"的市场切入点和前景（高校闲置场地价值）

谈到高校场地，不少人的观念还停留在 10 年以前，认为高校场地不够华丽，档次不够高，陈祺环表示："我们一直致力于化解这种观念，今年我们先后承接了唯品会技术战略规划会、太平洋保险年会、搜房网经纪大会等大型会务，并在不同高校场地圆满举行，获得了用户的好评。"可以确定的是高校场地的档次、"高阁"承接大型会务的能力都已经得到了这些行业巨头的认可。

2. 闲置场地分享经济及自带的竞争优势

分享经济是一种提倡物尽其用、合理配置资源的新经济形态。在竞争中分享经济平台不同的特点将会对竞争产生不同的影响，也会面临不同的问题。

3. 分享经济的市场策略

基于闲置资源本身的属性和特色将其嵌入不同的合适应用场景，可达到资源再分配、优化资源利用率的目的。此时，作为分享经济平台，要与本身专注于这块领域的从业者（如出租车、酒店）竞争，搭建符合闲置资源的运营模式尤为重要，如何结合资源本身的特色做出差异化，提供特色的服务是所有分享经济平台面临的问题。而这是由平台的战略决定的——整合出来的闲置资源要怎么用，也决定了市场的切入点。

4. "高阁"创始团队

"高阁"创始团队人数：正式 7 人，兼职 4 人。

"高阁"创始团队的组建主要可以分为以下几个阶段。

（1）初创期——初创期的"高阁"每个人没有具有很强内在逻辑的分工，队内的每个成员基本能独立地完成每一个业务。他们自己找用户，自己服务用户。除财务之外几乎每个人的工作都没有特别大的不同。尽管这个模式和分工在现在看来很拙劣，但仍然产生了一些有趣的甚至是长远的积极影响：一是团队中的每个人都对业务流程及每个环节遇到的问题非常清晰，而且能够很快地达成共识；二是每个人都是全能的，也就是可以做到人力资源利用率的最大化，不会存在由于目前没有相关的工作而闲下来造成人力资源浪费的现象，这实际上是"高阁"前期能够生存下来的重要原因；三是这样的模式要求每个人都能勇于承担责任，独立解决问题，毕竟每个业务都是由一个人负责的，他没办法推卸责任，出了问题也要自己想办法解决，解决不了再由团队合力解决。这种模式将团队的责任感和执行力大大提升了。

（2）搭建新架构，引入"互联网+"——尽管初创期的模式有一些优点，但初创期的短板仍然是显而易见的。于是，团队根据每个人在业务上擅长的不同板块重新进行分工。如其中一个人总能不断地找到新业务，那就由他来组建市场推广销售部门；另一个人的用户回头率特别高，那就由他来完善团队的服务体系。

同时团队对目前的一些问题很快达成了共识，并希望通过互联网工具进一步优化其业务流程，提高效率，降低人力资源成本。于是，团队开始物色现有技术人员并邀请其加入，为原本做市场出身的团队注入了互联网基因。

在这个阶段，团队将一部分重心从业绩转向对产品的打磨上。因为他们相信，通过互联网标准化业务流程后，业务效率将会极大提高，同时也为扩大规模化打下了地基。

（3）确立公司战略，明确分工——梳理整个公司的商业逻辑，并制定公司的战略规划，创业团队意识到，一个公司想要通过互联网提高效率，并不只是增加一个技术部这么简单。

于是，团队在这个阶段把重心完全放在 caugoo 网站平台上。尝试让每一次合作都走线上的流程，不放过任何一次打磨产品的机会。他们通过 caugoo 网站将每个部门连接起来，当业务推进到对应的步骤时，就让相应的员工去跟进服务。

总体来说，"高阁"的团队组建是与公司的发展阶段密切相关的，现阶段的希望是通过分享经济商业模式自身的优点来构建核心竞争力,并通过互联网产品 PC 端、移动端提高业务效率(降低人力资源成本)及用户体验。

5. 团队激励

尽管"高阁"是一家结果导向、逻辑严密的公司,但是几乎很少针对指标制定奖励措施。这与"高阁"团队对项目的高认可度有极大的关系,当一群志同道合的人为一个共同目标聚到一起时,激励机制的作用就不是很重要,在团队人数不多的情况下,暂时用不到针对个人或部门的奖励机制。

他们没有把公司的经济成分用于奖励某个部门或某个人,而是更多地用于团队活动,"高阁"每一位成员都凝聚在一起,共同为公司庆生,每次取得突破性的进展时,公司不会只奖励一个人或一个部门,由于公司的发展是每个人共同努力的结果,因此公司发展带来的喜悦也理应属于每个人。

6. 经验借鉴

(1)一个创业团队,必须拥有共同的目标。一旦共同的目标与信念产生了,团队之间自然而然就会形成一种凝聚力。

(2)初创时期的创业团队组建是为了能够成功地创办企业,但是随着企业的发展和成长,创业团队要根据现实状况不断地调整团队构架,以满足新人员和新环境的要求。

(3)创业团队人数过多、决策质量降低等问题也曾经存在于"高阁"团队项目中,为解决此问题,广州大学创业研究院提供了巨大的帮助。"创业精英班"为创业者打造了一个共同进步的团队,提供了创业者学习创业知识的平台,"高阁"团队面临的问题得以及时解决。

技能:制定一个团队绩效激励方案

激励是鼓舞、指引和维持员工个体努力行为的驱动力。受到激励的人会努力工作,实现绩效目标,如果加上足够的工作能力及对工作的充分认识,就会有出色的业绩。绩效激励的目的在于持续提升个人、部门和组织的绩效。为充分调动公司员工的工作积极性和主动性,可建立有效激励与约束机制,客观准确地评价员工的工作业绩、工作能力和工作表现,肯定和体现员工价值,激发员工潜能,提高员工工作热情,使员工积极、主动、高效地完成工作,保证员工个人目标、部门目标与公司发展战略相一致,促使公司、部门和员工共同发展。

互动交流区

A 公司为充分调动团队成员的积极性和主动性,提高团队绩效,请你制定一份团队绩效激励方案,请结合本章所涉及的团队激励的原则、方法及注意事项,制定有效的绩效激励方案,有效性体现在:简明(规则简单扼要,且容易被理解和把握)、具体(让所有人员准确地知道到底希望他们做什么)、可以实现(每个人都应该有一个合理的机会去赢得胜利)及可估量(可估量是制定激励计划的基础),制定内容及要求如表 5-1 所示,但不限于以下内容。

表 5-1 制定内容及要求

制定内容	要　　求
绩效目标的制定	绩效目标的制定要遵循： 明确性（目标制定一定要明确且具体，有引导性） 可量化性（不能量化的目标没办法后期追踪、考核或评估） 可实现性（目标务必要能实现，不能过高，也不能过低，导致无法起到激励作用） 关联性（公司总目标与个人目标紧密相关，团队与个人目标一致） 时效性（将目标拆分成几个小指标及对应的完成时间点）
绩效激励方案的构成	绩效激励方案一般包括：绩效考核结果与薪酬调整挂钩、绩效考核结果与奖励挂钩、绩效考核结果与职位晋升挂钩、绩效考核结果与内部人才培养挂钩，另外还需要列出实施方案的注意事项

第 6 章　商业计划书

【思维导图】

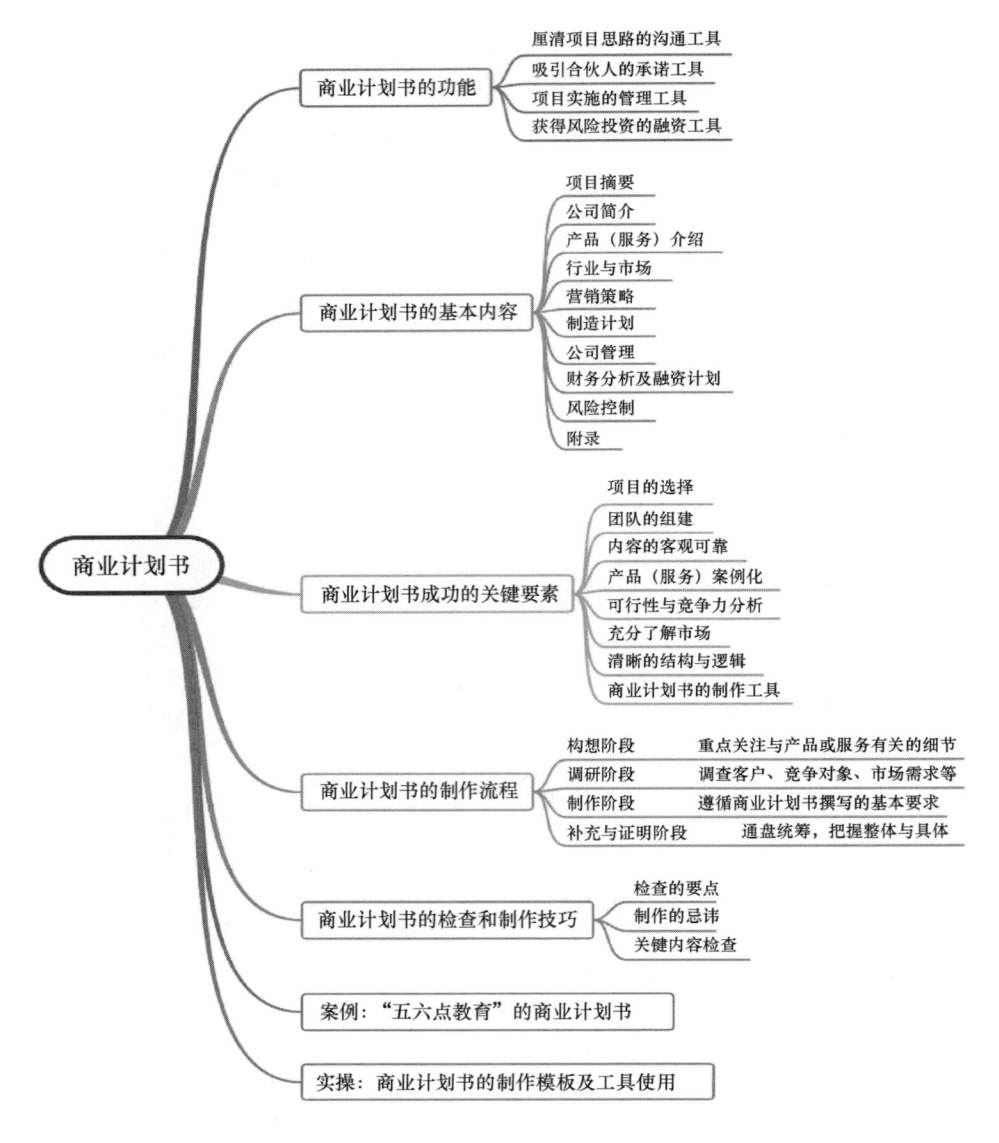

- 商业计划书
  - 商业计划书的功能
    - 厘清项目思路的沟通工具
    - 吸引合伙人的承诺工具
    - 项目实施的管理工具
    - 获得风险投资的融资工具
  - 商业计划书的基本内容
    - 项目摘要
    - 公司简介
    - 产品（服务）介绍
    - 行业与市场
    - 营销策略
    - 制造计划
    - 公司管理
    - 财务分析及融资计划
    - 风险控制
    - 附录
  - 商业计划书成功的关键要素
    - 项目的选择
    - 团队的组建
    - 内容的客观可靠
    - 产品（服务）案例化
    - 可行性与竞争力分析
    - 充分了解市场
    - 清晰的结构与逻辑
    - 商业计划书的制作工具
  - 商业计划书的制作流程
    - 构想阶段——重点关注与产品或服务有关的细节
    - 调研阶段——调查客户、竞争对象、市场需求等
    - 制作阶段——遵循商业计划书撰写的基本要求
    - 补充与证明阶段——通盘统筹，把握整体与具体
  - 商业计划书的检查和制作技巧
    - 检查的要点
    - 制作的忌讳
    - 关键内容检查
  - 案例："五六点教育"的商业计划书
  - 实操：商业计划书的制作模板及工具使用

6.1 商业计划书的功能

商业计划书，英文统称为 Business Plan，是企业编制的用以内部或外部信息交流的工具，其内容一般是对企业自身的各种商业因素的分析和介绍。商业计划书是一个项目单位为达到招商融资和其他发展的目标，在项目调研、分析及搜集整理有关资料的基础上，根据一定的格式和内容的具体要求，向读者（投资商及其他相关人员）全面展示企业、项目目前状况及未来发展潜力的书面材料。商业计划书是一份全方位的项目计划，它从企业内部人员、制度、管理及企业的产品、营销、市场等方面对即将展开的商业项目进行可行性分析。

6.1.1 厘清项目思路的沟通工具

商业计划书可以用来介绍企业的价值，从而吸引投资、信贷、员工、战略合作伙伴或包括政府在内的其他利益相关者。一份成熟的商业计划书不仅能描述出企业的成长历史，展现出未来的成长方向和愿景，还将量化出潜在盈利能力。因此需要对公司有一个通盘的了解，对所有存在的问题都有所思考，对可能存在的隐患做好预案，并能够提出行之有效的工作计划。

根据实际用途和应用场景，商业计划和项目的发起方首先要做的就是，让别人了解你。你需要通过商业计划书介绍自己、展示自己，获取对方的初步信任，才能进行下一步。这就如同两个人相亲一样，在别人没有看到你的真实面目之前，你需要给别人提供一个了解你的途径。商业计划书就是在相亲之前的那张照片，你需要根据你的目的及对方可能关心的问题，配合介绍人的讲述，有针对性地展现你的优点，让对方对你感兴趣。

6.1.2 吸引合伙人的承诺工具

最容易被人忽略的是，商业计划书也是一个体现承诺的工具。这点在企业利用商业计划书执行融资工作时最为明显。和其他的法律文档一样，在企业和投资人签署融资合同的同时，商业计划书往往作为一份合同附件存在。与这份附件相对应的，是主合同中的对赌条款。对赌条款和商业计划书，将共同构成一个业绩承诺：当管理人完成或没有完成商业计划书中所约定的目标时，投资人和创业者之间将在利益上如何分配。

在辅助企业内部管理时，商业计划书也是一个有效的承诺工具。在上级和下级就某一特定目标达成一致以后，他们合作完成的商业计划书就记录下了对目标的约定。这样的约定将成为各类激励工具得以实施的重要基础。商业计划书也体现了上级对下级的承诺。企业战略得以展开，必然意味着必要的资源投入。只有经过慎重思考的战略，才能够让领导人具有必要投入的决心。员工可以原谅因为具体环境的变化、知识的增长而带来行动计划乃至战略的调整，但是没有任何员工愿意和一个朝令夕改的不具备战略思考能力的领导人共同工作。

6.1.3 项目实施的管理工具

商业计划书不仅是一份商业策划方案，还是一个计划工具，它能引导公司走过发展的不同阶段。一份有深度的计划书能帮助你扫清市场障碍，从而能够及时规避风险。对于新建立的企业或创业项目，商业计划有四个基本目标：确定机遇的性质和内容；说明利用这一机遇进行发展所要采取的方法；确定最有可能决定企业是否成功的因素；确定筹集资金的工具和渠道。

通过制定相应的商业计划，企业或项目参与者及运营者会对企业的各方面有一个全面的了解。商业计划书的制定保证了项目整体运营的协调，有助于自身优势的充分发挥，并且能够及时发现新的机遇或不足。它可以帮助你更好地分析目标用户、掌握竞争环境、规划市场投入、制定销售及价格策略，以进一步提升项目的成功率。它也可以帮助你抢在市场恶化之前，应对项目出现的偏差，以便有足够的时间为未来做打算，做到防患未然。很多创业者都与他们的雇员分享商业计划书，以便让团队更深刻地理解自己业务的具体路径，从而使上级和下级的意志得到统一。

6.1.4 获得风险投资的融资工具

投资人每天会接收到很多商业计划书，对商业计划书质量和专业性的把握成为关键。你有好的创意，你有值得投资的项目，但不代表别人就该知道你、关注你，与你商谈和合作。在别人没有向你表达意愿或者表达了意愿却需要进一步明确合作意向之前，你需要一块敲门砖，能够在面对面商谈合作时示意。商业计划书就是你开启事业大门的敲门砖，是你面对潜在合作伙伴的拜帖和邀请书。

无论是引发对方接触的兴趣，激发对方进一步商谈的热情，还是推进合作的步伐，你不仅需要深入的思考、口头的陈述，还需要一份系统的方案，让对方相信你的项目是成熟的，是可以落地的。同时也让对方感受到你合作的意愿与诚意，增加一份成功合作的砝码。

一份高品质且内容丰富的商业计划书，能够把企业和项目的优势、潜力、运营思路、商业模式等完美地展现给投资人，将会使投资人与合作伙伴更快、更好地了解投资项目，并产生信心及热情，参与该项目，最终达到吸引投资人合作的目的。

从这一点来说，项目发起人在争取获得投资与合作之前，首先应该将商业计划书的编制和撰写列为头等大事。

6.2 商业计划书的基本内容

商业计划书是一份帮助你勾画事业蓝图的全方位项目计划，它可以指导企业运作，帮助招商或融资。它能够帮助创业团队进行自我审视、方便投资人进行评价。在了解了商业计划书的功能和用途后，本节内容主要介绍商业计划书撰写的基本内容。

6.2.1 项目摘要

项目摘要应列在商业计划书的最前面，它浓缩了商业计划书的精华。项目摘要应一目了然，展示计划的要点，以便读者能在最短的时间内评审计划并做出判断。在介绍时，首先要说明创办新企业的思路、新思想的形成过程及企业的目标和发展战略。其次，要交代企业现状、过去的背景和经营范围。在这一部分中，要对以往的情况做客观的评述，不要回避失误。中肯的分析往往更能赢得信任，从而使人容易认同企业的商业计划书。最后，还要介绍一下创业者自己的背景、经历、经验和特长等。企业家的素质对企业可以取得的成绩往往起关键性的作用。

在这里，企业家应尽量突出自己的优点并表示自己具有强烈的进取精神，给投资人留下一个好印象。在项目摘要中，企业家需要回答下列问题（如图6-1所示）。

图 6-1 在项目摘要中需回答的问题

（1）企业的创办思路（切入点）。
（2）企业的市场前景和战略目标。
（3）企业主要产品的用户需求。
（4）企业相对于竞争对手的优势分析（竞争分析）。
（5）企业如何突出自己的优势（研发）？
（6）企业如何将自己优势体现到产品那里去（市场运作）？
（7）企业的盈利模式。
（8）企业的合伙人是谁（创业团队背景及优势）？
（9）投资人需要提供什么？能得到什么回报（投资回报）？

同时，还需注意摘要的书写要尽量简明、生动。特别要详细说明企业自身的不同之处及企业获取成功的市场因素。

6.2.2 企业简介

企业简介可以从以下三点进行介绍。
（1）企业的概述、成长史、关联合作。主要对企业的情况及企业与其他企业关联合作情况进行介绍。
（2）组织及股权结构。主要介绍企业的组织结构及股权划分结构。初创企业务必要处理好股权问题，包括与创业伙伴、投资人之间的股权划分，以免产生利益纠纷。

（3）团队成员介绍。主要对团队成员的职务进行描述，介绍团队成员的专业背景及能力互补情况，介绍团队成员的过往事迹（是否创业过，取得的成果等），介绍团队成员与创业相关的能力及创业团队的职责架构。

6.2.3 产品（服务）介绍

产品和服务就是你的商业模式，你的公司是靠什么获取最大化经济效益的？产品介绍应包括以下内容：产品的概念、性能及特性；主要产品介绍；产品的市场竞争力；产品的研究和开发过程；发展新产品的计划和成本分析；产品的市场前景预测；产品的品牌和专利。产品和服务的核心在于对用户需求的挖掘，通过现象深挖用户的需求；要细分领域和细分用户画像，获取最优的用户群体；最重要的是一定要进行竞争分析，产品和服务要能够突出优势，达到"人无我有，人有我新"的效果。

一般地，产品介绍必须要回答以下问题。

（1）顾客希望企业的产品能解决什么问题，顾客能从企业的产品中获得什么好处？

（2）企业的产品与竞争对手的产品相比有哪些优缺点，顾客为什么会选择本企业的产品？

（3）企业为自己的产品采取了何种保护措施，企业拥有哪些专利、许可证，或与已申请专利的厂家达成了哪些协议？

（4）为什么企业的产品定价可以使企业产生足够的利润，为什么用户会大批量地购买企业的产品？

（5）企业采用何种方式去改进产品的质量、性能？企业对发展新产品有哪些计划？

6.2.4 行业与市场

创业者要在对市场进行充分的调研的基础上，对自身产品或服务的市场进行合理的预测，并制定出相应的市场策略。如果对自我评估的结果就不满意，企业是没有必要再发展下去的。只有当企业有光明的市场前景或可观的盈利及潜力时，企业才有必要去为迎接新的风险，付出成倍的努力，也才有可能获得风险投资人的资金支持。

在市场状况方面的编制目的就是让投资人相信企业有光明的市场前景，一般来讲，内容主要包括整体行业分析、痛点分析、竞品分析、优势分析。

（1）整体行业分析。整体行业分析主要对企业所处的宏观环境进行分析，得出行业未来的发展前景。初创企业可以利用 PEST 分析模型，从政治（P）、经济（E）、社会（S）、技术（T）四个维度分析行业的前景。

（2）痛点分析。痛点分析主要通过行业存在的问题或现象深挖用户需求，找准当前行业的"痛点"或"爆点"，"痛点"或"爆点"代表了当前用户切实的需求，需要我们去满足。

（3）竞品分析。竞品分析主要是对竞争对手的产品或服务进行分析。在该部分要突出自己的优势或特色，企业可以另辟蹊径或者进行模式创新，从而获得投资人的青睐。

（4）优势分析。在商业计划书中可以利用 SWOT 分析法进行优势分析。SWOT 分析是基于内外部竞争环境和竞争条件的态势分析，就是将与研究对象密切相关的各种主要内部优势、劣势和外部的机会和威胁等，通过调查列举出来，并依照矩阵形式排列，然后用系统分析的思想，把各种因素相互匹配起来加以分析，从中得出一系列相应的结论，而结论通常带有一定的决策性。S（Strengths）是优势、W（Weaknesses）是劣势、O（Opportunities）是机会、T（Threats）是威胁。按照企业竞争战略的完整概念，战略应是一个企业"能够做的"（企业的强项和弱项）和"可能做的"（环境的机会和威胁）之间的有机组合。

6.2.5 营销策略

任何一个风险投资人都十分关心新产品或者服务的未来市场营销策略，因为市场营销极富挑战性，它设计得好坏可以充分展示创业者的能力。风险投资人希望了解企业的产品从生产现场到最终到达用户手中的全过程。

企业在制定营销策略时需要关注以下四点。

（1）营销策略可以从 STP（市场细分、目标市场、市场定位）三个维度进行规划。

（2）常见的营销策略组合包括 4Ps 和 6Ps 等。具体可参考 3.3.2 节中"营销策略组合"中的内容。

（3）营销拓展计划要分阶段制定，即每个阶段都有对应的营销策略。可以分为初始阶段、成长阶段和发展阶段，要根据各个阶段的实际情况制定相应的营销拓展计划。

（4）营销策略的主要因素包括消费者的特点、产品的特性、企业自身的状况、市场环境因素。企业需要因地制宜地制定营销策略。

总的来说，营销策略的制定要分主次、定先后、有缓急、谋长远。

6.2.6 制造计划

商业计划书的生产制造计划应包括以下内容：产品制造和技术设备现状；新产品投产计划；技术提升和设备更新的要求；质量控制和质量改进计划。在寻求资金的过程中，为提升企业在投资前的评估价值，应尽量使生产制造计划更加详细、可靠。另外，还需要注意以下问题：企业生产制造所需的厂房、设备情况如何；怎样保证新产品在进入规模生产时的稳定性和可靠性；设备的引进和安装情况，谁是供应商；生产线的设计与产品组装是怎样的；供货者的前置期和资源的需求量；生产周期标准的制定及生产作业计划的编制；物料需求计划及其保证措施；质量控制的方法是怎样的。

6.2.7 公司管理

一个稳定团结的核心团队可以帮助创业者渡过各种难关，是公司最宝贵的资源。很多潜在投资人会把公司管理（或团队管理）视为一份商业计划书获得成功的关键要素。风险投资人通常会向那些最有可能成功运作企业的人进行投资，他们会着重考虑投资公司的管理模式。最能反映公司管理模式的就是公司的组织架构，它可以分为公司股权架构和内部组织架构。两个架构都是为商业目的服务的。公司组织架构是企业的流程运转、部门设置及职能规划等最基本的结构依据。因此要想实现企业的战略目标，增强企业的对外竞争力，提高企业的运营效率，就要选择合适的组织架构。对于组织架构的设计最为重要的是组织架构必须保证权利和责任是匹配的，只有在匹配的权利和责任的关系中，组织管理才会有效发挥作用。例如，海底捞之所以做大，核心就是管理，好的管理关键是要有好的组织架构，同时设置一套严格的管理体制，海底捞将每个岗位全部分得很细致，把能力一般的人，放在合适的位置上，并通过大量的激励和锻炼，就能充分发挥他们的能力。

在这一部分，除了介绍公司的组织架构，还需要介绍公司的薪酬体系、公司的股东名单（包括股权份额、认股权、比例和特权），公司的董事会成员及相应的股权分配方案等。

6.2.8 财务分析及融资计划

商业计划书最主要的目的是引起投资人的兴趣。"无利不起早"，作为"经济人"的投资人都对利润大、风险小的投资项目感兴趣。在一般情况下，投资回报与风险正相关，但是在有众多的项目选择时，投资人愿意选择风险相对较小、回报相对较大、投资更安全的项目。不同的投资人有不同的风险偏好，在评估投资时有不同的评估要求和侧重点。投资人只有经过市场调研，和资深同行探讨，向专家咨询，再审视商业计划书的财务数据和分析，立足现实，回顾过去，展望未来，得出有说服力的证据，才能提高决策信心。

财务分析包括：

（1）资金来源分析。资金来源分析主要对企业的股本结构进行介绍，即资金从哪来。资金的来源一般有自有资金、银行贷款、创业补贴等。

（2）现有财务分析。现有财务分析就是对企业当前的销售情况进行介绍，需要制作财务报表，以便对企业未来的销售情况进行预测。

（3）财务分析报告。财务分析报告包括企业的资产负债表、利润表、现金流量表。

（4）财务预测分析。财务预测分析主要对企业未来的扩张方式（企业未来的发展方向）进行介绍，需要对企业未来五年的财务进行预测。

（5）财务状况指标。需要列出企业的利润率（盈利能力）、资产负债率（偿还能力）、流动资产周转率（运营能力）、利润及营业收入增长率（发展能力）。

融资计划即企业的融资方案和回报。创业者在全面分析评估资金结构及数量、投资回报率、利益分配方式、可能的退出方式等方面的内容后，提出最具吸引力的融资计划。融资计划包括以下内容。

（1）股权构成。明确各个股东持股的多少，初创企业在股权划分上要格外注意，确定合适的股权架构，以免引起利益纠纷。

（2）融资需求。了解你所需的融资数量及时间。

（3）融资用途。清楚描述企业的资金主要用于哪些方面，减少不必要的花销。

（4）融资计划。明确企业的融资渠道，选择合适的融资组合。外部融资分为股权（投资人在公司中拥有股份）和贷款（这些资金是从外部资源中借贷的）。你应当从无数可能的资金来源中选择合适的融资组合（不同开发阶段的资本来源如图6-2所示）。

第 6 章　商业计划书

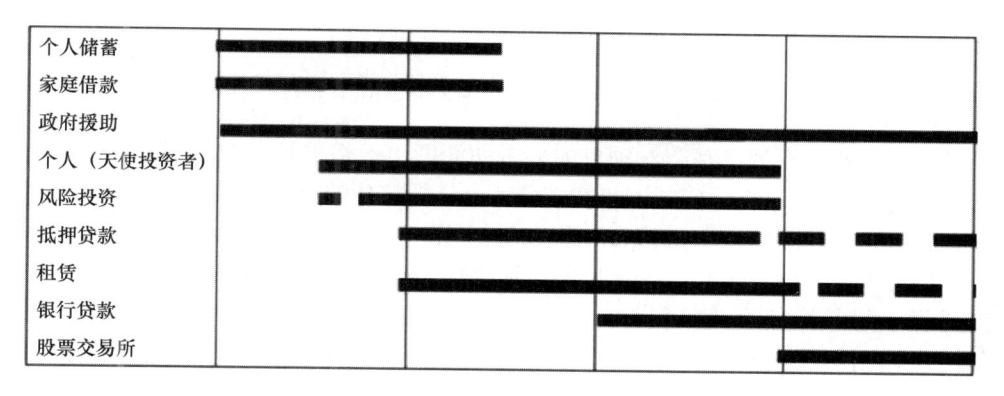

个人储蓄	▬▬▬▬▬▬			
家庭借款	▬▬▬▬			
政府援助	▬▬▬▬▬▬▬▬▬▬▬▬▬▬▬▬			
个人（天使投资者）		▬▬▬▬▬▬▬▬		
风险投资		▬▬▬		
抵押贷款		▬▬▬▬▬▬▬▬▬▬		▬▬▬▬
租赁		▬▬▬▬▬▬▬▬▬	▬▬	
银行贷款			▬▬▬▬▬▬	
股票交易所			▬▬▬▬▬▬	

图 6-2　不同开发阶段的资本来源

小 Tips：财务分析工具

Excel 这个工具最常用，利用好 Excel 能解决很多问题。如财务三大报表（损益表、现金流量表、资产负债表），可以用报表工具开发固定模板，形成固定报表，只要数据导入就能实时查看，避免常常去处理数据，Excel 工具如图 6-3 所示。

损益表

项目	行次	上期累计	本期累计
一、营业总收入	1	148,525,268,999.44	202,413,451,160.48
营业收入	2	148326363909.94	202149152364.77
二、营业总成本	3	142,117,550,906.22	186,586,431,218.13
营业成本	4	134,332,458,305.02	177,816,743,212.39
营业税金及附加	5	569,634,292.13	525,055,202.74
销售费用	6	1,458,740,948.42	1,784,620,103.36
管理费用	7	4,592,115,090.69	5,304,370,387.55
财务费用	8	1,675,503,461.87	806,574,502.66
资产减值损失	9	-635,104,394.76	187,685,600.66
三、其他经营收益	10	316,070,757	-14,870,783.07
公允价值变动净收益	11	-107,403,713.41	12,063,575.63
投资净收益	12	953,451,861.75	826,681,541.14
联营、合营企业投资收益	13	--	--
汇兑净收益	14	--	--
四、营业利润	15	7,253,766,241.56	16,665,765,059.12
营业外收入	16	495,599,260.18	589,839,984.17
营业外支出	17	454,810,105.87	179,372,012.82
非流动资产处置净损失	18	342,022,037.9	133,386,264.64
五、利润总额	19	7,294,555,395.87	17,076,233,030.47
所得税	20	1,199,353,677.79	3,715,345,425.92
未确认的投资损失	21	--	--
六、净利润	22	6,095,201,718.08	13,360,887,604.55
少数股东损益	23	278,974,324.98	471,804,285.43
归属于母公司股东的净利润	24	5,816,227,393.1	12,889,083,319.12

图 6-3　Excel 工具

6.2.9 风险控制

虽然每一份商业计划书都会对项目的方方面面做出一番美好的未来规划，但是作为风险投资方，面对一个项目，不确定的因素太多。风险分析部分的目的就是说明各种潜在的风险，向投资人展示针对风险的规避措施。常见的企业风险包括投资风险、经济合同风险、产品市场风险、存货风险、债务风险、担保风险、汇率风险。

在商业计划书的风险及控制部分，需要列出在企业发展过程中潜在的风险，并对其进行分析，提出解决对策。需要注意，风险不能多于三项，应尽量将好的方面展示给投资人或评委。

6.2.10 附录

附录经常作为创业计划的补充说明部分。每份创业计划在附录中都有大量的财务预测，作为执行计划和财务计划中有关财务的总结。

在附录中可能出现的附件还有：媒介关于企业产品的报道；企业营业执照；产品的样品；图片及说明；有关企业及产品的其他资料；专利技术信息；合作者和消费者的来信；一般竞争者调查等。

6.3 商业计划书成功的关键要素

掌握商业计划书的书写框架是远远不够的，那么该如何打造出一份"亮眼"的商业计划书呢？商业计划书的关键要素包括哪些内容呢？本节内容主要介绍商业计划书的关键要素和撰写技巧。

6.3.1 项目的选择

首先，要注意观察生活、用心发现，把握社会的发展趋势。可以是近段时间社会关注的热点，依托宏观经济形势、金融形势，现实中需要重新整合、改进的行业等选题更容易引起共鸣，如在"新基建"、人口老龄化背景下的各产业应对、低碳经济、食品安全等。应尽量选择具有社会意义的题目，一定要注意研究的科技含量。

其次，关注细分市场。初创企业进入"红海"领域竞争力太小，不利于企业的发展，可以聚焦一些细分市场，把目光投向大企业忽视的、无暇顾及的细分市场，找准当前的需求点进行深挖。

再次，要充分借助已有的资源，对其进行融合创新。

最后，项目名称或题目要能画龙点睛。归根结底，在项目的选择上需要比拼创新眼光，选择新的东西，各行各业都有胜出的可能，关键在于"新"。

6.3.2 团队的组建

需要组成优势互补的、跨专业的团队。团队的搭配与项目的性质应有很大的接近性，需要各方面有特长的人。需要详细介绍团队成员的学历背景、工作经历和创业经历等,除了经历,还需要列出一些主要成就,重点是让人相信你的团队有做成这件事情的认知和能力。毕竟"见过"和"做过"之间存在巨大的差异。同时也可以列出你在该行业所积累的"人脉资源"。

小案例

在湖北师范大学,有一处学生们很喜欢的地方,那就是创新创业学院。学院一楼的设计和布置,充满朝气活力又兼具各种功能性,都是由该校艺术学院四名大二学生完成的。

四人还是湖北吾艺艺创装饰有限公司的创始人,先后完成了多个乡村规划,以及校内和校外多个室内装饰设计,项目造价从十余万元到数百万元不等。在湖北师范大学互联网+创业大赛决赛中,他们获特等奖,并受到武汉一家投资公司的青睐,双方签订了投资合作意向协议。

1998年出生的黎宇菲,来自湖北荆门,由于专业成绩优秀,刚进大一就当上了班级里的学习委员。大一上学期,在班主任的建议下,黎宇菲决定组建一个团队,可以跟着学长、学姐参加实践。这个想法得到两位室友李青青、田明颖的支持,她们又拉来班级里的"技术男"刘长斌,组成了四人团队。"我们四个人的性格都很稳,是完美搭配。"黎宇菲说,组成团队后,四人在相处过程中虽然也有些小摩擦,但大家都能心平气和地解决。在团队中,他们的分工很明确,黎宇菲善于交流,负责总调控和施工现场的对接;李青青心比较细,专业好,负责设计;田明颖也是个细心女生,母亲还是专业的会计师,她便负责文字编辑和财务;唯一的男生刘长斌在软件方面运用熟练,他就负责施工图的制作。

组成团队后,大一寒假,四人没有回家,而是跟着学长、学姐前往黄石开发区大王镇,参与乡村规划的项目。"我们当时只学了基础课,到那里后,整个人都懵了,不知道该干什么。"四人对自己的能力有些不自信,一度很沮丧。但他们不服输,经过反复向学长、学姐和指导老师请教学习,渐渐摸着了门道。回校后,他们开始狂补自己缺乏的专业知识。

到了大一暑假,他们再也不用跟着学长、学姐参与项目,而是独立完成了孝感云梦县300亩的乡村规划。同时,他们还承接了学校心理咨询室项目的设计、万达古筝琴房的室内设计和校内创新创业学院的设计和施工。

2017年9月,为激起学生们的创业热情,湖北师范大学创新创业学院举办创业比赛,优秀的创业团队可免费入驻创新创业学院,学院为每个团队提供一间21平方米的工作室。黎宇菲带着自己的团队报名参加,最终征服评委,获得免费入驻的资格。这次比赛,给黎宇菲和她的团队打了一剂强心针,他们对团队的未来充满了信心。

2018年1月,为了让团队走向正轨,他们注册了自己的公司——湖北吾艺艺创装饰有限公司。

创业有苦有乐。2018年12月至今年1月,正是寒冷的季节,四人为了同时赶两个项目的设计和施工,在工作室里熬了半个月通宵,困了就直接在工作室打地铺。"当时感觉做不下去了,太累了。"黎宇菲说,好在大家都很能吃苦,最终坚持了下来,现在再回头看,他们很庆幸自己选择了坚持。

"这几个孩子做事非常认真,而且心比较齐,这正是团队最需要的。"在指导老师孔庆君看来,班上个人能力突出的学生还有不少,之前也曾组建过团队,但不到一年就解散了,最重要的原因就是心不齐。而黎宇菲的四人团队，虽然个人能力不是班上最突出的，却是学院里最稳的团队。

6.3.3 内容的客观可靠

内容的客观可靠需注意以下几点。

1．盈利多样化

传统盈利模式往往盈利来源单一，企业依赖主营业务获得直接收入，由企业自己支付成本，承担费用。实际上，商业模式优秀的企业，盈利模式可以转向专业化经营、多样化盈利，随着企业销售规模的扩大，不断开辟新的收益来源。

2．依据数据化

如何论证整体的市场规模，这个市场未来将如何发展？在论证的过程中最忌讳的就是长篇累牍，简洁地说明你推算的依据和基础数据来源即可。如果是对口的投资人，相比创业者他们对于市场的情况了解更多，因此不需要过多阐述，如果有独特的见解最好。

要善用数据表格、图标，增强说服力。如对市场的分析，运用图表对过去市场的变化、发展趋势等进行反映、解读就具有很强的说服力。但是应注意图表要规范、资料来源要可靠。

3．模式图示化

避免密密麻麻的文字，用词要精准，多用有标识作用的图示和有可靠来源的图表代替大段的文字。尤其是商业模式部分，可以利用商业画布工具（如图 6-4 所示），要把最核心的内容提炼出来。

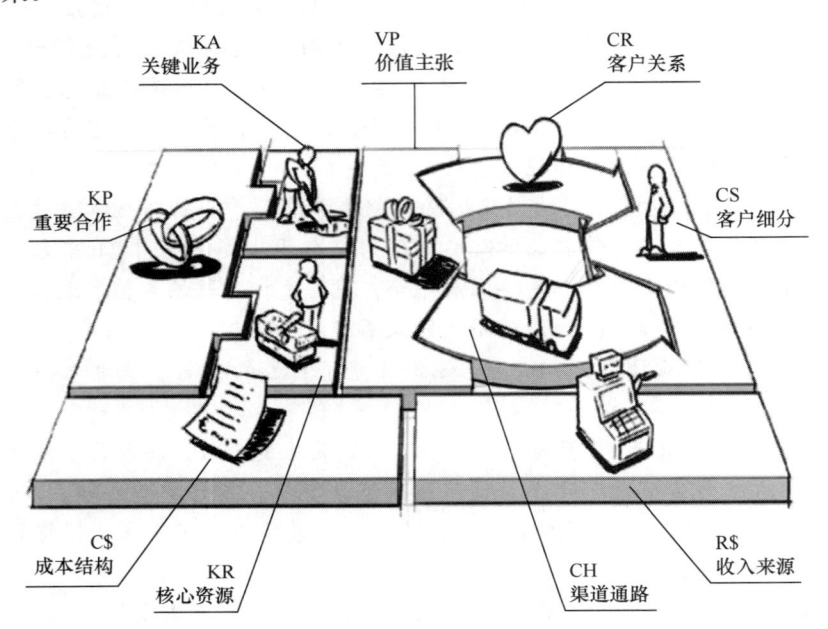

图 6-4 商业画布工具

4．资料的客观化

在商业计划书制作过程中，客观、真实资料的获取对预测、评估具有非常重要的作用。可以说如果商业计划书选取的资料不准确或不真实，那么商业计划书就不存在可信度，整个商业计划书就将失去探讨的价值。

在商业计划书制作过程中，数据来源主要包括几方面：年鉴、文献资料、政府工作报告、行业期刊、咨询公司报告、互联网信息等。其中，问卷调查也非常重要，不仅具有说服力，还能使团队了解自己项目所处的行业的特征，这对与投资人的沟通非常有帮助。此外，在文中出现关键数据时，要标注好数据的出处，做好注释，一些数据报告可以附录的形式附在商业计划书的后面，从而增加资料的客观性，进而增强风险投资人对商业计划书的信心。

6.3.4 产品（服务）案例化

不要说大话、空话，成功案例在商业计划中可以起到引导示范的作用，让投资人更加确认项目的可行性。在你撰写商业计划书时，创业项目要先试运营一段时间，这时往往会产生如销售额、用户数量、增长率等运营数据。提供产品或服务的案例无疑会给投资人和创业者一种信心。在列举案例时要注意以下几点。

（1）普遍性。一定要基于目标用户群体的普遍特征对用户的需求背景、痛点进行深入分析，以及你的产品或者服务是如何满足客户需求的，太过特殊和单一的产品可能不一定适用于整个用户群。

（2）竞争力。要在成功案例的讲述中，逐渐印证你的运营能力是如何在市场中胜出的，不要向投资人传达你是靠搞关系、玩手段拿下用户的，因为这样既不持久也并非是公司自身真正能力的体现。如以前有一家做畜牧养殖的公司想扩张省外市场，但是在调研中发现，该公司在本省享有政府的高额补贴和各种优惠政策，如果想要拓展省外市场，这些优势将荡然无存，那么在这种情况下，想要融资扩大规模，就一定不能仅靠政府关系来打动投资人。

（3）用户口碑。在使用成功案例时，应该要多使用用户的试用报告和反馈来证明竞争的真实性，只有用户真正的认可才是项目未来成功的王道！如果可以从产品或服务的优势中多选出好的案例，那么更能全方位证明项目的市场认可度。

（4）真实性。在使用案例时，可以在某些主观的评价上适当拔高，但是你所采用的客观数据必须真实可查，否则，一旦发现你提报的数据存在虚假不实的问题，你的商业计划书将很难获得通过。

（5）可复制。一定要说明自身列举的案例是可复制的而不是单独个案，这将让你的创业项目拥有极大的想象空间。

成功案例绝对是商业计划书中的说服利器，恰当合理的案例可以明显提升投资人对创业项目的信任度，进而加快投资决策的速度。

6.3.5 可行性与竞争力分析

1．可行性分析

如果要真正创建一个企业，就必须对自己的创业项目进行可行性分析。可行性分析涉及对内部因素和外部因素的分析。

内部因素分析包括：

（1）资金预算分析。资金预算分析涉及项目启动资金是否充足、有多少资金可供现在使用及未来发展如何调用、如何进行融资、什么时候融资、融到多少资金、不融资可以存活多久、不融资是否可以盈利并做到自负盈亏、前期投入多少成本、投入产出比例是多少且是否合理等。

（2）技术可行性分析。技术可行性分析涉及技术上是否可以实现、技术研发成本高低、维护成本高低、是否需要借助外援或技术服务外包等。

（3）目标受众分析。目标受众分析需要考虑产品或服务的目标受众群体有哪些，是否有垂直对应的消费人群，消费地点和场所在哪里，用户在什么场景下会使用你的产品或服务，消费频次高低，决策难度大小，替代品对其决策的影响力大小，用户为使用该产品或者服务愿意付出的时间、金钱成本是多少，如何获取第一批忠诚的种子用户，获取的用户是否真实有效，对于目标受众的年龄、性别、地域、喜好、习惯、消费水平、受教育水平等有没有进行分类汇总分析等。

（4）创业目标分析。创业目标分析包括创业的总体性目标是什么，阶段性目标是什么，总体性目标和阶段性目标能不能被量化，有没有关键指标可以衡量创业项目的发展状况，有没有其他系列性指标可以衡量相关活动成效等，有没有进行数据的回收与反馈设置，以利于后续调整优化等。

外部因素分析包括：

（1）行业分析。需要知道企业的产品或服务所处的行业领域的发展状况如何。从整体上来看，判断它是属于朝阳产业还是属于夕阳产业，是新兴行业还是传统行业；从现实意义来讲，如果产品或提供的服务是有行业发展前景的，并且它是未来的发展趋势，那么即使你创业失败，你依然在该领域具有话语权，在你重整旗鼓之后，终有一天你可以成为该行业的意见领袖。

（2）国家各类优惠政策分析。现在是全民创业的时代，国家正在加大各种力度支持个人自主创业，包括提供各种场地支持、优惠的创业政策、优惠的税收政策等，在选择自主创业时要最大限度地得到国家政策的支持，积极与地方政府方面进行沟通，减少行政上的发展阻力。

2．竞争力分析

核心竞争力又称"核心竞争能力"，核心竞争力有助于公司进入不同的市场，它是企业扩大经营的能力基础。企业的核心竞争力应该是企业所特有的、能够经得起时间考验的、具有延展性的、难以被竞争对手复制和模仿的能力。企业的核心竞争力可以从以下几个维度进行阐释。

（1）决策竞争力。这是企业辨别发展陷阱和市场机会，对环境变化做出及时有效反应的能力。

（2）组织竞争力。企业市场竞争必须依靠企业组织来实施，要保证企业组织目标实现，必须要完成很多事务工作，要做到事事有人做。

（3）员工竞争力。保障企业决策力和执行力的活动要有效率和效益，也就是保证活动的主体——员工具备与之相适应的能力、意愿、耐心和牺牲精神。

（4）流程竞争力。流程就是企业组织各个机构和岗位角色个人做事方式的总和。

（5）文化竞争力。就是由共同的价值观念、共同的思维方式和共同的行事方式构成的一种整合力。

（6）品牌竞争力。品牌需要以质量为基础，但仅有质量不能构成品牌。

（7）渠道竞争力。渠道本身是一种资源，渠道竞争力也就直接构成企业支持力的一个内容。

（8）创新竞争力。它是企业支持力、执行力的一个重要内容。

企业凭借着核心竞争力产生的动力，就有可能使产品和服务的价值在一定时期内得到提升，从而在激烈的市场竞争中脱颖而出。企业的核心竞争力对竞争对手而言代表着进入壁垒，企业可凭借其核心竞争力获得长期的竞争优势。

6.3.6 充分了解市场

企业对消费者的需求结构进行调查，主要是了解消费者的购买力投向。具体做法是，首先按消费者的收入水平、居住地区、职业类型等标准予以分类，然后测算每类消费者的购买力投向，即对吃、穿、用、住、行商品的需求结构。需求结构调查在了解需求商品的总量结构的同时，还必须了解每类商品的品种、花色、规格、质量、价格、数量等具体结构；其次，还要对市场和商品细分的动向、城乡需求变化的特点、引起需求变化的因素及其影响的程度和方向、开拓新消费领域的可能性等，进行具体的分析和了解；最后，要充分对消费者的购买行为和影响因素及因素之间的作用进行分析，把握消费者的本质需求。

6.3.7 清晰的结构与逻辑

清晰的结构与逻辑主要体现在语言层面、设计层面、格式层面。

1. 语言层面

（1）文字要短、用词要精准，多用有标识作用的图示和有可靠来源的图表代替大段的文字。

（2）不要说大话、空话，如认为没有竞争对手、一年内实现10亿的利润、万亿级市场，投资人对这种表述都比较反感。

2. 设计层面

（1）封面简洁大方，产品名称+Logo（标志）+Slogan（标语）。
（2）颜色搭配和谐。
（3）页面的布局和设计尽量美观，有逻辑性更好。

3. 格式层面

（1）格式方面常用的是 PPT 和 PDF 两种，建议创业者优先选择 PDF，避免格式错乱和其他问题。

（2）文件的命名至少应该包括项目或产品的名称及"商业计划书"字样。如果是用邮件发给投资人的商业计划书，还应该注意邮件的标题和正文的内容，注意不要给投资人群发邮件，因为这样显得非常没有针对性。

6.3.8 商业计划书的制作工具

1. 基础工具

基础工具包括 Word、Excel 和 Power Point。数据、市场、财务的部分均可以用 Excel 来做出，并且将他们图形化，变成一些易于阅读的形式。项目的商业逻辑可以用 PPT 分页搭建出框架，将一些大标题分点，分模块地进行编写。

2. 数据查询工具——IT 桔子

用 IT 桔子（如图 6-5 所示）来寻找类似的竞品，以及它们的产品特点。同时 IT 桔子还提供了大量的行业研究分析，可以用于对市场及行业的分析。

图 6-5　IT 桔子首页

3. PPT 制作工具

提供 PPT 模板的工具包括稻壳儿、iSlide、OfficePlus、千图网，它们可以提供海量的 PPT 模板，使用 PPT 模板可以将自己的 PPT 变得更加美观。IconFont 提供了免费的矢量图标，它提供了不同的颜色、不同文件格式的图片可以下载，可以帮助你选择精美的图标，从而更好地表达出自己的商业逻辑，同时增加美观度。Pixabay 是一个免费高清图库网站，它的所有图片都是可以用于商业的，可以通过类别来查找图片，也可以使用搜索来查找图片，同时它还支持筛选结果，可以选择图片的方向、类别尺寸、大小等。

在 PPT 演示方面，百度推出的 PPT 遥控器是一款可以使用手机来遥控 PPT 的工具，当计算机安装了这款软件后，只需使用微信扫一扫，计算机和手机同时联网，手机就可以遥控 PPT，而且还支持备注、激光笔等功能，可以方便你更好地进行商业路演。

> **小 Tips**
>
> 好的商业计划书 PPT 有哪些特征？
>
> 可以用"非常 6+1"，即 7 个特点、28 个字来总结：
>
> （1）主题鲜明：首页就要表达出鲜明的主题，吸引评委的注意力，体现出项目的特色。PPT 的第一页，要让评委"一见钟情"，让评委产生看下去的兴趣。

（2）定位精准：一定要定位准确，把握机会，找到细分市场需求，设计用户最需要的关键应用。精准定位细分用户，精准定位核心功能。切记不要做功能的罗列，不要说适合所有的用户。记住，PPT 就是 PowerPoint，是有力量的观点、精准的观点。

（3）逻辑清晰：一定要有清晰的商业逻辑、业务逻辑与呈现逻辑，创意组一定将商业逻辑描述清楚，成长组要将业务逻辑描述清楚。呈现逻辑要清晰，紧密围绕主题，避免出现逻辑嵌套，在呈现逻辑上，可以借鉴"金字塔原理"。

（4）内容丰富：在前三点，即鲜明的主题、精准的定位与清晰的逻辑基础上，体现出丰富的内容。因为在网评时，创业者是没有机会见到评委的，所以一定要将你想表达的内容在 PPT 中充分体现，避免出现一页一句话、一张图等模式，这种也许适合现场路演，但不适合网评。

（5）形式专业：在形式上需要精心设计，包括模板、色系、字体、字号、标点、图表、动画（切记过多动画）等。好的形式就如高考时作文的卷面分一样，即使有再好的作文题目、再好的结构，但是字体潦草是不会得高分的！

（6）结尾有力：一定要有一个好的结尾。心理学研究发现，人们在看或听一个报告时，只会记住高潮与结尾，人们一直在用左脑的逻辑来听前面的内容，在最后，需要打动评委的右脑，因为人们是理性选择、感性决策。在 PPT 的资料中，好的结尾与好的开始同样重要，甚至更为重要。那么什么样的结尾是有力的？要用精简的话，强调项目的价值点，不要将最后一页用"谢谢"来代替。

（7）日新月异：最后的几天时间里，要以天的节奏来迭代升级。这点对于参加网评的项目团队来说尤其重要，要在最后一刻，还能发现一个字体或一个标点的失误。快速完善，快速迭代，按每天提高 1 分来计算，如果有 7 天时间，每个团队就会有 7 分的提分空间！与时俱进，更要不断更新 PPT 中的观点与内容，保证内容与时代同步，与科技并行。

4．商业计划书模板——疯狂 BP

疯狂 BP 提供了大量制作商业计划书的范文及模板（如图 6-6 所示），你只要单击创建，就可以选择细分行业的模板，也可以寻找到相关的参考范文。当然，它只是作为一种辅助工具，内容才是王道，切勿投机取巧。

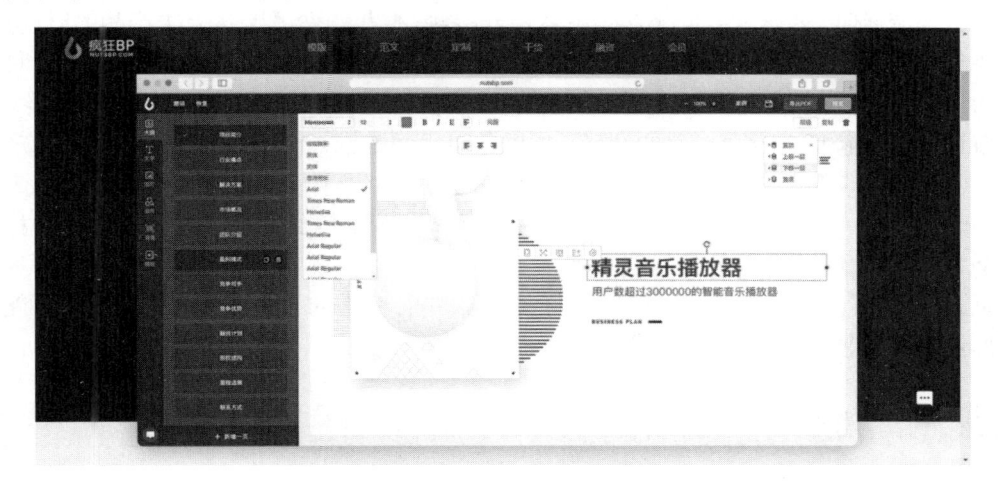

图 6-6　疯狂 BP 页面截图

6.4 商业计划书的制作流程

6.4.1 构想阶段

什么是商业计划书？它对创业者为何如此重要？据专家介绍，商业计划书就是创业者计划创立业务的书面概要，它对业务发展有明确的界定，同时，它也是衡量业务进展情况的标准。一个酝酿中的项目，往往各方面都很不确定，创业者可以通过制定商业计划书，罗列出项目的优缺点，再逐条推敲，得到更清晰的认识。

诚然，制定完整的具有指导意义的商业计划书，创业者需要投入相当多的精力。那么如何着手制定商业计划书呢？在初步构想之后，要逐渐细化。构想阶段的重点是关注与产品或服务有关的细节，如产品处于什么样的发展阶段、它的独特性何在、销售产品的途径、消费者群体有哪些、生产成本和售价如何确定、企业发展新的现代化产品的计划是什么、如何把出资者拉到企业的产品或服务中来……以上种种，都是在商业计划书撰写之前应该详细考虑的。透过对商业计划书的构思和细化，有意让创业者提前在理论上把创业过程演练一遍。

商业计划构想，就是对自己将要开创的事业给予细致的思考，并制定细化的构思，确定明确的时间进度表和工作进程。构想阶段考虑的因素越多，分析状况越小，对于接下来商业计划书的制作及今后创业项目的开展都能起到未雨绸缪的作用。

6.4.2 调研阶段

确定一个项目，如果对于它在市场上的可行性并不是很了解，那么只有在通过市场调研分析之后，才知道可行性的效果。如果可行性较强，才能进行投资。因此，在调查时，需要对用户、竞争对象、市场需求等方面都了解清楚。

"没有调查就没有发言权"，制定商业计划书的第二步就是进行市场调研，了解行情。

创业者要细致地分析经济、地理、职业及心理等因素对消费者选择产品或服务的影响。在进行市场调研时，调研者要同潜在消费者展开接触，搜集消费者购买此类产品的时间周期、谁在决定是否购买、如何防范别人模仿你的产品或服务、你的产品或服务凭什么吸引目标市场中的消费者，以便制定销售策略。

市场调研还包括对竞争对手的调研，如竞争对手都是谁；他们的产品与本企业的产品相比，有哪些相同点和不同点；竞争对手所采用的营销策略是什么。在调查阶段，创业者还必须做好财务分析。即要量化本公司的收入目标和公司战略，详细而精确地考虑实现目标所需的资金。

总之，商业计划书要说服阅读者，本企业不仅是行业中的有力竞争者，将来还可能会是确定行业标准的领先者。

6.4.3 制作阶段

第一步：明确用途、受众。

在开始做商业计划书时，计划书必须要有针对性，首先要明确三个问题：商业计划书的使用场景、商业计划书的受众、商业计划书的主题。

第二步：构思框架，完善文字稿。

这个阶段的投资人主要看这个企业的业务前景和创业团队。所以这一阶段的商业计划书，重点要放在市场分析、产品、服务模式介绍和团队介绍上。

第三步：提炼和加工信息。

这个步骤就是对文稿中的内容进行提炼加工处理，使数据图表化、信息图表化、重点突出化。

第四步：修改完善。

创业者要站在受众的角度，去重读计划书，并修改完善。本部分内容是商业计划书成文的关键步骤。（由于本章节中已经对该部分内容提供了详细的阐述及明确的示范，这里则不展开描述。）

商业计划书撰写基本要求如下。

（1）把握商业计划书的各个要素，且内容完整。

（2）创业项目的特色得以充分体现。

（3）整体逻辑清晰，阅读流畅。

（4）分析透彻，论据充分、客观。

（5）针对性强，根据不同的读者能够突出自己要表达的重点信息，而一些相对不重要的内容则不必用过多的笔墨。

（6）无论是你的论证，还是你的团队能力与具体行动方案，都让人觉得很信服，也令人很受鼓舞。

6.4.4 补充与证明阶段

一份完整的商业计划书，在上述几项工作的基础上，还要重点构思市场机遇与开发谋略、产品与服务构思、竞争优势、经营团队等。

很多创业者在撰写商业计划书的过程中，对细节描述过于详尽，而忽视了对综合性的把握，因此，在撰写的过程中，还必须通盘统筹，时时刻刻要回答好如下几个问题：你的商业计划书是否显示出你具有管理公司的经验？你的商业计划书是否显示了你有能力偿还借款？你的商业计划书是否显示出你已进行过完整的市场分析？你的商业计划书是否容易被投资人所领会？

根据在创业过程中出现的问题，及时对商业计划书进行补充、调整、完善。商业计划书就是要不断地打磨，很难一蹴而就。

6.5 商业计划书的检查和制作技巧

6.5.1 检查的要点

商业计划书虽然也可以作为创业者的创业指南，但是编写的主要目的是筹集资金，向投资人介绍自己公司的项目，获得其支持。所以在撰写好之后，可以从以下几方面对计划书加以检查：

（1）用语简洁性。由于商业计划书是要让投资人了解你的企业，因此应该在有限的篇幅之内把需要介绍的东西说清楚，突出重点和亮点。虽然涉及商业活动的所有基本方面，但应注意避免太多的细节，避免报告烦琐从而给读者造成负担。一方面，要做到全面和综合；另一方面，对要点要做到确定和简洁。

（2）项目的可行性。投资人在考虑一个项目时，需要在保证资本安全的情况下，使得投资利润最大化，他们不仅会考虑项目的投资潜力，还会考虑项目的可行性。无论项目在理论上有多大的市场，可以带来多大的收益，如果在现实中因为某一因素无法实现，整个投资可能就会失败。所以商业计划书中应该突出其可行性。

（3）数据真实性。检查计划书中所引用的数据是否真实、市场分析和预测的可信度高不高、财务分析的方法是否科学恰当。如果商业计划书中的关键数据不真实，就说明创业者可能存在造假的嫌疑，因为市场分析与预测是考察企业未来发展的前景，所以对于市场调研工作和数据分析应该科学严谨，如果在分析过程中出现方法或者获取数据的不准确，那么所提出的预期结果就没有参考性。

（4）有明确的针对性。不同的投资人兴趣不同，侧重点不同。在提交商业计划书之前应该对投资人进行调查了解，具体包括他们的特点和爱好等。

6.5.2 制作的忌讳

（1）篇幅过长。一般商业计划书在 30 页左右，要确保没有过多的废话，不需要一些无用的套话，并不是越详细越代表诚意，更多的是要简洁明了。

（2）过于情绪化。在商业计划书中不需要特意卖惨，更重要的是用自己的企业特色和盈利性来打动投资人，无须打"感情牌"。

（3）有太多市场数据。企业不能过多地使用市场数据，这些数据不一定符合该企业的商业模式，应该对自身特点及存在的商业模式做适切性的调查与分析，形成贴合自身的项目。

（4）文字太多。商业计划书中如果全是文字表述，会使得该计划书看起来长篇大论，难以让人抓住重点，重点内容用图表展示，能够一目了然，直击重点。

6.5.3 关键内容检查

（1）摘要。这一部分是投资人最先阅读的部分，却是在商业计划书写作中最后完成的部分，是对整个商业计划书精华的浓缩，旨在引起投资人的兴趣，使投资人有进一步探究项目详细信息的渴望。摘要的长度通常以 2~3 页为宜，内容力求精练有力，重点阐明公司的投资亮点，尤其是相对于竞争对手的抢眼之处。净现金流入、广泛的用户基础、市场快速增长的机会、背景丰厚的团队都可能成为引起投资人兴趣的亮点。

（2）产品与服务介绍。此部分主要是对公司现有产品和服务的性能、技术特点、典型用户、盈利能力等的陈述，以及未来产品研发计划的介绍。只需介绍公司的产品体系，向投资人展示公司产品线的完整和可持续发展，将更多的笔墨放在对产品的盈利能力、典型用户、同类产品比较等内容的介绍上。

（3）市场与竞争分析。与其他融资方式不同，投资人的超额收益更多来源于未来的增长。所以投资人对项目所处市场的未来发展非常重视。在市场与竞争分析部分，需要重点分析市场整体发展趋势、细分市场的容量、未来增长预估、主要的影响因素等。竞争分析包括主要竞争对手的优劣势分析和自身特征分析等内容。对市场容量的估算、未来增长的预测的数据最好来源于中立第三方的调查或研究报告，避免自行预估。对于特殊市场，在预估时则应力求保持客观中肯的态度，以免有"自吹自擂"之嫌，令人不能信服。

（4）战略规划与实施计划。拥有了优质的产品和良好的市场机遇，还需要一个切实可行的实施计划来配合，才能保证最后的成功。在这一部分内容中，需要着力举证为了实现战略目标，在人员团队、资金、资源、渠道、合作等各方面的配置。制定的实施计划要与计划书中其他章节保持一致。例如，产品计划与产品服务中的未来研发一致，资金配置与资金使用计划一致，人员配置与人力资源规划一致等。

（5）团队介绍。对于管理团队的描述，除了介绍整个团队的专业背景、学历水平、年龄分布，最重要的是核心团队的经历。一个稳定团结的核心团队可以帮助企业渡过种种难关，是企业最宝贵的资源。而且，核心团队的过往经历直接影响企业的发展路径。所以，团队成员的成功创业经历对于赢取投资人的资金而言往往是极有分量的筹码。

（6）风险控制。对投资人而言，风险并不可怕，可怕的是那些对风险盲目乐观或根本无视风险存在的创业者。

小 Tips

以下是在真实的创业比赛中，根据选手的参赛经验及评委的打分标准总结出来的小技巧，"创友"们赶紧收藏起来吧！

评委在打开你的PPT之前，会在脑海中有一个起评分线，如75或80，之后评委在看你的项目文件每一页内容的过程，就是加分或减分的过程，在看到最后一页时，最终分数就在评委脑海中形成了。那么，哪些是加分项呢？

加分因素1：项目名字要有特点，既要反映项目内涵，也要让人留下深刻印象。

加分因素2：首页主题清晰，有吸引力。

加分因素3：项目路演PPT制作一定要专业、美观、用心。

加分因素4：项目价值、意义、市场潜力说明到位，有力度、有翔实数据会更容易打动评委。

加分因素5：项目与学校特色、专业特色相结合会有加分可能，让你的学校与专业为项目增添光彩。

加分因素6：项目如是由科研成果转化的会有加分可能，因为目前国家大力鼓励高校科研成果通过大学生创新创业进行转化。

加分因素7：项目指导老师的良好资质、背景会有帮助，如院士、重点实验室负责人、科研成果拥有人等。

加分因素8：项目产品服务有明显的功能、性能与市场优势。

加分因素9：项目产品服务与竞争对手相比有明显优势。

加分因素10：项目已经实现收入，并有较好成长预期。

加分因素11：项目团队的介绍要体现出与创业项目的强相关。

加分因素 12：项目如已经有投资轮，要做清晰说明。

加分因素 13：项目路演 PPT 的结尾要有打动力，争取能够给评委留下深刻印象。

最重要的一点是深入了解所参加组别的评审规则，对应评审要求，做好项目资料的准备。

如果有如下几点，那么请注意，它们可能成为你项目"网评"的丢分陷阱。

丢分陷阱 1：尽量不要以公司的名字来定义项目，要用项目的名字。

丢分陷阱 2：行业和市场分析与项目相关性不强，前面分析过的问题，在后面产品中没有解决方案。

丢分陷阱 3：要避免项目路演 PPT 制作粗糙，没有经过专门的美化，排版随意，甚至出现错字。减少过多的动画，对于一天要看几十个项目的评委来说，过多动画在"网评"环节是不受欢迎的。

丢分陷阱 4：避免在项目路演 PPT 中出现参加其他赛事时用的字样，这些会让评委感觉到不被重视。

丢分陷阱 5：避免项目路演 PPT 的内容过多、逻辑混乱、重点不突出。

丢分陷阱 6：在"网评"环节，项目路演 PPT 只有图片陈列，没有相关文字说明与交代，不利于评委充分了解项目内容，这对于"网评"来说是不利的。

丢分陷阱 7：站在自己的视角，而不是评委的视角准备的项目资料。要理解"网评"与现场路演的不同之处，要学会站在"网评"评委视角，审察项目资料内容，了解评委阅读项目资料的重点。

丢分陷阱 8：没有做过"网评"的模拟训练，直接提交资料，可能会让项目资料存在不适合"网评"的地方。在提交项目资料前，可以进行"网评"模拟路演，即在无人解说播放资料的情况下，发现项目资料内容与形式上存在的不足；大众评审是一种比较适合"网评"模拟的方式。通过大众评审工具，让更多的老师与参赛团队参与"网评"，快速得出项目目前阶段的实际平均分，从而发现不足，及时完善。

丢分陷阱 9：有硬伤，如错误的数据，知识产权归属不清，有民族歧视、性别歧视，涉及政策管制领域等。

丢分陷阱 10：一个只是简单表达谢谢的结尾页，评委需要被打动或感动，不要浪费有价值的最后一页。

案例："五六点教育"的商业计划书

视频

"五六点教育"创立于 2014 年年底，不但第一家分校装修的一砖一瓦，都来自王浩兵和他的创业团队，而且第一位校长、第一位老师，甚至第一位厨师，也都来自团队。

2016 年 11 月，"五六点教育"项目荣获"创青春"中航工业大学创业大赛创业实践挑战赛金奖，击败全国 11 万个项目。

2017 年"五六点教育"与广州大学联合成立广州大学课后教育研究中心，合作范围包括教育产品研发和师资培训，广州大学成为"五六点教育"最强大的学术伙伴。该中心的科研团队由 15 名博士组成，涵盖了教育学、心理学、社会学等专业领域，其宗旨是为了促进课后教育生态的健康与完善，针对小学生托管行业的专业标准和规范发展开展应用性研究。

"五六点教育"由此成为唯一一个由高级学府做学术支持及专业指导的托管品牌。

2018 年 6 月 15 日,"五六点教育"携手深圳市优学天下教育发展股份有限公司,于广州大学创新创业学院路演厅签署投资协议。这标志着"五六点教育"完成了 A 轮融资,获得了优学天下教育产业投资基金价值数千万元的投资。

2018 年 10 月,在教育部主办的第四届"全国互联网+"创新创业大赛中,"五六点教育"击败来自全国的 64 万个竞争项目,斩获金奖。

2019 年 7 月,"五六点教育"完成了数千万级的 B 轮融资,再度获得资本的青睐。在获得新一轮资本助力之后,"五六点教育"将全面升级智慧托管核心竞争力,包括数字教学系统的自主研发、内容资源的整合及教育课程的研发设计。

托管市场从简单的课后看护服务,发展升级至今,已具有越来越明显的教育属性。同时,也越来越受困于教育行业规模化、连锁化的瓶颈。具体来说就是教学的高质量与标准化、师资的依赖度与可复制性、学生学习的个性需求与产业规模化、线上与线下的互通四个相互关联又各自独立的难题。

"五六点教育"力图将数字技术嵌入教育与经营,切入托管这个细分市场,通过抓取个体学习特征数据,与优质的教学数据库实现对接,再辅以线下连锁运营体系,一举解决以上四个难题。凭借对托管业务的熟悉和尽心尽力地为加盟商提供独到的解决方案,"五六点教育"不仅在国家级赛事中崭露头角,还能在资本中受到青睐,并受到越来越多媒体的关注。其中"优学天下"对"五六点教育"的投资,为其注入科技与教育资源,将能够迅速打通线下教育场景与云端教学资源的互联互通,向着个性化智慧教育的方向迈进一大步。

创始人王浩兵指出,创业是一个过程,一个永不停止的过程,在创业过程中会出现很多意想不到的事情,如果意志不够坚定,任何一个小困难都可能会将人打倒。在创业的道路中,所有的坚持与努力都是为了最初的梦想。因此,他强调,一个明确且坚定的目标能够引领一个人奋勇前行,只有坚持心之所想,砥砺前行,才能在平凡的生活里得到不平凡的收获。在参加 2016 年"创青春"全国大学生创业大赛时,王浩兵将参赛的 PPT 反复修改了 84 版。"回头去看,就像跟自己的项目谈了 84 次恋爱,在 84 次之后你发现自己还愿意做这件事情,那就表明这是你的真爱!"王浩兵还回忆道,当他坐了 21 个小时的火车,独自站在大学正门时,他就暗下决心:4 年后一定要骄傲自信地离开,10 年后要让这座城市接纳自己。从那时起,他便不畏艰难,无所畏惧地开始了自己的追梦之旅。

技能:商业计划书的制作模板及工具使用

任何一个创业项目都离不开商业计划书的撰写,如果没有商业计划书,就无法进行项目的评估、交流、推广、融资。商业计划书绝对不是以篇幅取胜,冗长的篇幅只会让人抓不住重点,觉得层次不明。越是好的商业计划书,越应该是简洁清晰、逻辑清晰、重点突出、让人能轻松获得他们想了解的内容。本节让我们结合新型茶饮店创业探讨应该如何写商业计划书吧。

1. 项目概况

这一部分是概述商业计划书的总体内容,一般简略介绍企业的战略定位、市场概况、服务或产品、营销推广、竞争优势、核心团队、运营现状及发展规划、融资金额及用途。

以新型茶饮店创业项目为例，在项目概述方面可以先介绍项目背景、自己公司的名称及理念，在战略定位上面突出新型茶饮店的特点、创办的意义。如新型茶饮店注重与互联网思维结合，由线下体验店与线上直销店结合，茶饮制作与包装更是重视健康、时尚，满足年轻人的需求。营销推广部分将重视品牌营销，运用媒体和互联网+思维，提供简便、快捷的配送服务，在线上举办与消费者互动的促销等活动，对VIP用户提供由专业的营养师制定的膳食计划，提供便于存储的健康产品，线下开展"美食实验室"等互动活动，让用户参与健康饮食制作。

2．战略定位

这一部分要用简单的话语来描述公司理念，即我们公司做什么、不做什么，我们未来的发展方向是什么。这一部分应该简洁明了，虽然战略会随着大环境的变化进行动态调整，但是具有清晰的未来发展目标，会让人清楚项目的未来，增加对项目定位的了解。

以新型茶饮店的创业项目为例，我们的战略定位是做健康时尚、适合年轻人的奶茶，在口味和包装上凸显年轻人的个性化。其竞争对手并非传统的可乐等超市货架饮品，虽然也重视健康与定制性专业营养服务，但是侧重互联网的营销手段，将线下体验店和线上销售渠道相结合。发展目标是智能个性化营养推荐，平台根据身体情况、口味等合理搭配营养饮食，并提供线上快速配送的服务。如最近天气炎热，通过平台采集到用户具有嗓子痛、皮肤干燥等症状，平台可以推送营养美食调配餐，以及对消暑解渴的茶饮发放优惠券，提供快速配送服务。

3．市场分析

这一部分非常重要，是整个项目的逻辑起点，需要进行市场调研，了解行业的发展现状和前景，分析目标用户的痛点和未满足需求。这部分内容，最好能运用相关的工具，以第三方权威的数据和实际调研数据作为分析依据，用图文并茂的方式进行呈现，这里可以用国家统计局、天眼通、IT桔子等相关数据，运用Tableau、Echarts、Chartistic实现数据可视化。要注意在分析用户需求时，应该做到九轩资本提出的"普遍、显性、刚需、高频"，就是你所解决的问题是大部分用户的问题，而非小众问题，这样你的市场潜力才会比较大。

在现饮市场，茶饮和咖啡是主流产品，新型现饮市场规模大约在1300亿元。自奶茶与咖啡等饮品从西方传入中国市场后，产品形态已有多次升级与演变。新式现饮的概念在2010年左右形成，在2016年左右开始爆发性增长，其特征主要为原料主打天然健康，现场手工调配制作，讲究产品优质、包装精美、门店新颖，并兼具一定的社交属性。新式现饮的具体分类包含了以喜茶、奈雪为代表的新式现制茶饮，以星巴克、瑞幸为代表的现磨咖啡，以及鲜榨果汁、鲜奶、酸奶等其他品类（如图6-7所示）。

现制茶饮的主要消费群体是女性，数据显示，女性在现制茶饮与现磨咖啡消费者中的比例分别为75%与69%（如图6-8所示），更多的消费动机是冲动消费和消费习惯（如图6-9所示）。茶饮消费的日常化使得现代年轻群体趋于健康化饮食，而随着健康化品类的不断推出，茶饮逐渐摆脱了高糖、高脂等阻碍消费频次进一步提升的不利因素。美团报告称，在奶茶订单中选择全糖或多加糖的用户只占7%，而在各类甜度选项中，无糖排名第一，其次是半糖（如图 6-10 所示）。

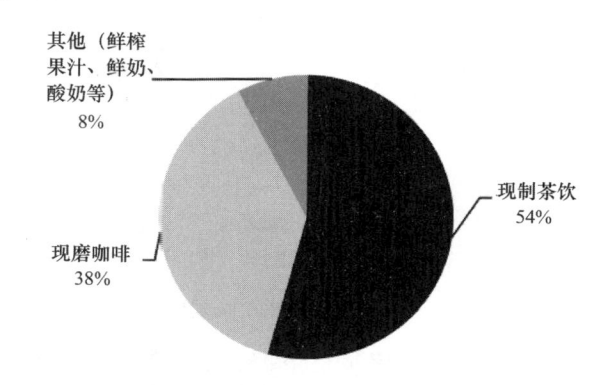

图 6-7　现饮市场规模结构推算

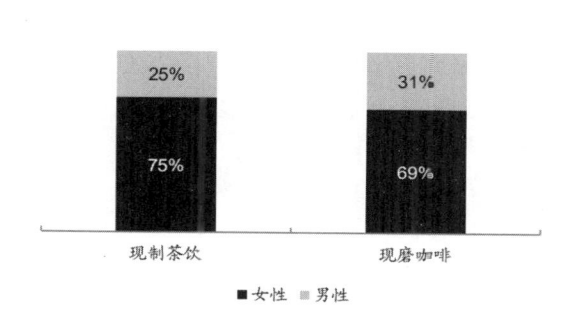

图 6-8　女性是新式现饮的主要消费群体

图 6-9　现磨咖啡与现制茶饮消费动机调查

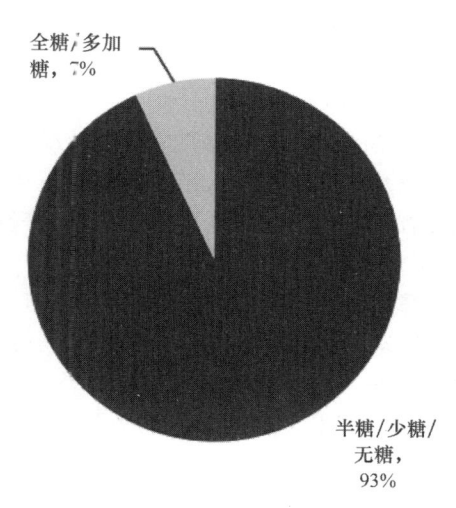

图 6-10　93%的消费者选择半糖/少糖/无糖奶茶

现饮市场仍然具有很大的市场空间，随着人们消费水平的提高，对健康饮食越来越重视，对茶饮品价格接受能力提高，同时对茶饮品质量要求也更严苛了（如图 6-11 所示）。现在茶饮行业竞争格局高度分散，头部品牌较少，且头部品牌创立时间都不长，主要通过加盟实现快速扩张，更多采取直营的方式（如图 6-12 所示）。

	2019年	2020年	2021年	2022年	2023年
现制茶饮市场规模（亿元）	695	832	1014	1249	1538
YOY		20%	22%	23%	23%
现磨咖啡市场规模（亿元）	489	633	897	1220	1579
YOY		29%	42%	36%	29%
其他现饮市场规模（亿元）	100	120	146	180	221
YOY		20%	22%	23%	23%
新式现饮市场规模（亿元）	1284	1584	2057	2648	3338
YOY		23%	30%	29%	26%

图 6-11　新式现饮未来市场规模预测

品牌	门店数量	覆盖城市数	门店密度（家/城）	门店管理模式
蜜雪冰城	5000	200	25	加盟
Coco	3000	160	19	直营+区域代理
一点点	2000	48	42	直营+加盟
快乐柠檬	650	25	26	直营+加盟
厝内小眷村	231	6	39	加盟
喜茶	222	28	8	
茶颜悦色	162	1	162	直营
奈雪	157	7	22	

图 6-12　茶饮大品牌门店情况（2019 年）

4．服务与产品

这部分需要说明我们所提供的产品或服务是什么、针对的用户类型及可解决的核心需求是什么？严格来说产品与服务是不同的，但在现实中，产品与服务往往相互离不开，这一部分主要看产品是否真的能直击用户痛点。

在新型茶饮店的项目中，主要的产品是健康时尚的茶饮品。其定位是打造一个健康市场的餐饮服务平台。通过整合最原始的原材料供应链、基于线下实体店的极致顾客服务、建设以单店为中心辐射的健康交流社区中心，最终实现一切原材料皆可追溯、一切产品皆可销售的体验销售模式。

让消费者从产品的源头去理解和感受健康本质，通过专业的健康知识为消费者解决健康饮食问题，同时为产品植入健身运动元素，丰富健康概念及消费者的健康理解，为消费者提供了解—体验—分享—再体验的消费服务。

目前市场各类食品琳琅满目，但消费者的健康水平严重下降，以"营养科学""健康饮食和生活"为核心的大健康产业必然是时代趋势。

5．营销推广

这部分重点阐述公司已采取或拟采取的市场推广策略及竞争策略、具有哪些核心资源或哪些合作伙伴可以利用、使用哪些渠道和方法。酒香也怕巷子深，除了极少数互联网产品通过产品本身的设计及越过临界点之后可以获得爆发式增长，大部分的产品前期还是需要深入地营销推广的，即便获得了巨额投资，优秀的营销推广经验及行业资源依然至关重要。这部分内容重在说明为什么"星星之火可以燎原"。

现如今，茶饮行业在中国已经不是新鲜事物，各种各样的茶饮以其丰富的内容与形式瓜分着中国市场。对于创业者来说，如果想在茶饮行业有一席之地，在对产品或服务进行准确定位之后，更重要的是需要更加独特而又可行的营销推广手段。

新型茶饮店的项目根据自身的竞争优势确定了以下策略。

1）可追溯的透明健康管家服务

从原材料的源头发展、文化故事的挖掘和沉淀、制作工艺、定制化的健康膳食搭配、健身运动及健康饮食文化社区的搭建和分享，打造健康可追溯的立体服务体系。

2）线下体验、线上分享的O2O消费模式

新型茶饮店区别于常规餐饮店的地方在于，新型茶饮店的线下实体店更多的是作为产品展示、销售服务的体验店，是作为一个与顾客互动和粉丝汇集的场所。线上作为内容分享和社区建设的主阵地，基于线下实体进行品牌粉丝传播，更具有影响力和传播力。

3）中西结合多元化特色

新型茶饮店致力于挖掘和打造每款产品背后的故事文化，同时保持产品的更新周期，不断挖掘和引进西方优质健康饮食产品，梳理和整理西方餐饮文化，进行文化引进和转化输送，从而让新型茶饮店真正成为一个有温度和有文化的时尚品牌。将鸡尾酒的特色制作植入新型茶饮店产品当中，体现时尚风格，新型茶饮店实体店还会设置一些运动项目，利用顾客的动能产生动力，将顾客消耗的能量转化为产品，实现健康运动理念。

4）产、教、研、销一体化的新零售模式

5）产品原材料绿色健康化

所有产品在坚持"健康、时尚、便捷、简单、快速、少而精"的原则上，产品架构分为"时尚健康简餐""速食营养产品""生机蔬果饮"三大类型。在原材料上，我们坚持原生素养主义，创新引用五谷、坚果、干果等原生食材。

6）迎合当前消费需求趋向

在现在这个时代，碎片化时间消费和快速切换的"健康食品"成为一种核心需求，新型茶饮店迎合了现在市场消费需求趋势。

7）跨界整合、立体营销

围绕健康、时尚的核心理念，以时尚快餐为服务点将时尚快餐跨界整合到多个领域，如与健身房等运动市场结合，在新型茶饮体验店融入运动、时尚的元素之外，联合周边健身场所联合推出健身套餐，新型茶饮店也可以作为每个健身商家长期的健康饮食供应商，同时针对会员用户提供定制化的超体验服务，打通不同商家之间的粉丝共享隔阂，整合粉丝资源，建立健康小区经济。

6. 核心团队

简单介绍核心团队的从业经历及擅长的领域，除核心创始人之外，最好还包括技术（或产品）、销售、运营等方面的核心骨干成员。重点强调团队成员的从业经验、团队的互补性和完整性。

7. 运营现状

本部分需要介绍公司现有的激活用户、注册用户、日活用户、日活率、留存率、日订单数、客单价、毛利率、近期销售收入、往年及本年销售收入、各项指标的增长率等指标。

这一部分所提供的数据，实际上反映了公司目前所设定的产品定位及商业模式得到市场初步验证的情况，是项目发展潜力与未来前景的主要证明。投资人会根据这部分数据"管中窥豹""以小看大"。创业者可以根据保密性要求选择适当披露。

8．发展规划

本部分需要在假设融资到位的情况下（特别注意此假设），设计公司未来 3～5 年的发展规划，以图表的形式直观说明公司在各阶段的目标市场、拓展区域、商业模式等战略计划。

投资人通常会根据财务预测模型所提供的计算方法、参数假设、增长预测等信息来判断项目发展后期的运营数据实现的可能性，从而判断项目引入融资之后的理论增长情况。当然，模型永远是模型，没有一个投资人会完全根据模型来做决定，但是一份严谨测算的财务预测模型可以有效地帮助投资人将"拍一次脑袋"分解为"多拍几次脑袋"，从而提高决策效率。同时，通过财务预测模型，创业者也可以更好地模拟、剖析项目发展演进的关键因素。

对于新型茶饮店的项目，目前企业处于创业发展初期，市场需求还远远未得到满足，但大力开发产品成本较高，在这个阶段需在保持原有业务的基础上，增加新的附加价值，从质和量上保持稳定均速增长，未来发展规划如下：

针对学校、社区不定期进行公益讲座，普及健康知识，提高企业影响力及品牌知名度，同时挖掘潜在的服务需求；针对线下门店提供专业的饮食服务，制定门店健康管理服务体系；稳定目前发展业务，增加服务附加值，加大用户黏性，在打造一批强有力的健康队伍的同时也增加公司的收入。

开创"生机谷蔬果"健康生活馆，结合社区，开展膳食营养健康的普及和连锁项目的落地，打造健康系列产品：如生机谷蔬果代餐、复合功能果蔬、蒸蛋糕等休闲食品，生机沙拉、公司下午茶、时尚靓汤等赋能早点，以及雅致午点、悦夜夜点等店面消费+家居健康+健康生活咨询的系列产品。

9．融资金额及用途

在充分说明以上各部分内容，并且能够让投资人有满意的认可之后，基本上说明"我什么都不缺、只缺钱了"，那么在本部分需要向投资人表明你的融资计划。具体包括两个重要内容。第一，本轮融资金额是多少，最好说明人民币或者美元，如果优先接受美元但不排除人民币，可以在美元之后的括号中注明"或等值人民币"。第二，需要重点说明本轮融资的具体用途，最好能够细化到具体项目。这部分内容需要创业者根据审慎思考的业务拓展计划制定具体的资金分配方案，需要充分体现创业者的战略规划能力，同时也需要体现创业花钱的能力。

在新型茶饮店的项目中，鉴于公司在初建阶段，费用开支较大，在营销上通过健康养生文化的传播来扩大公司品牌知名度。无论是人员的薪资福利，还是固定资产的购置、市场营销的推广，还有产品的研发等都需要被考虑到，项目经费使用情况具体预算如表 6-1 所示。

第 6 章 商业计划书

表 6-1 项目经费使用情况具体预算表

经费类型	金额（单位：万元）
1.薪资福利费用	
员工薪金	0.5×4＝2
福利费	0.3
保险费	0.2
2.固定资产	
破壁料理机、蒸锅等厨房设备	1.6
计算机等费用	0.8
场地租赁与装修费用	11.4
3.市场推广	
营销推广费用	3
广告制作费用	1
业务费用	1.7
4.产品开发费用	
健康美食产品的开发费用	3
总计	25

第 7 章　创业资源整合与融资

【思维导图】

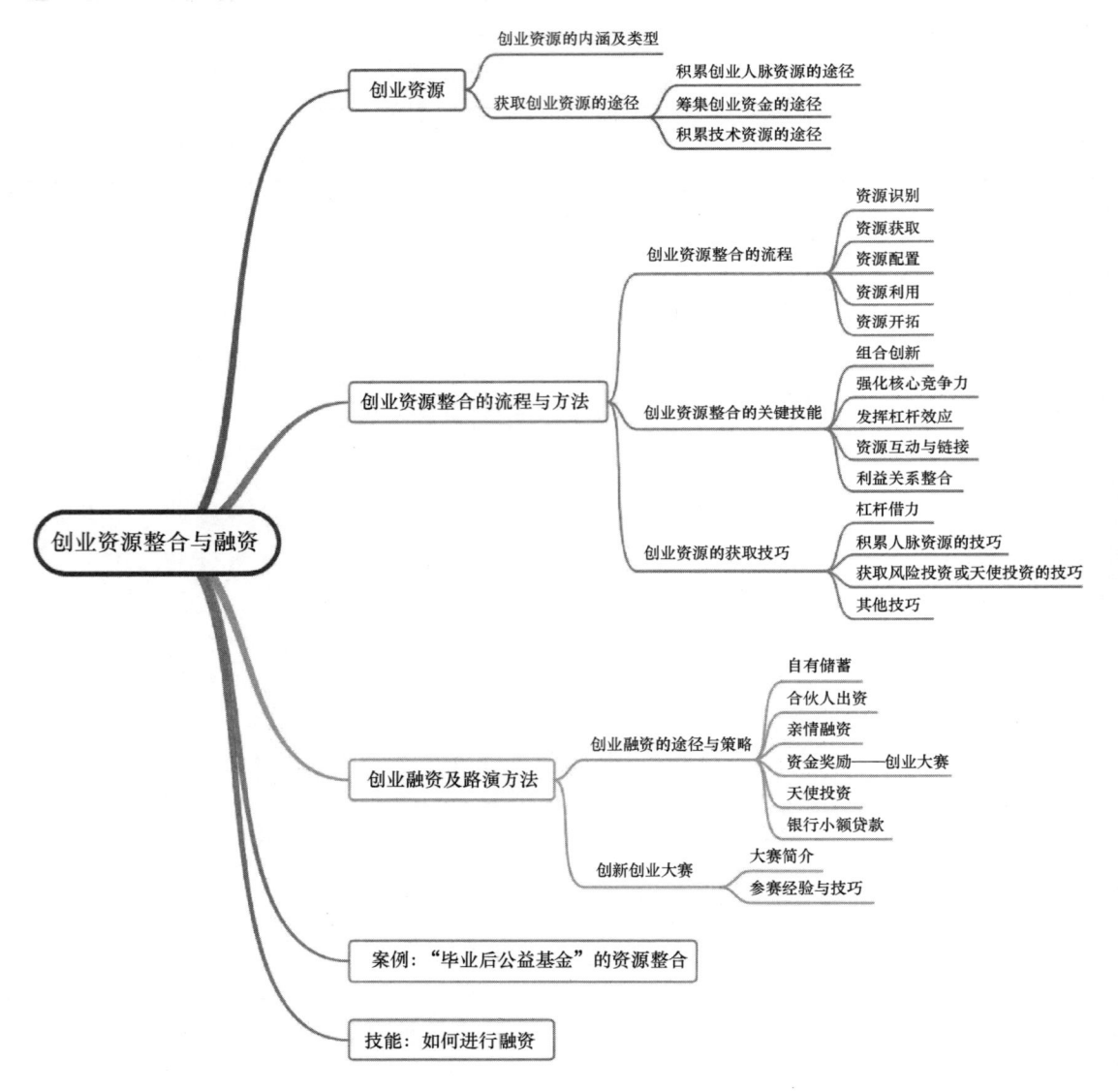

创业资源整合与融资
- 创业资源
  - 创业资源的内涵及类型
  - 获取创业资源的途径
    - 积累创业人脉资源的途径
    - 筹集创业资金的途径
    - 积累技术资源的途径
- 创业资源整合的流程与方法
  - 创业资源整合的流程
    - 资源识别
    - 资源获取
    - 资源配置
    - 资源利用
    - 资源开拓
  - 创业资源整合的关键技能
    - 组合创新
    - 强化核心竞争力
    - 发挥杠杆效应
    - 资源互动与链接
    - 利益关系整合
  - 创业资源的获取技巧
    - 杠杆借力
    - 积累人脉资源的技巧
    - 获取风险投资或天使投资的技巧
    - 其他技巧
- 创业融资及路演方法
  - 创业融资的途径与策略
    - 自有储蓄
    - 合伙人出资
    - 亲情融资
    - 资金奖励——创业大赛
    - 天使投资
    - 银行小额贷款
  - 创新创业大赛
    - 大赛简介
    - 参赛经验与技巧
- 案例："毕业后公益基金"的资源整合
- 技能：如何进行融资

7.1 创业资源

对于初创企业的创业者来说,这是最好的时代也是最坏的时代,一方面现在国家对于创业的扶持比历史上任何一个时期都要好得多,想要创办一家公司远比之前要容易;但另一方面竞争也越发激烈,资源争夺的激烈程度与对整合程度的要求更是空前的。

作为创业者,创业能力是必备技能,而创业资源就是"开挂神器"。所谓创业资源,从管理学角度讲,资源是企业在向社会提供产品或服务的过程中,所需的各种要素及其组合,指初创企业在创造价值的过程中需要的特定资产,包括有形与无形的资产,它是初创企业创立和运营的必要条件,主要表现形式为:创业的人才、资本、机会、技术和管理等。在创业初期,大部分人不具备支撑创业成功的资源,但是我们可以去获取资源为己所用。那么我们可以获取的创业资源的类型有哪些?如何获取创业资源?在创业资源获取过程中有哪些技巧?本节将对以上问题进行解读。

7.1.1 创业资源的内涵及类型

创业本质上就是通过各种方式方法进行的物质交换或精神交换,创业资源是我们开展创业活动的前提条件。可以利用并转化变现的有形或无形的资产都可以称为资源,对初创企业来说,个人拥有的创业资源往往是十分不足的,导致创业者缺乏创业自信、丧失创业意愿。

创业资源不足,资源知觉较低,资源整合能力不足是很多初次创业者创业失败的"罪魁祸首"。没有创业资源,创业似乎无从谈起,缺乏必要的创业资源,创业更不可能成功,但相对于人的欲望及创业发展需求来说,资源永远是有限的、稀缺的,然而拥有完备的资源才开始创业是几乎不可能的,虽然创业资源永远是有限的,但有效利用和整合资源是无限的,没有很好的整合资源的能力,创业必然举步维艰。

创业资源对于创业有重要的作用,首先拥有的创业资源与对其的知觉影响着创业者的创业意愿及创业行动;其次创业资源的多少与对商机的认知也是密切相关的,反过来说,如果不拥有创业资源,即使意识到环境中的商机也不会转为创业行动;再次,拥有资源的种类、数量和质量将会影响创业者及其创业团队的创业战略与经营布局。从某种意义上讲,创业的过程就是一个分析考察资源、利用资源、放大与评价资源、再投入资源的运转过程。

对于创业资源的分类众说纷纭,本节依据创业资源的性质不同将创业资源分为自然资源、权力资源、资本资源、用户资源、用户资源、技术资源、人力资源这七种资源,可以用资源审视画布(如图7-1所示)来呈现这些资源的关系。

(1)自然资源和权力资源。自然资源和权力资源一般是由政府主导的,它们属于顶尖资源(如石油、矿产、森林、电力、银行等)。草根初创企业一般并不具备,需要初创企业家与政府建立良好的政商关系或者把握政策导向,紧跟社会发展趋势,如雷军所言"站在风口上,猪也能飞"。

(2)资本资源。毫无疑问,资本是生产要素中非常重要的因素,资本可以推动一个企业或产品快速扩张,资本包括自有资本、银行贷款、民间借贷和风险投资等,初创企业要将关注的重点放在风险投资上,用自己的故事、自己的创新打动投资人,从而获取投资,这种方式是初创企业快速发展的重要途径。

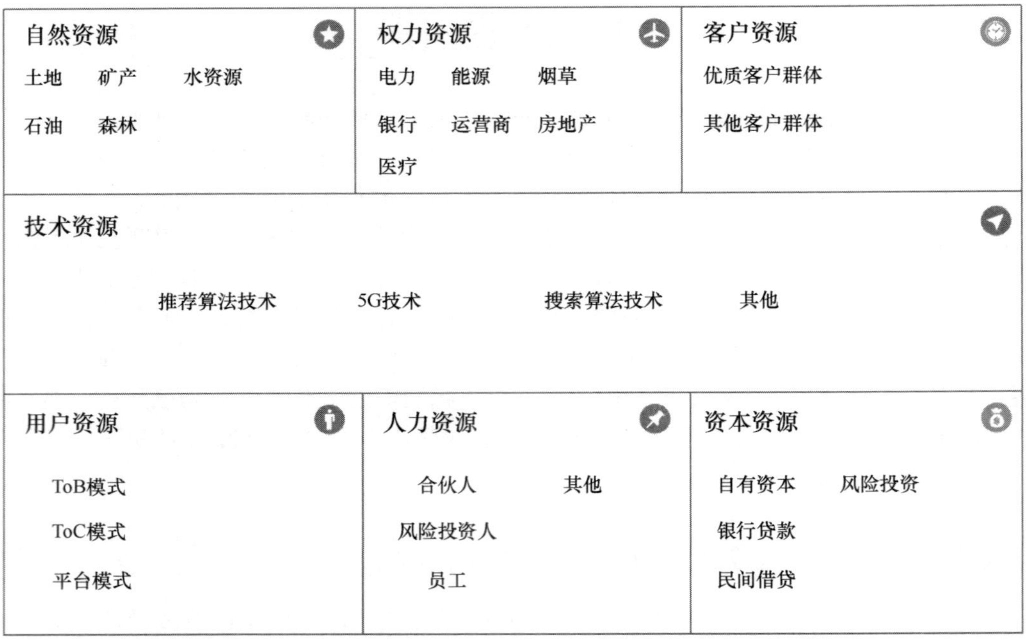

自然资源 ★	权力资源 ♦	客户资源 ◉
土地　矿产　水资源 石油　森林	电力　能源　烟草 银行　运营商　房地产 医疗	优质客户群体 其他客户群体

技术资源 ➤
推荐算法技术　　5G技术　　搜索算法技术　　其他

用户资源 ⓘ	人力资源 ✈	资本资源 ⏱
ToB模式 ToC模式 平台模式	合伙人　　其他 风险投资人 员工	自有资本　风险投资 银行贷款 民间借贷

图 7-1　资源审视画布

（3）用户资源。用户资源更多讲的是用户关系，有句话叫"用户关系就是生产力"，要抓住和解决用户的业务痛点，去获取财务风险较低的优质用户群体并与之建立起稳固的用户关系。

（4）用户资源。用户资源对于初创企业来讲是基础性的资源，用户就是流量，"得用户者得天下"，当然用户或流量只是其中一方面，同时还需要考虑如何将用户或者流量变现，毕竟创办企业的最终目的还是要不断增加企业经济效益。

（5）技术资源。科技是第一生产力，技术资源是科技型企业的核心，技术的领先和突破会带来产品的创新和突破，如今日头条的推荐算法技术、华为的 5G 技术、Google 搜索引擎背后的搜索算法技术，当然初创企业可能一开始并不能具备领先于别人的技术，但是可以通过掌握一些通用的技术，或者在原有技术的基础上进行创新，这样仍然可以为用户创造价值。

（6）人力资源。人力资源，也就是"人脉"，它包括你的合伙人、员工、投资人或者你的朋友等。有人说"人脉即钱脉"，才华横溢、经验丰富或技术过人这样的能力固然能引领公司向更好的方向发展，但真正能让公司超越别人、成功制胜的，往往依赖人力资源的关系网络。好的"人脉"关系能够带来机会、资源和经验。大部分的资源是我们在短时间内无法拥有的，作为初创企业，拓宽人脉关系是我们必备的功课，只有拥有了良好的人脉关系网，企业才会经营得"如鱼得水"。

7.1.2　获取创业资源的途径

在现代的商业环境下，并非传统企业那种对企业 100% 的拥有者才叫老板，项目投资人、企业合伙人等直接发起并促成商业活动的人都称为老板。"不求为我所有，但能为我所用"是对创业资源获取最好的诠释，要清楚我有什么、我缺什么，把拥有的资源利益最大化，缺的资源用我有的资源去换或者低成本买回来，获取就是借力，就是善用彼此的资源，创造共同的利益。特别是对于初创企业来说，创造资源很难，获取资源很易；创造资源很慢，获取资源很快。因此，资源获取是初创企业发展的一条捷径。

获取资源的前提是发现资源，列出资源清单，包括资金、团队、渠道、用户、智慧、专业、人脉等（如表 7-1 所示），然后对这些资源进行分析，明晰哪些是一次性资源、哪些是多次性资源、哪些是过时的资源、哪些是永久性资源、哪些是贬值的资源、哪些是升值的资源、哪些是大众的资源、哪些是独家的资源。接着分析谁需要这些资源，同样列出清单，这样你才能清楚自己能够给别人什么样的资源。获取资源的核心是弥补缺失资源，给别人所需，就能得自己想要，构建企业盈利共同体。我们来具体看一下初创企业获取创业资源的途径。

表 7-1　资源审视分析量表

类型	复用性	时效性	价值潜力	特有性	可整合度	得分
资金资源						
人力资源						
渠道资源						
用户资源						
智慧囊						
技术资源						
权利关系						
信息资源						
自然资源						

1．积累创业人脉资源的途径

只要在关键的时刻找到关键的人，事情就成功了一半。对创业者来说，人脉资源不仅可以为创业者提供创业活动所需要的各种信息，而且可以为创业者提供资源和支持，还能够给创业者提供各种建议和反馈。

初创企业积累人脉资源的途径如下。

（1）外部获取。"和什么样的人在一起，自己就会变成什么样的人。"曾经有人采访比尔·盖茨，向他请教成功的秘诀，他说："因为有更多的成功人士在为我工作。"犹太经典《塔木德》里有句话：和狼生活在一起，你只能学会嗥叫。同样，和优秀的人接触，你就会受到他们良好的影响，不能简单地模仿，而要仔细地观察和研究成功者每天在想什么、在干什么，然后借鉴成功者的想法和行为到自己的行动中，积累成功者的经验，并经常思考他人成功的原因，这也是重要的创业资源。

（2）内部整合。合伙创业可以弥补个人创业资源、能力的不足。因此，筹集创业所需的资源是合伙创业的重要原因之一，创业伙伴一般是自己的同学、同事、战友、亲戚等。

（3）政商共生。企业的发展离不开政策环境，尤其对于初创企业更为重要，但是这方面人脉资源的积累也具有一定的难度。初创企业应主动去跟踪政策导向，构建亲和的政商关系，这可以决定一个企业能否保持竞争力、能否顺利实施其发展战略、能否超越竞争对手。与政府关系的运作是企业智慧与实力的综合体现。

（4）系统维护、搭建好与用户之间的桥梁。对于企业来说用户资源十分重要，在竞争激烈的市场中，能够通过有效的途径获取用户资源往往是企业成功的关键。用户资源需要系统的全过程的管理，包括对外企业形象的展示，如通过企业官网、自媒体等途径来吸引用户，通过企业用户信息来进行管理、跟踪和维护。

小案例　从几百万元到超过亿元的转变

"我有一个朋友，做一种孕妇用的仪器，他结交上一个做孕妇装的老板，这个老板在全国有 1100 家店。这个朋友通过资源整合，让他的产品从一年几百万元的营业额，在很短的时间内实现了营业额超过亿元。"

从几百万元到超过亿元的转变，最大的秘诀就是整合的智慧。向有结果的人借资源、学习交流则是整合智慧的最佳方式。而整合智慧的渠道包括：第一，参加培训公司的课程；第二，学习大学的课程，如长江商学院、名牌大学的 EMBA 班等；第三，参与政府或民间组织的论坛，如博鳌亚洲论坛；第四，参加各种协会、商会、俱乐部组织的活动；第五，参加平时朋友、同学之间的聚会、庆典。

精华观点：知识和人脉是现在社会最主要的资源，整合智慧至关重要。

2．筹集创业资金的途径

资金是企业经济活动的第一推动力、持续推动力，流动资金相当于初创企业的"血液"。如果能够运用多种方法融资、持久稳定地积累资金、灵活地调配使用资金，那么资金问题就不是问题。那么有哪些途径可以筹集资金呢？

（1）自筹资金。自筹资金包括自己的储蓄、向亲朋好友借贷所获得的资金及创业伙伴的出资。

（2）社会筹资。创业融资，如债务融资和权益融资。与债务融资相比权益融资不会为创业者带来债务负担，但会稀释创业者的股权，分享企业的股权回报。初创企业也可以积极争取各种创业基金、风险资金和政府扶持基金等。

（3）抵押贷款。初创企业可以通过抵押、银行贷款或企业贷款获得所需资金；通过所有权融资扩大资金拥有量，如吸引拥有资金的新创业同盟、吸引其他股权资金的投资等。

（4）政府补贴。最近几年，政府和高校通过制定和完善各项创业政策，出台了一些创业资金的优惠性政策，为初创企业提供了宽松的政策环境，包括创业扶持补贴、免费创业培训、自主创业优惠政策和海外留学人员创业优惠政策、税收优惠政策、创业减免收费政策，以降低创业者的资金门槛。

3．积累技术资源的途径

科技是第一生产力，技术资源是科技型企业的核心，技术的领先和突破会带来产品的创新和突破。技术资源获取的途径如下。

（1）自主研发。自主研发是指企业根据市场情况和用户需求，进行新技术、新材料等的研究，开发出具有本企业特色的产品。现在企业的核心竞争力是企业的自主研发能力，企业要想拥有持续发展的动力，就要不断进行产品的研发。正如格力的广告语"格力掌握核心科技"一样，科技型企业只有不断进行自主研发，才能掌握市场的话语权、拥有定价权。

（2）购买技术。初创企业在进行自主研发的过程中可能会遇到研发资金短缺，缺乏研究基础，因此花费较大；还会遇到技术攻关的难题，需要强大的技术团队给予支持。初创企业如果自主研发这条路走不通，还可以通过购买技术专利或者技术的使用权、半成熟技术或前景型技术进行后续研发并使之商业化。

（3）技术合作。对于创业者来说，借助他人之力来壮大企业是非常普遍的。初创企业可以与高校建立产学研联盟，充分利用高校的技术和知识优势来获得技术资源；还可以与技术资源互补的企业或者掌握核心技术的大型企业进行合作。技术合作对于初创企业来说较为普遍，同时犯错误也很普遍，尤其是在与大型企业合作的过程中，要进行合作的探讨并小心实施，才能使得双方互惠。

创业是一个从无到有、从 0 到 1 的过程，拥有创业资源是创业活动开展的前提，作为创业者，可能手头并没有多少资源，但是创业资源都是现实存在的，关键在于该如何智慧获取。

7.2　创业资源整合的流程与方法

资源对于创业者来说非常重要，创业者需要通过组织资源来帮助自己开始创业、提高创业的效果，甚至获得创业成功，实现自己的创业梦想。汉高祖刘邦在总结自己成功的秘诀时说："运筹帷幄之中，决胜千里之外，吾不如张良；镇国家，抚百姓，给饷馈，不绝粮道，吾不如萧何；连百万之众，战必胜，攻必取，吾不如韩信。三者皆人杰，吾能用之，此吾所以取天下者也。"这句话说明创业者拥有较少的资源与创业没有必然的关系，但是必须要有整合资源的能力。当创业者获取了相应资源后，应该学会将资源进行整合，发挥资源最大的价值。

小案例

我们首先考虑一个问题，什么叫资源整合？如果说你现在有一家店面，或者两三家，那么可能现在你不会去想如何开 10 家店面，你当前想的会是如何提高目前店面的业绩，如何更加规范地管理员工等，可能你觉得就现在的店面就够我头疼了，如果再开店，那么这些问题是不是就永远解决不了了呢？

但是今天，当你看完我的文章以后，我可以说你开 10 家店、20 家店甚至 100 家店都不在话下，完全可以。从现在开始，你首先需要做的就是忘掉业绩，忘掉原来的模式，忘掉你的管理模式、技术、流程。

如果你擅长技术，你对面或者隔壁的店长擅长管理，你们两家在不断地通过学习去打败竞争对手，那么可能三年过去，你们谁都没有打败谁，但是因为你们鹬蚌相争，最后让一个大的连锁店渔翁得利，直接把你们全部收购。

上海有一个连锁店用户，他非常擅长资源整合，他经常出资同时收购 2～3 家生意不是很好的店，在收购后转让掉其中两家（有时转让会赔钱），保留一家地理位置最好的，然后把其他两家店的员工合并到这家店来，这样员工就不缺了；再把那两家店的会员顾客集中到这家店来消费，然后顾客也不缺了。

或许我们可以换个思维，假如当初你能和你的竞争对手联合起来，成立一家公司，你们在各自的领域中发光发热，如果你负责管理，那么这三年你就研究管理，别人擅长技术，那就各司其职，这样技术、管理、营销就全部都有了。

7.2.1 创业资源整合的流程

民营企业的发展一般只有三条路：一是整合别人，将企业做大做强；二是被人整合，将企业作为产品被人收购，自己可以换取报酬；三是面临淘汰倒闭，在时代的浪潮下难以独立长期发展。所以创业者要想自己的企业能够持续发展，就要走出狭隘的发展空间，学会资源整合。对创业资源整合的步骤主要分为五步，如图 7-2 所示。

资源识别 → 资源获取 → 资源配置 → 资源利用 → 资源开拓

图 7-2 资源整合的流程

1. 资源识别

创业资源的识别是整个资源整合过程的重要的起步环节，它直接影响了创业活动中资源整合的优劣及创业的实现。明确需要什么资源，以及目前拥有哪些资源，哪些资源是在别人手上，用什么方式融合配置，怎么组合才能最大限度地发挥，形成自己企业独特的、差异化的优势资源。明晰创业资源之间的相互作用关系是资源价值链重新组合与分配极为关键且有重要意义的一个步骤，也是形成创业资源协调效应的核心。

首先，要对资源分类分析。创业者需要了解自身和企业拥有哪些资源，对已有的资源进行分析，并根据资源属性进行分类，如资金、团队、渠道、用户、人脉、环境等。对已有资源进行精准分析：可以运用什么资源？应该如何运用这些资源？如何让自身资源升值，实现资源价值的最大化？这些创业资源对企业的创新起着强有力的支撑作用。

其次，要及时发现初创企业所缺的资源，可以采用资源扫描的方式。资源扫描的方式分为两类：自下而上和自上而下。自下而上是指创业者具有基本的商业计划，计划内容具体且详细，创业者首先要了解需要投入的资源有哪些，而后扫描资源，并把这些资源开发、整合在一起以创造价值。自上而下是指创业者首先勾勒出组织愿景及如何实现，而后向下扫描自身已有资源和环境中提供的所需资源。

最后，创业者个人资源禀赋是创业的基础。通过资源扫描通常会发现，在创业初始阶段，创业者自身的条件才是基础，控制的范围包括创业者自身拥有的资源、通过交易等形式可获得的资源及通过社会网络等形式可以控制的资源。在许多情况下，创业者自身拥有的资源（教育、经验、声誉、行业知识、资金和社会网络）存在于创业团队中。在特定的行业，创业团队成员的社会网络资源和技术对企业的成功至关重要。

2. 资源获取

资源识别一般是指向内的资源整合，资源获取则是向外的整合手段。资源获取是资源整合中不可缺少的关键组成部分，企业在生存与发展过程中不能忽视资源获取的重要作用。

在获取资源的过程中，需要判别这种资源对实现企业的目标是否关键。因为创业初始的资源通常是不完整的，同时对于一些项目性资源来讲，其获取难度也较大，因此寻求企业周边利益相关者的信任是十分关键的，企业可以通过这些利益相关者来扩大社会网络规模进而获取自身稀缺的资源。创业者的声誉、能力、行为及其他人力资源和社会资源是吸引潜在合作者的决定性因素。

此外，资源不是越多越好，资源的获取也是需要成本的，要防止盲目获取创业资源，否则会被资源所累，导致创业失败。

3. 资源配置

资源配置通常是指企业在获取了关键的资源之后，通过对资源加以调整，令它们能够互相匹配、相互协调并形成独特竞争能力的过程，这也成为资源整合的中心环节，获取的一系列资源是否具有其真正的价值，最重要的一点在于如何配置并正确应用，进而发挥最大价值来为企业的发展奠定基础。

资源配置简单地说就是对资源的搭配与重置。对于企业来讲，识别并且对获取的创业资源加以配置并非对创业资源的简单使用，最重要的一点是通过对创业资源的科学配置进而形成企业自身所特有的竞争实力。检验企业获取的创业资源是不是具有高的价值，在很大层面上也取决于企业对获取的创业资源能否科学、合理地匹配，进而对企业价值的创造施加影响。

企业资源在未整合之前大多是零碎的、未经系统化的，要发挥这些资源的最大使用价值，使其产生最佳效益，就必须运用科学方法对各种类型的资源进行细化、配置和激活，将有价值的资源有机地融合起来，使之具有较强的柔性、系统性和价值性，获取的资源只有合理有效地配置到最能发挥其使用效益的地方去，才能体现出这些资源的价值。配置各类资源，使它们相互匹配、互为补充、互相增强。初创企业总是基于最初的、基本的资源，然后通过扫描、控制其他资源，把这些资源配置在一起，形成企业赖以发展的资源库。在配置资源之后，新的资源或者说竞争优势就会形成，企业必须利用这种区别于其他企业的优势来赢得市场。

创业资源的科学配置在企业开展的资源整合活动中，对资源获取与资源利用起着承上启下的重要作用，同时企业对创业资源的高效匹配还有利于新产品、新技术的开发，进而产生其自身特有的核心竞争力。

4. 资源利用

资源利用主要体现在初创企业在已经获取资源并经过科学配置之后，对资源进行合理的使用，来实现新产品、新技术、新服务进而创造市场价值，是企业通过运用已有资源来实现企业市场价值的过程。

资源的合理利用是初创企业在资源整合过程中的基本目标，通过对资源的科学利用，使其杠杆效应发挥出来，因此可以看出，资源应用得合理得当会大大提升企业研发与生产效率，同时在资源利用的过程中也可以通过资源库来提高企业内部员工对创业资源的共享意识，激发员工的创新思维与积极性。资源在整合并转化为企业内部的独特优势之后，创业者需要协调各种资源之间的关系，匹配有用的资源，剥离无用的资源。协调不仅能成为资源发挥作用的有力工具，还为下一步拓展资源奠定了基础。

只有科学地使用企业积极获取及合理匹配的创业资源，企业自身的创业水平才能得以提高，初创企业的生存与发展才可以变成现实。

5. 资源开拓

要使公司可持续发展，就需要对资源进行维护。对资源的开拓创造过程是将尚未建立联系的资源建立联系，不仅整合已有的资源，还将新获取的资源与已有的资源进行整合，是在承继协调资源的基础上，进一步开发潜在的资源为企业所用的一个重要阶段，又称为再开发。对资源的利用不仅可以实现财富的创造，还可以在实现资源价值的基础上拓展资源库，进一步扫描内部和外部环境，拓展资源的范围和功能，为下一步的识别、获取、配置、利用和开拓资源奠定坚实的基础，这也是企业持续保持竞争优势的根源。

7.2.2 创业资源整合的关键技能

资源由内部资源和外部资源构成。内部资源包括自身的知识、经验、阅历、专业特长等因素；外部资源包括资金、物资、社会关系因素。资源非常重要，但如果不能有效整合，就会成为压仓的库存，就好比捧着金饭碗去要饭。所以比资源本身更重要的是整合资源的能力。当然创业者出来创业，在起步时本身的资源是有限的，要把自身资源发挥出最大的价值，同时能借助别人的资源优势开创新价值，就需要掌握一些资源整合的知识和能力。

资源整合的能力是对各类不同的资源进行选择、汲取、转换与配置、激活、融合的能力，从资源宏观概念上讲，企业就是为资源的整合与高效利用而生的，企业的竞争优势要求必须充分利用现有的有限资源，去进行组合、开发、生成新的资源，通过科学、合理、高效的方式完成资源配置和组合。因此资源本身不能自然而然地产生价值，形成独特优势，只有对资源进行有效利用和整合，形成优化的配置，创造出新的资源及形式，才能使原本分散存在的资源实现价值增值，产生"1+1>2"的效应。

1. 组合创新

这个世界哪有那么多真正的原创，最早的原创者或许都死在征途上了。成功创业本身的偶然性因素占了很大的比例，而创新的东西竞争力自然就强，所以创新就成了成功创业过程中少数的必然。任何创新都是站在前人的肩膀上的，高手往往就是把曾经所谓的原创加入一些新的元素重新组合，就成了创新。

过去别人已经失败的经验都可能成为可被利用的资源，通过思考别人失败的原因，反向找出正确的解决方案，伟大的创新就诞生了。所以就会看到一些并不是科班出身的人却做出了高技术的产品，原因就在于他们在组合资源的过程中独具慧眼。

商业计划书是"拼凑"创业资源的基础。撰写计划书，将资源整合这个动态而复杂的过程，按照计划书有序地组织，对来源不同、结构不同、内容不同的资源进行识别、选择、配置、激活和有机整合，使资源成为有机整体，突出创业者自己的价值。

2. 强化核心竞争力（打铁还需自身硬）

资源本身的投入是根据创业者所处的阶段而定的，有限的资源在每个阶段都必须做到极致的发挥。具体策略表现为有效地降低管理成本，又不影响产品的品质及服务。

很多创业者都过于依赖外部资源，如顾客资源过于集中在一两家企业，于是大树一摇晃，自己也跟着风雨飘摇。在资源有限的情况下，更要自力更生、活下去，就要拓展更多的用户资源。稳扎稳打的创业者，或许过于谨慎，但是从成长迈向成熟，这种对风险管控的稳健作风更具参考价值。

3. 发挥杠杆效应

就如企业管理的核心是找到关键人才一样，创业企业在坚持过程中一定会遇到关键资源，往往这就是企业发展的转折点。当关键资源出现时，就必须发挥杠杆效应，扩大成果。关键资源大多数来自与他人的合作，这种合作往往会产生更高的复合价值。通过与人合作把已有的优势进行嫁接，迅速扩大市场份额，增加其价值，这就是加杠杆。大公司与大平台之间进行资源互换而发生的杠杆效应，就是创业企业需要学习的经验。

4. 资源互动与链接

一是你过去学习、生活、工作的经历所形成的固定人脉；二是主动参加社会学习实践，向外连接结交的人脉资源。资源往往越用越熟，特别是人力资源，现今可能没有作用，未来就会发挥出人意料的作用。所以保持所有人际关系的连接、经常性的互动是必须学会的基本技能。在人力资源中起作用的就是人际关系的互动，关键性人力资源的出现往往在企业发展中起决定性的作用，记住互动是建立连接最有效的方法。

在成杰老师《为爱成交·国际研讨会》上，在产品路演环节，一位弟子班同学的产品，捧场者寥寥无几。成杰老师一语指出，这位弟子的产品在做体验式销售时过于理性，并不适合，最核心的原因在于与弟子班同学之间的连接太少、互动太少。因此，人际连接，人际互动尤为重要。

所有的创业者可以依赖的社会资本，都来自对关系的理解。在我国非常讲究人情的社会结构中，不仅存在灰色的利益链条，建立在关系基础之上，还存在合法的利益链条，也有赖于这种社会资本的存在。简单来说就是接触哪样的利益圈子，决定了资源的整合能力。作为个体，你嵌入了哪一个更具有潜在资源的群体或是社会关系网络之中，你就有可能获取更直接的商业信息，这一步的领先就因为圈子不同。建立连接，进入成功者的圈子，就是杠杆效应极致的体现。

5. 利益关系整合

利益分配是资源整合的命脉。长久的合作往往依赖于一个合理的利益分配机制，所有的资源整合都是与利益相关的。

创业者之所以可以获得支持，就是因为他使别人得到了利益。最简单地去理解，为什么一个人能够从家庭成员中获得支持，因为家庭成员不仅是利益的相关者，更是利益本身，他们是一个整体。所以即使是在兄弟姊妹之间，也需要在合作时，建立利益分配的机制。在资源整合时，也一定要清楚所有组织成员与自己事业之间的利益关系，越直接的利益关系，你能整合到的资源就越大。

在法律越来越明晰的今天，利益分配机制的前提是要合法，这才能让你走得更远，走得更高。一代大商胡雪岩的成功就在于他充分利用了社会资本，照顾到了方方面面的关系，当所有人都在为你说好话的时候，你能整合的资源就变得不可限量。

资源整合重在合作，合作的前提就是各方面利益都能得到照顾，并得到保证，这样才能找到共赢共存的融合点，这就需要创业者的智慧与情商。回到格局与心量这个点上，当愿意为所有的利益分配退一步的时候，才能成就他人也成就自己，从而实现双赢。合作也不是无底线的退让，而是表现出在利益上我愿意多给你一点点的态度。

所以资源整合就在于设计一个共赢的机制，既帮助对方扩大利益，又能降低对方的风险，风险降低本身就在于扩大收益，所以有格局有胸怀的人，更愿意分享。只有更愿意分享的人，才能真正建立一种与合作者稳定的关系，把资源整合的能量发挥到最大。

7.2.3 创业资源的获取技巧

1. 杠杆借力

每个人都有长处，企业也一样，"不能为我所有，但能为我所用"，特别对于初创企业，巧妙地获取资源，就会产生"1+1>2"的效力，赚钱能力也会成倍增加，这就是平常所说的"借鸡生蛋"的杠杆借力原理。做生意杠杆借力成功合作愿景模式=双方美好的结果+合作伙伴零风险+合作伙伴零付出。所谓的杠杆借力，就是双方对各自的资源加以整合合作，让合作的双方产生效益共赢，也就是"利他"。初创企业也许一开始你是没钱，但有人脉；也许你没产品，但有用户；也许你没场地生产，但有供应商。要看到自己拥有哪方面的资源，缺乏哪方面资源，每个行业都有"未充分利用的资产和资源"，利用"借鸡生蛋"的借力杠杆原理，在整合好资源后就能赚钱。

小案例

有一位学员卖电脑防辐射产品，他一直都很难打开市场，他很想跟当地的网吧合作，下面是他制定的杠杆借力规则。

（1）主动找网吧老板，跟他说：我有办法使你的网吧赚到更多的钱，同时不需要投入很多。我低于成本价给你的网吧的 VIP 包间装上 10 套我的防辐射设备。

（2）此时，这个网吧可以打出：VIP 包间隆重推出防辐射设备，为了您的身体健康，在本店通宵隆重推荐 VIP 包间。VIP 包间的价格由原来的 3 元/小时，上涨为 4 元/小时。

（3）我的条件是：在你的网吧每台桌面上贴一个很简单的宣传条，宣传我的防辐射产品。

（4）如果这个推广没有帮助您赚到钱，我退款给您，拿走我的设备。

通过案例可以看出以下几点。

（1）借：这位学员与网吧老板之间产生了一种商业整合资源关系。

（2）力：在考虑借别人的力气时，先考虑帮助别人省力。因为没有人愿意多出力气。所以借力营销的本质不是让别人出力，而是通过借助别人不用的力气、不用的资源来达成自己的目的。

（3）杠杆：就是上面写出来的规则。

（4）支点：双方共同认可的合作方案，双方达成的共识。

"借鸡生蛋"的杠杆借力赚钱原理，就是通过双方达成的共识点（支点），在商定的规则与方法（杠杆）下，共同出力，达到双方各取所需的结果。借力方（向别人借力的人）应主动出力，而被借方（借力给你的人）则把闲置或未完全发挥作用的力量出租，获取自己想要的结果。这是就杠杆借力赚钱原理，对其灵活运用，就能达到事半功倍的效果！

2. 积累人脉资源的技巧

《方圆》一书中讲到，一个人的成功，75%要靠人际关系，25%靠自己的专业知识，可见人际关系（人脉）是决定创业是否成功的关键要素。那么作为创业者如何快速积累起人脉资源，搭建好人际关系网络？可以按照以下原则。

（1）价值提供是人脉关系的核心。对于创业者来说，最重要的是不断地提升自身的能力，积累知识、经验、资源，做一个对别人有价值的人。只要做到这一点，不管你的性格是内向还是外向，你的人脉都不会太差。只要不断地积累和挖掘自身的价值，让自己变成一个不可或缺的、有价值的人，你就会发现朋友跟随你而来。因此，想要建立高质量的人脉，首先自己应是一个有高价值的人，学会帮助别人成功，让你的优势成为你朋友的优势，当别人有利可见时，就会共享出自己的知识和资源。人脉的本质就是不断帮助别人成功，提供自己的价值，最终成就自己。

（2）"先行投入+不求立即回报"是建立人脉关系的核武器。在人际交往中，先行投入的人拥有社会债权心理，受惠者拥有社会债务心理。一个人的社会地位，取决于其拥有的社会债权心理的总和；同时，除了先行投入，还应做到不要求立即、直接的回报，这样我们才能收获更多。

（3）人际关系建立的方向和技巧。利益共同体关系牢固，如何将别人转化为利益共同体，需要从两个方向努力，包括聊天的内容和聊天的场所。最重要的一点是，在人际交往的过程中，你要展现出对对方利益的关心，而不是只关心自己的利益。当然如果你能帮助对方解决一些个人的问题，那你们的关系就会推进一大步。

（4）拓展爱好，加入圈子。要多方面建立起自己的兴趣爱好，与现有社交圈的人建立各种相同爱好，如你的朋友爱好徒步旅行，你通过徒步旅行就能迅速融入他的圈子，从而认识更多的人。要多发现别人的爱好，主动增加自己的爱好，只有这样你的人脉才会越来越广。

（5）参加聚会，发起活动。应主动参加聚会去结识更多与自己志同道合的朋友，如果没有机会，那么可以自己主动发起活动，邀请别人来参加。

3. 获取风险投资或天使投资的技巧

获得天使投资的关键在于团队自身要强、有切实可行且新颖的创业想法，同时要掌握一定的技巧，毕竟早期投资中的感性成分还是占一定比例的。获取风险投资或天使投资的具体步骤（如图7-3所示）包括知道/找到→筛选匹配→"化妆美颜"→"线上单练"→"见面团战"→"婚前协议"。

（1）知道/找到意味着必须要找到可靠的风险投资人，现在很多机构打着投资机构的旗号，实际上是培训机构。

（2）筛选匹配，这里主要做的是找到适合你的机构，有些机构偏爱消费，有些机构喜欢硬科技，不同机构里面每个投资人的风格都不一样，在找之前最好先收集下信息，可以参考36氪、铅笔道、IT桔子、企查查等一些网站，去找到适合自己的机构和投资人。

（3）"化妆美颜"，要能够把你团队的亮点充分地体现在商业计划书上，这是创始人的一个必备技能，做好演讲 PPT，在演讲时，自己底气足、逻辑清晰、抓住要害，肯定都是加分项。

（4）"线上单练"，一些适合投资机构的案子，基本都会由投资经理或投资总监和你先线上沟通一轮，这一轮基本是初筛。

（5）"见面团战"，这一关基本就会直接见机构的合伙人，一般会与机构团队成员面谈，机构问的问题会比较多，建议创业者同公司的合伙人一块参加。

（6）"婚前协议"，开始谈投资协议，创业者在谈协议时一定要处理好天使投资人的股权分配问题。

知道/找到 → 筛选匹配 → 化妆美颜 → 线上单练 → 见面团战 → 婚前协议

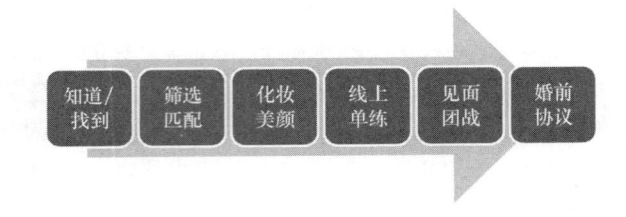

图 7-3 获取风险投资或天使投资的具体步骤

4．其他技巧

（1）先"卧底"再创业。据统计，1992 年，美国华盛领地区只有 84 家新生的科技公司。到 1996 年变成了 1000 多家。其中有 400 家是由微软公司的离职人员开办的。这给我们一个启示：到一个优秀的公司里去"卧底"，可以积累一定的启动资金、一定的知识和技能，可以了解市场和积累用户，学习经营管理的知识等。

（2）信息资源获取的技巧。本书未将信息资源在资源分类中单独列出，但是信息资源对创业者的发展至关重要，可以帮助企业把握行业动向，根据市场的调整不断更新迭代，本书为创业者提供一些汇聚创业信息资源的网站或公众号等，为创业者提供获取信息资源的渠道（如表 7-2 所示）。

表 7-2 信息资源获取的渠道

创业 App	爱合伙、缘创派、微链
创业资源导航	去瞧瞧、创业百宝箱、威课导航
创业类网站	铁杵网、合伙 360、青年创业网
创业论坛	乌鸦部落
创业媒体	创业邦、虎嗅网、36 氪、IT 桔子
创业资讯	投资界、创头条

创业是否能成功，关键在于你是否善于利用资源，许多创业者早期能获取与利用的资源都相当匮乏，而优秀的创业者在创业过程中所体现出的卓越创业技能之一，就是创造性地整合和运用资源，尤其是那种能够创造竞争优势，并带来持续竞争优势的战略资源。本节通过讲述创业所需能力、资源整合的流程与技能，以及创业融资的途径，给创业者介绍了如何进行创业资源的整合。

7.3 创业融资及路演方法

7.3.1 创业融资的途径与策略

创业公司在刚创立时,不仅需要人力资源,还需要很多的资金去维持发展。当创业公司发展到具有一定的规模后,资金尤为重要,这时可以通过融资的方法筹集资金。创业融资是指创业者根据创业项目的发展要求,结合生产经营、资金需求等现状,通过科学地分析和决策,借助团队内部或外部的资金来源和渠道,筹集生产经营和发展所需资金的行为和过程。对于创业者而言,融资是贯穿始终的一项核心任务,有关资料统计显示,中国的中小企业平均寿命仅有 2.9 年,每年都有 30%左右的中小企业关门倒闭,在企业倒闭的众多原因中,62%是由于融资问题得不到解决而引起的。那么初创企业的融资方式又有哪些呢?

初创企业的资金来源包括自有储蓄、合伙人出资、亲情融资、奖励资金、天使投资和银行小额贷款这六方面。根据对广州创业青年的大数据分析,就广州青年而言,创业启动资金在 50 万元以上的占 13%,20 万~50 万元的占 21%,10 万~20 万元的占 11%,1 万~10 万元的占 29%,0.5 万~1 万元的占 8%,0.5 万元以下的占 18%;这些启动资金主要来源于自有储蓄的占 58%,合伙经营的占 48%,亲情融资的占 27%,参加相关创业比赛获得所谓"第一桶金"的占 33%,风险投资的占 17%,申请小额贷款或银行贷款的占 9%,其他占 5%。接下来具体介绍这几种创业融资途径。

1. 自有储蓄

一般首次创业的创业资金多数来源于创业者自己的储蓄。自有储蓄就是创业者自己的部分或全部资金,这种途径就是一个自我融资的过程,由于初创企业本身规模较小,效益不稳定,难以形成对信贷资金的吸引力,所以其很难利用如银行借款、发行债券等比较传统的融资方式来取得创业启动资金。马云就是通过自有储蓄开始创业的。

将自有储蓄作为创业的启动资金,具有成本低、融资速度快和使用时间长等优势,创业初期的启动资金来源于自有储蓄,不仅能保证资金使用的安全,还能减轻成本方面的负担。但前提是创业者必须确保自身有足够的资金用于创业,否则可能会在创业初期出现资金链断层,造成创业失败。且自有储蓄金额本身就有限,未必能满足创业所需,也未必能为创业初期融资提供长期性的保障。当创业初期出现不确定因素、变动情况需要资金补充缺口时,自有储蓄不能很好地成为坚实的后盾。对于刚步入社会不久的青年而言,这种创业融资渠道并不是最优的选择,该融资方式比较适合工作一段时间,积累了一定社会财富和有足够闲置资金的创业人群。

2. 合伙人出资

合伙人出资是指两个及以上的创业者通过订立合伙协议,以"共同出资""合伙经营""共享收益""共担风险"为目的的一种无限连带责任的创业模式。创业者选择创业合伙人,一方面能够扩大自己的资金筹备与经营规模；另一方面能够发挥整个团体的优势，在创业的过程中可以相互帮助和监督。

对于缺乏创业经验和人际关系网络的青年而言，合伙人出资不失为一个高效融资渠道。相较于个人单独创业，找到合伙人共同出资创业，共同承担风险，具有其显而易见的优势。所谓"人多力量大"，这种合伙人共同出资的形式不仅可以更迅速、有效地聚拢资金，从而缓冲创业起步阶段的资金压力，还能够充分发挥各个合伙人的力量，使各方面的资源得以高效整合、利用，在最短时间内使企业具备生产能力。另外，合伙创业的形式还能够很好地分散创业风险，由于企业是由各个合伙人一起出资建立的，因此在一般情况下，如果企业盈利是依照各自出资的比例来分配利润的，那么当企业亏损或负债时，也是照此分担损失和债务的，由此看来，合伙人个人的损失降低了，对于创业者个人而言，创业的整体风险也有所降低。同时，在创业团队中的各个合伙人，可能拥有着不同的专业背景，不同体系的知识储备，不同的实践经验和社会阅历，因此掌握着各自的社会资源，在这种情况下，当合伙人聚力为同一个企业尽心效力时，产生的力量和效率必然大于创业者单枪匹马地干。

然而，合伙人出资的缺陷也是无法避免的。合伙人越多就意味着越容易产生意见上的分歧。在一般情况下，合伙创业的各个创业者都能直接干涉企业的管理事务。一方面，当工作能力并不能匹配甚至无法胜任某个重要管理岗位的合伙人，执意要发表"重要个人意见"，而其他合伙人并不能与之统一意见时，这种合伙人之间的意见分歧会拖延解决问题的时间，进而影响决策及其执行。另一方面，当企业出现危机时，在追责的过程中，创业者可能会推诿职责，甚至指责其他人的过失，这种情况很容易使各合伙人之间产生信任危机，不利于继续合作，阻碍企业顺利发展。还有，在利益分配方面，合伙人也会经常出现分歧。随着企业的发展，创业成功带来的盈利资金如何分配成为困扰每个合伙人的问题，当企业产生利润，按照投入占比进行分配时，可能会有合伙人产生心理不平衡的现象，如有些合伙人在创业初期，尽管出资比较少，但是在企业的发展过程中利用其自身的知识储备或社会资源投入了比其他合伙人更多、更有效的"无形资产"，而这些"无形资产"的投入在最后分配产出的时候并没有量化成出资额，这种情况会让这些合伙人产生劳动成果不被认可的心理，利益分配不均非常容易导致合伙人之间产生隔阂。

3. 亲情融资

青年在创业之初，采用亲情融资，即向家人筹备启动资金是常见、简单、有效的方式，因为青年创业群体涉世不深，甚至有些是刚走出校园大门的毕业生，他们缺乏社会实践经历，尚未建立成型的人际关系网络，且相对来说，创业在启动时期并不需要非常大额的资金。

在创业融资阶段向身边的家人借钱，可以说是一种亲情融资，显然，亲情融资的最大好处之一就是一般不需要承担利息或利息较低，这样不但降低了创业的成本，而且融资成功率极高，能更快拿到钱。并且向亲人融资能够解决创业融资障碍中的信息不对称问题，所以选择亲友作为投资人能很好地避免产生逆向选择。另外，亲情融资是以双方感情作为合作基础的，在一般情况下，投资人不会中途撤资，而且都是一次性提供青年创业者所需的资金。

虽然从家人、朋友那里获取这笔创业启动资金是相对简单有效的方式，但也存在一定的弊端。如果在创业过程中出现问题或创业失败，无法产出经济效益，按时还款给投资的亲朋好友，那么有可能破坏其感情，甚至导致双方亲情破裂，以后再向他们借钱几乎就会很难实现。另外，向亲人借钱创业后,亲人可能会插手公司的管理和相关的事务,这方面也需要青年创业者做好计划与平衡。所以,权衡利弊之下,这种亲情融资的创业融资方式比较适合亲人间关系良好、感情基础较为扎实的创业人群。

4. 资金奖励——创业大赛

通过创业大赛的形式,鼓励青年参与到团队创业比赛中,不但能够在较短时间内有效提升青年的创业意识、提升他们创业的综合能力,而且创业大赛的结果一般会根据总决赛各团队的最终成绩进行排名,为获奖团队颁发奖状和给予相应的奖金。另外,创业大赛对获奖的参赛项目一般会采取"奖励+扶持"的方式进行推广。除了给予相应的奖金,很多地方都规定获奖创业项目若落地转化,可免于评审,直接申请享受大学生创业资助资金,能得到一定的资金支持,这对于打算创业的大学生而言,是一种帮助,也是一种契机。

但是创业大赛获奖的项目有限,不是每个项目和团队都能在创业大赛中获奖并得到奖金,所以若想通过这种渠道去融资,需要一段时间的努力和较强的创新创业意识。创业大赛一般以团队的形式参与,得到的资金奖励是给予团队的且资金有限,不能持续稳定地支持项目,所以对于刚起步的青年创业者来说,其虽然有一定帮助,但是对于需要资金较多的企业和开发研究起步较慢的企业而言具有一定的局限性。

5. 天使投资

"天使投资"一词起源于美国纽约的百老汇,起初,"天使投资"特指一些有钱的人掏钱帮助那些具有社会意义的公益演出的行为。为什么叫"天使投资"?因为在当时,在那些对社会充满希望、满怀理想而又缺乏资金的演员看来,这些投资人为他们提供及时的资金帮助,帮助他们完成梦想,就仿佛"天使降临"一般。

后来天使投资的概念延伸为对那些初出茅庐的企业在起步阶段进行投资,投资新兴企业必然具有高风险,但是投资人愿意对其进行投资,必然看中其高收益的一方面。天使投资其实就是权益资本投资的一种形式,是指富有的人群通过将自有资金投资于具有专门技术或独特概念的原创项目或小型初创企业,从而获得盈利的一种投资形式。该投资行为通常是一次性的前期投资,且投资金额不大。

当创业者在创业过程中耗尽自有储蓄、银行贷款或从家人处借来的资金后,天使投资是一个很好的后期资金补充渠道,新罕布什尔大学风险研究中心的调查显示,大概三分之二新兴企业的资金都来源于天使投资人的投资资金。由于天使投资人投资的是自有资金,因此他们的商业合同是可以协商更改的,这样一来,相较于传统的风险投资和银行贷款的合同,天使投资人的投资合同更加具有灵活性,出于这点灵活性,他们成为很多创业者的理想资金来源。再者,许多天使投资人自己曾经就是创业者,因此,在投资的过程中,他们不仅可以提供资金的支持,还能够提供相应的专业知识和人脉来促进初创企业的发展,而且一般获得天使投资后无须缴纳高额的月度费用,如银行贷款和信用卡的借贷利息,这样有利于创业者将时间和精力集中在企业的管理和发展上。

但是若天使投资人投资的企业没有给他们带来预期的收益,他们则不会继续追加投资,可能会导致后期资金供应不足,造成创业失败。并且,许多天使投资人在投资一家新兴的企业时,会以获得股权的形式作为提供启动资金的条件,一般要求获得的股权份额为10%甚至更多，并希望在退出时获得高额的资金回报，所以在创业过程中他们可能会插手企业的管理，过分控制企业的运营，导致双方不欢而散。

6．银行小额贷款

银行小额贷款是指银行以一定的利率标准将资金贷给资金需求者，并要求其在规定的期限内归还本息。站在青年创业者融资的角度，由于对融资资金的需求不同，因此对融资渠道的选择就不同，如果需要一种风险低、成本小的创业启动资金，银行小额贷款是最合适的。

一般的小额贷款利率浮动在 4.35%～4.90%之间，利率较低。在一定程度上可以满足有少量资金需求的创业者，并且可以在一定程度上降低创业者的压力。首先，创业者无须提供等值的抵押物或担保，银行根据不同创业者的信用表现，给予一定额度的资金贷款，以满足不同层次创业者的需求，对于急需钱但无任何抵押和担保的创业者来说，如果其信用较高，也可以获得贷款。其次，银行小额贷款具有灵活的还款方式。银行机构会根据创业者的创业项目、信用对创业者的还贷能力进行评估，给创业者提供灵活多样的还款方式。从小额贷款的这些特点来看，它是最受青年创业者欢迎的。

但是，由于创业贷款市场需求大，因此此类贷款的申请门槛比较高。申请人多，但审批通过并获得资金的人比较少。原因在于银行毕竟是商业机构，发放贷款首先考虑的还是资金的安全。出于对贷款资金安全的考虑，往往把门槛稍微抬高了一点，或者说审核严格了一点。从广州创业青年大数据分析的融资渠道占比情况也可以看出，青年创业者从银行贷款的占比为9%，主要是因为青年创业群体一般很难符合银行小额贷款的申请条件，达不到贷款申请的门槛，所以该融资方法比较适合创业经验丰富的社会人士，因为他们更能赢得银行的信任，银行更乐意发放贷款给他们创业。

以上是六种常见的创业融资类型，其对比如表 7-3 所示。

表 7-3 常见的创业融资类型的对比

融资类型	比 较
自有储蓄	优点：自有储蓄作为创业的启动资金，具有成本低、融资速度快和使用时间长等优势，不仅能保证资金使用的安全，还能减轻成本方面的负担 缺点：若不能保证自身资金足够，容易资金断链或不能达到创业所需值 该融资类型比较适合有一定社会财富或有足够闲置资金的创业人群
合伙人出资	优点：合伙人出资不仅可以更加快速并且有效地聚拢资金，减缓资金压力，还可以发挥团队优势，集结合伙人的力量，使得各方面资源更加高效地被利用，创业风险也可以被很好地分散 缺点：意见增多易产生分歧，浪费时间，影响决策，而且容易产生信任危机，相互追责，在利益分配问题上容易产生矛盾和隔阂
亲情融资	优点：亲情融资是有效且简单的方式，最大的好处之一就是不用承担利息，减少了创业的成本，并且融资成功率高 缺点：若创业出现问题或创业失败无法还款，很有可能会破坏感情，而且亲人可能会出现插手公司管理事务 该类型更适合亲人间关系良好，感情基础较为扎实的创业人群

(续表)

融资类型	比较
资金奖励——创业大赛	优点：若最终获奖则会获得"奖励+扶持"，不但有相应的奖金，而且获奖项目可能会最终落地转化，直接得到大学生创业资助资金 缺点：大赛获奖项目是有限的，并且资金也是有限的，不能得到持续、稳定的支持 该类型只对刚起步的青年创业者有一定的帮助
天使投资	优点：天使投资相较于传统的风险投资或银行贷款的合同更加有灵活性，而且天使投资人不仅可以提供资金的支持，还可以提供专业知识和人脉等资源来促进企业发展，此外，获得天使投资后，无须缴纳高额的月度费用，创业者可以集中精力在公司的发展上 缺点：天使投资人可以在没有达到预期收益时撤资，导致后期资金供应不足，而且他们一般要求获得的股权份额为10%甚至更多，在退出时会要求高额的资金回报，在创业过程中也会插手公司的管理、控制公司的运营等
银行小额贷款	优点：在一定程度上满足有少量资金需求的创业者，降低创业者的压力，而且根据创业者的信用情况给予资金贷款，还款方式很灵活 缺点：市场需求大，贷款申请门槛变高，具有一定的申请难度，小额贷款成功的人较少 该融资类型比较适合创业经验丰富的社会人士

7.3.2 创新创业大赛

创业者通过参与大赛可提升创业水平。赛事的举办将会对大学生创新创业能力的培养起到重要作用，第一，在整个赛事组织上，邀请的是不同行业的知名人、知名创业者及专业的风险投资人，这些人都会给大学生的创业提供一定的专业建议。第二，通过专家的全面深入参与，往往可以实现大学生对创新创业实践经验的积累，使大学生具备更强的创业能力，通过以赛代练的方式来进一步增强大学生自身的创业水平。

创新创业大赛总体来说大致分为两个方向，一个是停留在创意层面的，另一个是已经付诸实践的。大赛要求参赛者以团队为单位报名，接受跨院校组建团队。首先以高校为单位开展校级初赛，遴选参加省级复赛的项目，然后以各省为单位组织开展省级复赛，遴选优秀项目参加全国总决赛。大赛邀请行业企业、"创投风投"机构、大学科技园、高校和科研院所等专家对参赛项目的商业计划书进行评审。对于处于创意阶段的项目，以商业计划书、现场答辩等作为参赛项目的主要评价内容，已创业的项目还需以盈利状况、发展前景等作为参赛项目的主要评价内容。从"挑战杯"中国大学生创业计划竞赛到各省市的创业竞赛，从地级市的创业竞赛到行业协会类的创业竞赛，我国已经初步形成了创业竞赛的网络。

1. 大赛简介

1）创青春

"创青春"全国大学生创业大赛，是"挑战杯"中国大学生创业计划竞赛的改革提升，以"中国梦，创业梦，我的梦"为主题，以增强大学生创新、创意、创造、创业的意识和能力为重点，以深化大学生创业实践为导向，着力打造权威性高、影响面广、带动力大的全国大学生创业大赛。

2）中国"互联网+"

中国"互联网+"大学生创新创业大赛，由教育部与有关部委和人民政府、高校共同主办。大赛旨在深化高等教育综合改革，激发大学生的创造力，培养"大众创业，万众创新"的主力军；推动赛事成果转化，促进"互联网+"新业态形成，服务经济提质增效升级；以创新引领创业、创业带动就业，推动高校毕业生更高质量地创业、就业。

3）中国创新创业大赛

中国创新创业大赛是由科学技术部、财政部、教育部、国家网信办和中华全国工商业联合会共同指导举办的一项以"科技创新，成就大业"为主题的全国性创业比赛。大赛秉承"政府主导、公益支持、市场机制"的模式，既有效发挥了政府的统筹引导能力，又最大化地聚合激发了市场活力。

4）赢在广州

"赢在广州"大学生创业大赛是为深入贯彻党中央、国务院大力推进"大众创业，万众创新"的决策部署，贯彻习近平总书记视察广东重要讲话精神，落实粤港澳大湾区发展规划，打造港澳青年来穗创新创业平台，扶持大学生投身创业实践，促进创业项目与政策、服务、资本的有效对接，促进创业带动就业，促进港澳青年融入国家发展大局的大学生创业大赛，目前已成为华南地区最重要的创业大赛之一。

5）粤港澳大湾区大学生创业大赛

粤港澳大湾区大学生创业大赛是包括广东、香港和澳门在内的大湾区大学生的创业大赛，大赛共发动数百所高校和各级创业（孵化）基地，以及港澳地区在读大学生参赛，海选项目超过1万个。

6）"众创杯"创业创新大赛

"众创杯"创业创新大赛是广东省人民政府为深入实施《粤港澳大湾区发展规划纲要》，推进乡村振兴、人才引进等重点工作，充分激发科技人员、大学生、技能人才、异地务工人员、新型农民、残疾人等各类群体的创业创新热情，促进创业项目与创投资本、创业政策、创业服务的有效对接，由有关部门共同举办的创业创新大赛。

2. 参赛经验与技巧

1）了解自己

不同比赛的规则不同，相关流程、内容、评分权重等都不尽相同。因此，选择合适的赛事和赛道，首先要深入了解自己想做什么。关于参赛项目，既可以选择自己的研究项目，如大创项目、节能减排比赛项目、自己的专利项目等，也可以选择与已有相关研究或课题挂钩的主题项目，毕竟前人的研究水平较学生高，这就是所谓的站在"巨人的肩膀上"参加比赛。此外，深入了解自己项目的性质和特点，是选择赛事和赛道的依据和根本。

2）熟悉规则

研究大赛相关评审细节，是参赛的关键，包括比赛规则、评审团组成、比赛环节、时间控制、计分规则、打分要求和评分标准等。正所谓无规矩不成方圆，只有深谙规则，才能在规则内"玩"好游戏。

3）做好调研

学会用数据说话，增强可信度。在比赛开始时，要做好市场调研，了解在当今形势下，你们的产品有哪些竞争对手、你们产品的创新点是什么、与别的产品对比你们的项目有什么技术壁垒等。

4）资料齐全

在参赛准备阶段，应该把相关资料准备齐全。同时，多用权威的证据来证明项目的优异性，如获得的发明专利证书、签过的业务合同等。

5）直观展现

对于项目的展示过程和方法，可以用不同的方式新颖地呈现。可以播放演示视频，或者将实物带到答辩现场，让评委更加直接地了解到你的产品。项目策划书里除了要有充分的说明，还要有数据图表、示意图、流程图、结构图等。评委在短短时间内，是看不完你几十上百页的项目策划的，那么如何加深印象、提升好感呢？一图胜千言。

6）目标清晰

选手参加比赛，为名、为利各有不同，但并不是每个人参赛都能获得自己想要的名次和奖金，更要清楚地知道自己想要什么，可能到最后看似一无所获，但是在不经意间拓展了见识，获得了其他创业契机，积累了人脉关系，也可谓收获满满。

案例："毕业后公益基金"的资源整合

1. 项目缘起

"用公益帮助 35 万个儿时的自己"——"毕业后公益基金"项目由广州大学学生刘楠鑫于大二期间发起，刘楠鑫留守大山 10 年，受益于课外书考上大学的他，决定要通过知识改变留守儿童的命运。于是在大二时，他把想为留守儿童们建公益图书室的想法做成了一份倡议书，四处寻找与他一样、有情怀共鸣的小伙伴。最终联合来自清华大学、北京大学、哥伦比亚大学等高校的 500 名大学生发起了"毕业后公益图书室"项目，致力于为祖国欠发达地区乡村小学提供积极、健康、精准的课外读物。后来，随着"毕业后公益图书室"规模的扩大，刘楠鑫开始深入思考留守儿童未来的发展方向。针对"如何更好地育人"，以素养教育为导向开设了"毕业后美术室/音乐教室/科技馆"。最终，他将他的创业模式总结归纳为 1212 模式：一个主体（"毕业后公益基金"）、两大方向（扶心智、扶素养）、一个载体（毕业后儿童之"家"）、两大抓手（志愿陪伴、智慧关爱）。

从 2016 年开始，"毕业后公益基金"团队在全国已落地 1535 间毕业后儿童之"家"，在 18 个革命老区建立振兴乡村阅读关爱示范区，创造 1 亿元公益价值，乡村受益孩子达 35 万名，并呈现持续快速的增长趋势。在模式上，从 2016 年以大学生为主体发起的捐赠物资活动与公益图书室项目落地活动，到如今实现了团队主体的更新和项目产品服务的研发与更迭，公益事业得到了社会各界的支持。

"毕业后公益基金"团队在学校原有活动空间的基础上为其输送优质学习资源，给活动空间的常规配套设施和现代化设备建设标准化儿童之"家"，为学生打造专属的信息化成长智慧平台——"毕业后小程序"，自主研发素养与心智教育课程，通过志愿陪伴与智慧关爱两类服务，为乡村教育赋能。同时定期做儿童之"家"信息反馈，共同打造良好的成长环境。

2. 项目历程

因为自身的经历，创始人刘楠鑫凭一份公益倡议书与自身创新创意理念的传达，获得了广州大学大部分校级、院级学生组织的支持，通过微信公众号等平台传播公益捐书活动，并且通过自身人脉关系吸引了来自全世界各大高校的 500 多位大学生作为"毕业后公益项目"的联合发起人。该项目于 2016 年 3 月形成了初步的模式，2016 年 4 月，"毕业后公益项目"在广州大学召开新闻发布会，吸引了多家媒体进行报道。"兼职猫"作为"毕业后公益项目"的首个合作爱心企业，支持了多项活动。2016 年上半年，"毕业后公益项目"发起了"百团计划"，了解与获取了更多乡村孩子的信息，使受益人群不断地普及至更多的地区，为"毕业后公益项目"争取了更好的发展，得到了当地的政府及人民的支持。

2017 年，"千团计划"在校园的活动中得以延续下去，同年，该项目开展了与社会企业的合作，真正地获得了社会力量的支持，实现了社会上的企业采购服务。

2018 年，"毕业后公益项目"增设"百强团队"，发起"百强社会责任偶像应援计划"，生成新鲜的运营模式，通过与粉丝应援站合作，为粉丝应援站选定的乡村地区小学搭建公益图书室，双方的宣传提升了"毕业后公益项目"的社会影响力，同时提高了微博平台的效益，更多的社会力量持续支持"毕业后公益项目"的图书室服务。2018 年 12 月，共青团广东省委员会下设的广东省青少年发展基金会成立"毕业后公益基金"，接受社会的大额捐赠，使财务系统更加完善。

基于 2018 年与粉丝应援站的合作，2019 年初，该项目于广州中央车站展演中心开展了"星力量"年度公益盛典活动，采取了网络直播形式直播整场活动，共同见证"毕业后公益项目"在粉丝应援站合作方面的成果。

为乡村儿童素养发展献力，全方位丰富孩子人格，2019 年，"毕业后公益项目"对原来的公益图书室进行了迭代升级。他们结合时代特色，因地制宜地建造丰富有趣的儿童之"家"，依托互联网技术管理集阅读区、音乐区、美术区、科技区为一体的儿童之"家"，为乡村教育赋能。他们壮大"强社会责任偶像计划"，推动首个艺人支持援建的振兴乡村阅读关爱示范区的建成，启动多个乡村关爱示范区。他们启动振兴乡村关爱计划，探索"政府+公益机构+受赠学校+社会力量"的深度关爱帮扶模式，推动乡村教育均衡发展。此外，该项目在心系国内乡村教育的同时，践行国家"一带一路"，倡仪弘扬中华国学经典，联合海内外爱心华人帮助海外学子，在马来西亚落成第一家海外毕业后儿童之"家"。他们落实公益创新，打破传统项目模式，整合社会资源，打造全新的公益体验活动，联合 11 家知名公益单位，利用网络平台，开设"毕业后公益学院"，旨在帮助高校公益社团创新化、可持续化、专业化发展，聚集社会公益达人与高校公益达人携手探讨公益。在传播推广方面，他们拓展公益传播平台，打造"心灵之声""校长说阅读"等栏目，让平凡的人发出不平凡的声音，同时，通过"双微一抖"共同记录美好公益。他们发起读书日公益朗读活动，人人能参与，让公益更有温度。

经过 2019 年的发展，2020 年初，由共青团广东省委员会指导，他们联合岭南教育集团，启动了"岭南·千图杯"首届广东省大学生乡村振兴公益创新大赛，带动高校关注振兴乡村公益。他们基于发展现状，深度研究"毕业后"素养与心智教育课程，注重儿童之"家"的孩子的健康成长，采用 2020 年 7 月 7 日，"毕业后公益基金"团队发起"美好阅读"首届全国乡村学生写作绘图大赛，全国共计 200 所乡村小学、3 万多名留守儿童报名参与，缓解了孩子们的焦虑，并丰富了他们的精神世界。

3．项目启示

此公益项目的成功在于，不仅有服务性收入保障项目，保证了自筹资金，还集结了社会各界爱心力量推动毕业后儿童之"家"落地，支持项目持续性运营。

此公益项目拥有六大资金来源，包括粉丝应援捐款、公众筹款、明星捐款、企业捐款、基金会资助和政府资助。他们以极具创新性的项目模式，对受助地区的内外资源进行整合，结合多方智慧与力量联合打造关爱示范区，为项目提供了强劲的保障。资金是企业项目的第一推动力、持续推动力，流动资金相当于初创企业的"血液"。因此资金相当重要，如果能够自如地运用多种方法融资，持久稳定地积累资金，灵活调配使用资金，那么资金就不成问题。

此项目还有积累技术资源的途径。该项目鼓励有家国情怀的有志青年团队投入建设，结合互联网的优势，利用小程序、大数据、网课等技术合作途径，建设了此公益项目最大的模式："1212"的总体模式。术业有专攻，在青年团队中有善于不同技术的人，集结他们的力量就会有更大的效果，所以有不同技术资源对于每个项目来说都是核心的，技术领先和突破都会促成项目的成功。

项目中的"百强偶像应援计划"，不但调动了偶像，而且利用偶像的影响力可以号召粉丝后援队等社会爱心人士一起参与公益事业，吸引更多社会力量关注留守儿童，形成良好的社会效益。这一资源互动与连袤将资源整合发挥出了最大的效果。因此创业的成功在于是否善于利用资源，最大化利用资源即可创造性地整合和运用资源，创造竞争优势，带来持续竞争优势的战略资源。

技能：如何进行融资

1. 如何获得风险投资

首先风险投资人要认可创业者，其实也包括创业者认可投资人，如果你看着我就别扭，我看着你就不顺眼，那么肯定没法合作。其次风险投资人要认可公司业务，主要包括商业模式、业务前景等。

所有做投资的人都希望项目和人缺一不可，但这种情况是可遇而不可求的，更多的情况是人非常好，项目也不错但还不够好，或者项目非常好，人不错但还不够强。

雷军是非常成功的投资人，过去几年他陆续投资了很多项目，其中部分项目都已经非常成功，包括凡客诚品、优视科技、多玩、尚品、拉卡拉等。雷军认为天使投资人就要投入，基金的商业模式不支持投入的投资模式，因为投资机构募集投资人的钱，都有明确的退出期，如果项目不够好，至少会浪费几年时间，机构等不起。而天使投资人投的是自己的钱，没有外部压力，有足够的时间投入。还有一个很重要的原因，在中国，高素质、有经验的人奇缺。所以，他的判断是投入的胜算更高！雷军在《评估创业项目的十大标准》中给出了评估团队的六条标准。

（1）能洞察用户需求，对市场极其敏感。
（2）志存高远并脚踏实地。
（3）最好有两三个优势互补的人一起创业。
（4）一定要有技术过硬并能带队伍的技术带头人（互联网项目）。
（5）具备在低成本情况下的快速扩张能力。
（6）履历"漂亮"的人优先，如有创业成功经验的人会加分。

雷军认为如果创业团队达到上述六条标准，只要有梦想，坚持下去就一定会成功。但同时创业团队必须找到合适的创业方向，才会真正成功。如何判断项目是否值得做呢？雷军总结了四条标准来选择项目。

（1）做最"肥"的市场，选择自己能做的最大的市场。
（2）选择正确的时间点。
（3）专注、专注、再专注。
（4）业务在小规模下被验证，有机会在某个垂直市场做到数一数二的位置。用一句话来表达就是：在对的时间做一件对的事，并且要做到数一数二。

2．别相信那些融资神话

融资其实很难，而且需要一个过程，创业计划永远多到投资人看不完，简单地把所有基金募集的金额和他们平均的投资金额相除，我们会得出一个结论，大概只有1%的创业者可以融到资金，企业融不到资金是常态。

首先不要相信那些融资神话，至少你知道的那几个6分钟融巨资的故事已经被证明是吹嘘的了，即使有"神话"，其也只有百分之一或千分之一的概率发生。既然是小概率事件，就不是普通人所能期待的。

其次不要相信那些绚丽的公司估值和融资金额。有一次我给一个投资人打电话，问他为什么他们投资的另外一家公司的估值竟然比我们还高。他听了后呵呵直笑，告诉我对方对媒体公布的融资金额是实际金额的5倍！

假如我们统计一下每年发布的融资案例，会发现其实只有不到1%的企业能够获得融资，如果融不到资金，那么可以考虑改变创业路线，从寻找投资人自己创业变为联合志同道合的人共同创业，找到几个同样有创业意向的朋友，把资金放到一起、把想法拿出来共同讨论，然后朝一个方向齐心协力，等公司做大了再提出自己的股份单独创业，这样不仅有了资金保障，还有了更加宝贵的创业经验。

3．如何融资

初创企业的核心问题多半不是缺钱，与其到处去融资，还不如专注于业务，先发挥出自己的最大潜力，靠自己的力量把能验证的都验证了再去融资，发挥自身最大潜力，吸引融资。

1）想清楚要钱干什么再去融资

很多创始人总认为企业发展不起来是因为资金短缺，其实不然。很多时候企业发展的瓶颈根本不是资金。解决了真正的瓶颈，没有融资一样能够前进。反之，如果自己没有想清楚要钱做什么，怎么花，那么在见多识广、眼光独到的投资人那里也是融不来资金的。

初创企业最需要的是找方向而不是钱，所以我倾向于稍微晚点儿再开始融资，让企业稍微定型一些再去融资，会比较容易，企业的估值也不至于被压得过惨。

在创业初期首先最需要的是想清楚做什么，把样品做出来。这一部分的钱，是你自己可以解决，也必须自己解决的。在融资之前，你自己首先要想清楚你的商业模式是什么，想清楚你要钱来干什么再去融资。很多时候融不到资的原因是没有认真想清需要什么。投资人未必是你的业务的专家，但是一定是看项目的专家。他们每天要看很多项目，他们有很专业的分析模型，有非常清晰的标准来衡量项目，他们未必知道什么企业能做成，但是他们知道什么样的企业做不成。所以当你的商业模式不清晰或有硬伤时，投资人就会拒绝投资。

2）竭尽全力之后再去融资

原则上你必须先发挥出自己的全部潜力再去融资，只有发挥自身最大潜力，才能吸引融资。当你向别人求助时，一定要自己先竭尽全力。如果别人认为没有超出你自己能够解决的范围，就不会伸出援手。

融资更是如此，你一定要把自己能够投的钱都投完了之后再去融资。道理很简单，投资人会想，这些资金他自己能解决吗？如果能解决他自己不愿意解决，却跑到我这里来融资，为什么？

对于天使投资人而言，如果你没有尽自己的全力，他很难对你投资。曾经有一个创业者来找我，希望我投资，我问他要钱做什么用，他告诉我需要雇几个人去签商户，验证他的产品能不能卖出去。我直截了当地告诉他，你根本不需要来我这里浪费时间，而应该去见客户，自己先签下 10 个客户，验证清楚自己的想法客户接受不接受。如果想法是可行的，你只要拿出数据，告诉投资人投入多少资金，你雇用多少人复制你验证的事情，预计产出会如何，投资人会很容易认同。

这个例子告诉我们，第一，你必须把在目前资源下可以做的事情做到极致，甚至把自己和亲朋好友的借钱潜力都挖掘完了，投资人的钱才更可能投给你。第二，在钱成为唯一的瓶颈时再融资。很多挖空心思融资的创业者其实现在需要的不是钱。与其跑出去融资，不断地回答投资人的一个又一个质疑，不如先把不需要用钱解决的那些问题解决了。

我建议创业者要尽可能把精力放到业务上，在逼不得已或需要大量起步资金时再去找投资。我见过非常多的创业者因分神去融资而导致公司越做越差，最后资金没有融到业务也耽误了。

3）尽可能多地验证你的想法

换位思考一下，如果你是投资人，我来让你投钱给我，你的第一反应是什么？肯定是怀疑，我投资给你之后赔了怎么办？我该不该投资给你？第二个反应一定是，这件事靠不靠谱？你说的是不是真的？你想做的是不是能做到？

投资人最关心的是创业者的想法是否成立，是否已经被小规模验证，当然他们不可能等到所有的想法都已经被验证再投资，但是他们会希望创业者的想法尽可能多地被验证，以提高确定性。

因此，假如你想徒步从北京去广州需要找人赞助旅费，最好的做法不是在北京的大街小巷到处寻觅投资人，也不是在酒吧里逢人便阐述愿景。最好的做法是马上出发，等按照计划到了石家庄，再告诉投资人你何时可以到济南、上海及广州。这就是验证，把想法变成现实最具说服力。

4）融资要找对人

每个基金的规模不同、定位不同，所以投资领域及投资的企业阶段也不同，融资一定要找对基金。

每个基金都有自己的决策流程，要找对人，和低级别的投资经理花再多时间也解决不了决策问题。尤其要注意，很多低级别的投资经理为了拉项目会将基金对项目的兴趣夸大，将自己在基金内部的权力夸大，如果创业者区分不清楚，就会被他们指挥得团团转，白白浪费功夫。

4. 融资的窍门

融资是有窍门的，要敢于吃亏。融资成功是最大的目标，不要斤斤计较于股份被稀释了或价格低了，只有把企业做成功才能多方共赢。

1）融资的窍门是吃亏

创始人总认为自己的企业很值钱，不愿意企业价值被低估。其实投资人压低你企业的估值和他们对企业价值的认可没有必然关系，基金公司投资于你和做生意是一个道理，就是要低买高卖。

在谈企业估值时，创业者总是很吃亏，一方面是经验和知识严重不对等，几乎所有的创业者都是第一次融资，但是对于投资人而言，他们每天的工作就是投资；另一方面，很多创业者总是感到自己在要钱，羞于谈企业估值，也不知道如何谈。

其实融资谈判除了项目本身，更像是一场心理的较量。我的建议是，创业者要把融资当成和战略合作伙伴的一次业务合作来看，自己吃点儿亏，让合作伙伴的所得超出预期，合作自然容易达成，合作自然愉快。

2）融资的三个窍门

（1）融资金额要低点儿。企业估值对创业者而言，是股份的稀释，估值越低拿到同样的投资所要付出的股份就越多。而对投资人而言意味着风险，估值越低，获得同样倍数回报的风险就越低。其实投资人都清楚，重要的不是回报倍数而是不要投资错误。对于好企业而言，他们并不太在意估值高低，当他们特别在意估值高低的时候，往往也是他们不确定企业能否成功的时候。

谈企业估值和在菜市场买菜没什么区别，都是卖家漫天要价、买家坐地还钱。所谓的估值模型都是讨价还价的说辞而已，不要迷信估值模型，成交价一定是双方心理价位的交合点。

（2）融资规模要小点儿。不要幻想一次就把企业发展所需的资金都融到手，这样不现实，即便是实现了，企业估值也会吃大亏。要正确地认识到融资的难度，不可能"一口吃个大胖子"，不要指望有人会一次性给你足够的资金。融资要一轮一轮地融，拿到一笔钱，就把计划向前推进一个里程碑，再融一笔钱去实现下一个里程碑。

（3）融资时间要早点儿。融资需要一个过程，一般而言，一轮融资从开始找钱到钱入账，怎么也需要四五个月，不要等到"弹尽粮绝"时再去融资，否则一丁点儿的差错都会影响到经营。

只有手中握有"底牌"，才能使自己立足于不败境地。企业应该在不需要钱的时候借钱，你越在很有钱的时候去融资，投资人就越愿意给你资金，因为他会觉得你不是因为没钱才融资，而是为了要把公司发展得更好，这样投资人感觉比较安全。如果等到弹尽粮绝时再去融资，那么连谈判的底气都没有了。

5. 设计融资方案

融资方案是初创企业经营者素质的体现，是企业拥有良好融资能力、实现跨越式发展的重要条件之一。融资方案是一份完备的创业融资计划，不仅是初创企业经营发展的核心管理工具，同时还是初创企业能否成功融资的关键因素。现在的创业项目很多，每个创业者都渴望自己的项目被看好，能成功融资。大学生要想使自己的项目融资方案在竞争中脱颖而出，吸引投资人的注意力，方案必须不同凡响。那么，如何才能写出一份既能满足创业资金需求又能吸引投资人眼球的融资方案呢？下面给读者提出一些参考建议。

1）仔细琢磨项目融资方案的标题

标题是大多数融资方案最重要的部分，投资人第一眼看到的就是标题，它是决定投资人读不读正文的关键。读标题的人数为读正文人数的 5 倍，如果你没有在标题里写点什么有吸引力的东西，你就浪费了 80% 的机会。

不要用空洞吹嘘的标题。如果你的项目是关于健康膳食软件的，你就要在标题里写上"健康膳食软件"的字样，这样就能抓住每个关注健康膳食软件的投资人的目光。类似"中国最具投资价值的项目"这类空洞无物的标题，就不要写了。标题要凸显项目亮点。项目有什么优势和亮点，就要在标题体现出来。例如，荣获 8 项省级专利。投资人总是会关注具有创新性的项目，可以是一种新产品，也可以是老产品的新用途。因此项目创新性的地方往往就是优势和亮点。

标题要长短适当。不能过短，也不能过长。10 个字左右的标题比短的标题更能吸引注意力，而 12 个字以上的标题和 3 个字标题的效果就会降低一个层次。

2）融资方案的内容要尽可能充实

融资方案的内容比表现内容的方法更重要。真正打动投资人的是融资方案的内容，而不是它的形式。创业者最重要的工作是怎样来说明自己的项目，为何做、做什么、谁去做、如何做等。一份融资方案需要回答以下几个点。

（1）你的项目是什么？你的项目满足什么需要或解决什么问题？要写清楚解决了一个什么新问题，或是给老问题提供了什么新的解决方案。不要只讲产品功能，还要告诉投资人你的产品卖点，能给用户带来的实际好处，是什么让用户选择你的产品而不是其他竞争产品。

（2）你的商业模式（主要的收入来源）是什么？优势和创新点是什么？如果你的项目没有一个好的创意或商业模式，它必遭失败。并不是每个投资人都能识别一个伟大的创意，但没有一个好的创意就不要找投资人了，那绝对是浪费你的时间。

（3）核心团队成员简介。不要只介绍产品，而忽略人的重要性。介绍一下团队中有哪些人，都是什么背景，能力方面如何互补。

（4）你的竞争对手有哪些？详细情况如何？

（5）你的用户是哪些？

（6）你的业务目前的发展状况如何？有何未来发展计划？

（7）你希望融资的金额是多少？将要用在哪里？目前企业为实现目标的增资需求：原因、数量、方式、用途、偿还方式。

（8）你的目标评估价值是多少？是如何进行估值的？

（9）你想通过什么渠道进行融资？

除此之外，还要实事求是，要具体。投资人具有丰富的经验和阅历。几句简单的口号、几个枯燥的形容词及夸大其词很难吸引他们进行投资，他们需要创业者提供全部重要真实信息。不要只谈想法，而要拿事实说话，应该在融资方案中列举一些证据。投资人更易于相信已经产生的业务数据，或用户的现身说法。尤其是知名人士现身佐证，将更有说服力。如果数据或证词写得很诚实，那么就不会引起怀疑。要热诚、友善并且使人难以忘怀。要避免夸大事实，不要长篇大论，而是要讲实际，把事实讲得具体而且引人入胜。方案该写多长，这取决于项目。如果项目本来很简单，那就不要太啰唆，能短则短。不要让人厌烦，令人厌烦的融资信息是不能打动投资人的。现在的投资人每天会收到很多项目计划书，每天都饱受各种项目信息的冲击，他们总是有选择性地跳着看，令人厌烦的信息他们只要一眼就能看出。如果项目有着各种各样的特征和优势，那就写长文，介绍得越详细，越能打动投资人。

3）巧妙使用总体描述

如果融资方案的内容比较多，可以在开篇来个总体描述，简要地告诉投资人项目是什么、目前所处阶段、资金情况等。总体描述的目的是让投资人对创业项目有个清晰的总体认识，不需要涉及过多的细节，细节可以留到后面详细表述。

4）根据投资人的权限写融资方案

设计融资方案必须慎重考虑投资人的权限，着眼于长远未来。在没有对未来做出完整规划时，为眼前利益而融资，很容易丧失企业管理经营的主动权。曾被誉为中国第一家高科技学生创业企业的视美乐，如今几乎销声匿迹。原因就在于视美乐资金短缺，而创始人经验不足，没有考虑控股权问题，让青岛澳柯玛集团控股视美乐70%的股份，三位视美乐创始人只作为小股东存在，相继退出了企业管理层，遭遇创业"滑铁卢"。项目融资一般有两种情况。一种是投资人只投入资金，不参与项目运营。此种融资方案比较简单，主要是考虑投资人的投资比例，按照项目实现的经济效益，按股份提成。这其中有参与项目运营的一方，应该根据协商，获得相应的项目运营报酬。第二种是投资人不但投入资金并且投入精力，参与项目运营。这种融资方案较为复杂，在考虑到各投资方的投资比例的同时，还要建立起独立的项目营运机构，各投资方分配运营责任，参与管理。因此，在制定融资方案时，应根据投资人权限的不同，制定相应的融资方案和融资协议。

6. 巧妙使用融资策略

（1）激进型融资策略。采用这种策略，创业企业的全部长期资产和一部分长期性流动资产由长期资金融通，另一部分长期性流动资产和全部临时性流动资产由短期资金融通。

（2）适中型融资策略。指对流动性资产，用短期融资的方式来筹措资金；对长期性资产，包括长期性流动资产和固定资产，均用长期融资的方式来筹措资金，以使资产使用周期和负债的到期日相互配合。

（3）保守型融资策略。采用这种策略，企业不但以长期资金来融通长期流动性资产和固定资产，而且还以长期资金满足季节性或循环性波动面。

创业者要根据切实发展情况巧妙选择合适的融资策略拟订融资方案。只要好的融资方案出来了，距离成功融资就不远了。

反侵权盗版声明

电子工业出版社依法对本作品享有专有出版权。任何未经权利人书面许可,复制、销售或通过信息网络传播本作品的行为;歪曲、篡改、剽窃本作品的行为,均违反《中华人民共和国著作权法》,其行为人应承担相应的民事责任和行政责任,构成犯罪的,将被依法追究刑事责任。

为了维护市场秩序,保护权利人的合法权益,我社将依法查处和打击侵权盗版的单位和个人。欢迎社会各界人士积极举报侵权盗版行为,本社将奖励举报有功人员,并保证举报人的信息不被泄露。

举报电话:(010)88254396;(010)88258888
传　　真:(010)88254397
E-mail:　dbqq@phei.com.cn
通信地址:北京市万寿路 173 信箱
　　　　　电子工业出版社总编办公室
邮　　编:100036